知遇 ZHIYU

# 给教师的100条建议

СТО СОВЕТОВ УЧИТЕЛЮ

[苏] 瓦·亚·苏霍姆林斯基 / 著
孟宏宏 / 译

漓江出版社
·桂林·

图书在版编目（CIP）数据

给教师的100条建议 /（苏）瓦.亚.苏霍姆林斯基著；孟宏宏译. -- 桂林：漓江出版社，2022.5
ISBN 978-7-5407-9187-2

Ⅰ.①给… Ⅱ.①瓦… ②孟… Ⅲ.①中小学教育－教育研究 Ⅳ.①G632.0

中国版本图书馆CIP数据核字（2021）第248715号

GEI JIAOSHI DE 100 TIAO JIANYI
**给教师的100条建议**
［苏］瓦·亚·苏霍姆林斯基　著
孟宏宏　译

出 版 人　刘迪才
策划统筹　文龙玉
责任编辑　章勤璐
助理编辑　孙静静
封面设计　石绍康
营销编辑　李　蕊
责任监印　黄菲菲

出版发行　漓江出版社有限公司
社址　广西桂林市南环路22号
邮编　541002
发行电话　010-65699511　0773-2583322
传真　010-85891290　0773-2582200
邮购热线　0773-2582200
网址　www.lijiangbooks.com
微信公众号　lijiangpress

印制　大厂回族自治县聚鑫印刷有限责任公司
开本　710 mm × 960 mm　1/16
印张　19
字数　265千字
版次　2022年5月第1版
印次　2022年5月第1次印刷
书号　ISBN 978-7-5407-9187-2
定价　49.80元

## 第二部分

# 推荐序　苏霍姆林斯基是怎样影响我的

## 一

我在大学是很不喜欢教育学、心理学课程的。不单单是认为这些课的教材枯燥乏味，更重要的是，当时我还做着文学梦，自以为是当作家的料，那些教育学心理学与我何干？所以，每次上这样的课，我多半是坐在教室最后一排写所谓的"朦胧诗"。

这种"惯性"甚至一直持续到我已经分配到乐山一中——参加工作最初的一段时间，我从来没想过要读什么经典教育学著作。

因此，当"苏霍姆林斯基"第一次进入我眼帘时，这几个字自然会被我无视——1982年9月的一个晚上，我和刚分到乐山一中的青年教师郝小江在宿舍里闲聊，他热情地向我推荐一本名为《给教师的100条建议》的书，我仅仅瞥了一眼作者的名字"苏霍姆林斯基"，觉得这个"名字"十分拗口，便翻都懒得翻了。而且，我还记得当时我不顾郝小江多少有些失望和尴尬的表情，赶紧把话题岔开了。

谁知不久后，我竟主动追随苏霍姆林斯基了。

那是我出手打了一次学生之后，被校长狠狠批评了一顿，叫我"好好想想"。当时，年轻气盛的我顶撞道："我早就想过了，没有什么可想的！"其实，我当时何尝不知道教师打学生是极其不对的，只是嘴硬罢了。在那一段日子里，我心里十分难受；但我说的"难受"并不是对自己错误的后悔莫及，而是对自己的性格是否适宜于当老师产生了怀疑。

星期天，我去逛书店。在玻璃书柜中（那时还不兴开架售书），我看到了一本薄薄的名为《要相信孩子》的书。也许是这个朴素而亲切的书名吸引了我，我立即请营业员把书给我翻翻。拿到书后，我随便翻了几页，便被里面极其平易而又极其优美的文笔所打动。一看定价：0.36元。于是，我毫不犹豫地买下了这本书。

就这样，苏霍姆林斯基开始走进了我的教育生活，也走进了我的心灵。

我几乎是在一个晚上，一气呵成地读完这本小册子的。这么多年过去了，我已记不清书中的每一个观点和我当时具体的心理活动，但是，阅读过程中的一个细节至今还清晰地印在我的大脑里——当读到书中苏霍姆林斯基的一个观点时，我激动万分，竟情不自禁地从书桌前猛地站了起来。书中那个令我激动的观点是——

我们的教育对象的心灵绝不是一块不毛之地，而是一片已经生长着美好思想道德萌芽的肥沃的田地，因此，教师的责任首先在于发现并扶正学生心灵土壤中的每一株幼苗，让它不断壮大，最后排挤掉自己缺点的杂草。

这个观点在我以后的教育历程中，不但被我在文章中反复征引，而且还成了我至今坚定不移的教育信念。

本来我是在因打学生而产生苦闷的心境中打开苏霍姆林斯基的这本小册子的，但当我在那个夜晚合上这本书后，心中已曙光初露，霞光万道！

这本书，并没有具体的某一句话是针对我打学生这个错误而说的，但全书的灵魂——对孩子的爱和信任，不但使我认识的深刻程度远远超越了明白“打学生”这个具体的错误，而且使我第一次开始积极地从人性的角度来审视我的学生和我的教育。正是苏霍姆林斯基告诉我——人性，这才是教育的本质所在。

我后来关于民主的教育思考和探索都是从这个朴素的观点开始的。

## 二

那以后，我开始如饥似渴地阅读苏霍姆林斯基的著作:《给教师的100条建议》《把整个心灵献给孩子》《帕夫雷什中学》《怎样培养真正的人》《家长教育学》《给女儿的信》《给儿子的信》……

从苏霍姆林斯基的书中，我最先感受到的，是他那一颗极富人情味的爱心和童心。在《把整个心灵献给孩子》一书中，他这样写道:“教育，这首先是教师跟孩子精神上的经常交流。”“如果我跟孩子们没有共同的兴趣、喜好和追求，那么我那通向孩子心灵的通道将会永远堵死。”“对孩子的依恋之情，这是教育修养中起决定作用的一种品质。”

读着这些话，我会很自然地扪心自问:我和孩子有没有“精神上的经常交流”和“共同的兴趣、喜好和追求”？我对孩子有没有“依恋之情”？于是，我不得不开始重新审视我每一天的教育，重新打量我的每一个学生。

如果在过去，我会认为教师在学生面前固然应平易近人，但不可过分显得“孩子气”，以丧失起码的尊严感。现在我却认为，只要注意环境、场合，只要把握准学生的情感，教师的任何“过分”的亲切、幽默、嬉戏都不会是多余的，这只会让学生感到:“这老师真有趣！他真是我们的好朋友！”因此，教育工作者所特有的师爱，首先应是理解学生的精神世界，学会用他们的思想感情投入生活，和学生一起忧伤、欣喜、激动、沉思。

于是，我对学生开始有了抑制不住的真诚的依恋之情。记得有一段时间，每到星期六下午放学后，我都会有一种怅然若失的难受——想到要等到下周一才能和学生们见面，那是多么漫长的一个星期天啊！所以，我经常会在星期天或者其他节假日，邀约上一拨学生带上一壶水、一包干粮，一起去到郊外。一处山坡、一块草坪、一条小溪、一片树林，都会成为我们共同的乐园。在欢声笑语、追逐打闹中，我和学生们一起捉迷藏、一起丢手巾、一起打水仗、一起放风筝……那的确是一种享受。

## 三

苏霍姆林斯基在著作中不厌其烦地论述教育者爱护学生自尊心的重要性:“我年轻的朋友，请记住，这是非常脆弱的东西。对待它要极其小心，小心得像要摘掉一朵玫瑰花时不能抖掉在花瓣上颤动、闪耀着小太阳的透明露珠。要培养自我尊重，只能采取温柔细致的教育手段。自我尊重不能忍受粗鲁的、‘强力的’‘肆意的’手段。”(《给教师的100条建议》)

恰恰是在这一点上，我的教训多于经验。我曾多次苦恼过:为什么我把整个身心都献给了孩子们，可一些学生还是对我很冷淡呢?我和一个学生的一次偶遇，使我找到了答案。那天，我在校园内碰到了初中毕业后考上本校高中的付饶。她在我班时，我曾为她花费了大量精力:谈心、补课，不止一次地冒着烈日去她家家访;她呢，也很关心我，初一时，她曾悄悄地把治喉病的药塞进我的寝室门。不料，在那次相逢中，她对我相当冷淡，从仅有的几句交谈中，我甚至感到了她对我的反感。最后她以火山爆发般的口气直言道:“是的，我对你就是恨……你自以为你是为我好，但是你伤过我的自尊心。你还记得初三时我写的那张大字检查吗?”哦，我想起来了，初三时，她违反了学校纪律，我出于严格要求，责令她写了一份检查，并用大字抄出贴在校园内。当时我觉得这样做效果很好，因为班上违反学校纪律的人明显少了，没想到现在……“也许你李老师是对的，‘严格要求’嘛，‘维护集体荣誉’嘛，可是，我却因此而出名了，‘付饶’，全校都晓得了!……”我对我当时没察觉到她的思想感到惊慌:“你为什么当时不对我说你的不满呢?”“要毕业了，我怕你……所以，心里不服还是假装诚恳，写了检查……”那以后有很长一段时间，付饶每次碰到我都不搭理，但我却不怪她，甚至还感谢她，因为通过她，我毕竟得到了一个有益的启示:如果我们在无微不至地关心学生的同时，又不知不觉地伤害了学生的自尊感，那么，这好比我们一方面热心播撒师生感情的种子，一方面又在粗暴摧残师生感情的幼芽。——

有时教育者的“悲剧”正是如此！

看来，“爱”并不能代替一切。对学生的爱，首先还应包含“对人的尊重和信任”，这是苏霍姆林斯基反复强调的一点。特别是对待一些特殊学生，我们的爱也应该有一种艺术的表达。

## 四

苏霍姆林斯基在《帕夫雷什中学》中有一段自己带着学生去探险的描述——

少年们夏天想进行“水上旅行”——想乘船经过水库驶入大河，然后登上某个“无人烟”的岛子……我只是现在才意识到，正是我自己使他们产生了这个想法；而当时我觉得，他们产生这个念头跟我给他们讲故事无关。可是我们没有船，于是我从新学年一开始就攒钱，到了春天，我就从渔民那里买来了两条船，家长们又买了一条船，于是我们的小船队便出航了。可能有人会想，作者想借这些事例来炫耀自己特别关心孩子。不对，买船是出于我想给孩子们带来快乐，而孩子们的快乐，对于我就是最大的幸福。

当年这段话带给我的心灵冲击，我现在也无法用语言来描述。而今，重读这段话，我心中依然激动不已。

这种冲击与激动应该是一种强烈的共鸣。简单地说，我感到我的心一下被苏霍姆林斯基照亮了：“可能有人会想，作者想借这些事例来炫耀自己特别关心孩子。不对，……孩子们的快乐，对于我就是最大的幸福。”

这说的不就是我吗？我仿佛听到苏霍姆林斯基拍着我的肩膀说：“小伙子，别怕，你没错，一点都没错！”同时，我感到我也把苏霍姆林斯基这段话照亮了，我以一名中国教师的名义，用自己的案例为苏霍姆林斯基这段话加了一条中国式的注释，增强了这段话的真理性。

所以我后来说，真正的阅读应该是作者和读者的“互相照亮”。可以毫不夸张地说，正是和苏霍姆林斯基的“互相照亮”，使我有底气一直和学生保持着几十年的“摸爬滚打”，直到退休。

正是受苏霍姆林斯基对我的启发，从参加工作到女儿出生，连续五年的寒暑假，我都安排一次与学生的旅游：我曾与学生站在黄果树瀑布下面，让飞花溅玉的瀑水把我们浑身浇透；我曾与学生穿着铁钉鞋，冒着风雪手挽手登上冰雪世界峨眉之巅；我曾与学生在风雨中经过八个小时的攀登，饥寒交迫地进入瓦屋山原始森林……每一次，我和学生都油然而生风雨同舟、相依为命之情，同时又感到无限幸福。这种幸福不只是我赐予学生的，也不单是学生奉献给我的，它是我们共同创造、平等分享的。或者如苏霍姆林斯基所说：“孩子们的快乐，对于我就是最大的幸福。”

## 五

把难题当课题，这是苏霍姆林斯基给我最重要的启发之一。

苏霍姆林斯基把“难教儿童”（即我们常说的“差生”）当作科研对象来研究，长期跟踪记录。他先后为3700多名的学生做了观察记录；他能指名道姓地说出25年中178名“最难教育的”学生的曲折的成长过程，其中的107个“智力发展极端迟缓”的学生，被培养成了“完全合格的有教养的人”，13个还接受了高等教育。

他的故事是我对学生爱的力量和智慧的源泉。当时我就有一种冲动，如果我也有一批这样的“科研对象”多好！

1995年，机会来了。当时我刚刚送走高95届1班，因为这个班高考取得了出人意料的辉煌成绩，所以我也就被许多人认为是抓“应试”还“有两下子”。学校为了留住“优质生源”，安排我教初一“实验班”——其实就是由全年级成绩最拔尖的学生组成的“重点班”，然后一带六年，将这个“重点班”送到高三。但我觉得这不是真正的实验，于是我向学校提出：能否在同一次分班考试中，将“最差的”学生编一个真正的“实验班”，以集中精力“因材施教”，探索教育“困难学生”的规律？最终学校采纳了我的建议：组建了一个集中全年级“差生”的“实验班”。那几年，我一个人同时担任分别由“优生”和“差生”组建的两个“实验班”的语文教师、班主任，学生总数131人。

带这两个班的酸甜苦辣一言难尽，仅举一例：为了让每一个孩子享受成功，我和科任老师每次上课要备四套教案，布置四套作业，每次考试要命制四套考题……而我几乎每个周末都要带着由孩子们评选出来的“本周进步最大的同学”一起去公园玩儿。每天晚上，我都要记录当天的教育行为和感悟。其中，我对特别让人头疼的十来个顽童进行单独跟踪记录，写下他们每一步的成长。三年后，和他们“斗智斗勇”的故事，成了我《爱心与教育》《走进心灵》中最吸引读者的精彩篇章。25年后，这些曾让我头疼更让我心疼的顽童长大了，成了公务员、军人、教师、医生、足球教练、摇滚歌手、钢琴师、企业老总……

是苏霍姆林斯基一直告诉我：“要相信孩子！”是的，眼前的孩子，无论他成绩好坏，也无论他表现优劣，他的未来都有100种可能。

## 六

作为饮誉全球的教育家，苏霍姆林斯基首先是一位充满童心的真诚人道主义者。他的名字是和他创办的帕夫雷什中学联系在一起的。苏霍姆林斯基每天的工作、生活规律总是这样的：五点钟就开始起来写教育日记，一直写到八点钟；然后，他便来到校门口，以亲切慈祥的笑容迎接每一个上学的孩子。学校上课期间，在校长办公室里是很难找到苏霍姆林斯基的，不过，在教室里、体育馆里、学校养蜂场或教研组会议上倒是可以见到他。到了下午，放学的时候，他又来到校门口，以深情眷恋的神情目送每一个孩子回家……在帕夫雷什中学，每一个学生都不怕校长；相反，苏霍姆林斯基在哪儿出现，哪儿就会有一群孩子围上来和他说笑。

看着他那精力充沛、仿佛永远年轻的身影，人们很难想象这是一个长期受着伤病折磨的人。苏霍姆林斯基曾以连政治指导员的身份奔赴反法西斯战场，因身负重伤而被抬下战场，两块弹片一直残留在他的胸部。尽管这样，他仍然一刻不停地从事着教育实践与教育科研，因为他实在太爱他的学生了。为了直接与孩子打交道，他放弃教育局局长的职位，而甘愿当一名校长和教师——在他担任校长的同时，他一直还担任一个班的班主任和从事教学工作。他与学生朝夕相处，在教室中给他们上课，在假日里带领他们去郊游，他甚至还曾和学生一起去荒无人烟的小岛探险。他称学校的每一个学生为“我的孩子”。正是由于他几乎整天都泡在孩子当中，因此他对孩子们了如指掌。

1970年9月2日，还不到52岁的苏霍姆林斯基因残留在胸部的弹片侵入心脏旁那根主要的血管而去世了。在生命的最后日子里，他仍然想念他的孩子们，渴望回到学校去，同孩子们在一起，听孩子们的笑声。他虽然过早地离开了这个世界，但他给后来的教育者留下了40多部专著、600多篇论文、1000多篇小说和童话故事。他的著作被称为“教育百科全书”。

40年来，在读苏霍姆林斯基著作的同时，我也读了一些其他世界著名教育家的书。应该说，所有教育家的思想或多或少对我都有启迪。但通过比较，我感到苏霍姆林斯基的思想最富有特色，而且最容易在中国这块土地上生根发芽。

首先，苏霍姆林斯基的政治信仰、价值观念与我国的主流意识形态是完全一致的，我们最根本的教育指导思想都是马克思列宁主义。培养具有集体主义思想、爱国主义情操、社会主义信念的共产主义新人，是苏霍姆林斯基也是我们的最终的教育目标。

其次，与中国长期占主导地位的传统教育观念有所不同的是，苏霍姆林斯基更注重教育在适应社会发展的同时还应有利于人个性的发展。他十分注重在教育中注入尽可能多的人情、人道和人性，而这恰恰是长期以来的中国教育所缺乏的。所以，读苏霍姆林斯基的书，很容易感受到一种情感的力量，感到一种对心灵的抚慰。

再次，苏霍姆林斯基的教育实践不是在实验室里对少数学生的封闭式研究甚至经院式研究，而是一种始终面向基层、面向社会、面向普通学生的开放性教育实验。对中国广大的中小学教育者来说，无疑更有着可资借鉴的操作性。

最后，与其他经典教育著作相比，苏霍姆林斯基可以说开创了一种崭新的教育著作文体：将理论融入一个个生动感人的教育故事之中，或者在夹叙夹议中娓娓诉说自己的教育个例，并自然而然地以极其精辟凝练的语言表达自己的教育见解，既给读者以形象的感染，又给读者以思想的冲撞。比起许多充斥着晦涩生僻术语的理论著作，苏霍姆林斯基的书当然会拥有更多的中国读者。

他的感情真挚而充沛，他的思想朴素而深刻，他的语言平易而精彩。让每一个从他身边走出去的人都能幸福地度过自己的一生，这就是苏霍姆林斯基的教育追求。虽然以今天的眼光看，他的思想理论可能有着这样那样的不足和一些不可避免的历史的局限，但是仅仅凭他“要培养真正的人”这一矢志不渝的信念，他教育胸襟的博大和教育理想的崇高就远远超出了同时代许多的教育家。

40年来，苏霍姆林斯基每时每刻都注视着我，而我对这位不朽的教育家始终一往情深。我学习他对学生的挚爱，学习他对教育的执着，包括学习他坚持不懈地记录自己的教育实践与思考。后来我在写有关教育论文或著作时，我的行文风格也散发着一股浓浓的“苏霍姆林斯基味儿”——夹叙夹议，朴素自然，将自己的教育思考融汇于一个个教育故事之中；甚至我的第一本专著《青春期悄悄话——致中学生100封信》，在体例和书名上都是模仿苏霍姆林斯基的《给教师的100条建议》，更不用说我的《爱心与教育》《教育的100种可能》《李镇西校长手记》……

李镇西

2022年1月1日

# 译者序　苏霍姆林斯基的教育之道：人性之爱，生命光辉

瓦西里·亚历山德罗维奇·苏霍姆林斯基（Василий Александрович Сухомлинский）是享誉世界的教育家，他既是一位教育实践家，又是一位教育理论家。在其短暂的一生中，他一直躬身教育教学实践，摸索出一条成功的教育路径，并在此基础上总结实践经验著书立说，为世人留下了丰厚的教育思想财富。苏霍姆林斯基几乎所有著述都是其教育实践的思想结晶，既有鲜活的教育案例，又有精辟的理论分析，更有深刻的哲理思考，可以说是术中有道，道中有术，其代表作《给教师的100条建议》亦不例外，而且完美地体现了教育之“道”与“术”的和谐统一。

概括而言，《给教师的100条建议》这本书包含了上下两部分，每部分各50条内容，一般认为，第一部分50条建议针对教师对学生的教育，第二部分50条建议则针对教师如何协调各种教育力量对学生进行教育。如此看来，这似乎是一本实用性很强的书，阅读角度也似乎较为单一，大概不外乎这样两个角度：

其一，从客体角度来看，该书往往被看作一本实用性的教师手册，重点突出的往往是“建议”的借鉴和指导意义。换言之，在阅读和评价这本书时更多考虑的是其教育之“术”，而忽略了其教育之“道”。究其原因，至少包括三点：首先，该书以“建议”命名，名称本身突出了操作性和实用性；其次，该书的写作源于苏霍姆林斯基为解决当时的教育教学

相关实践问题而进行的经验分享，其写作目的本就具有功用性和指导性；最后，该书的出版不仅引发苏联教育教学改革和讨论的热潮，译介到世界其他国家后也对各国的教育界，特别是教师产生了深刻触动，其影响结果更是体现了其实用价值。

其二，从主体角度来看，我们往往先入为主，以教师的身份或立场来阅读进而进行反思或借鉴。因此，此书深得教育者特别是一线教师之心，从而成为其案头必备指南，这样的读者视角似乎也无可厚非，因为这本就是给“教师”的建议。不过，我们也不妨跳脱出这个单一的教师读者视角，尝试换一种读者身份来阅读此书，或许会有更多的发现和思考。那么，接下来我们就尝试跳出“教师”身份品读“建议”背后的教育真谛，或者说，对教育之“术”所隐藏的教育之“道”审视一番。

《给教师的100条建议》写于20世纪60年代，有其特殊的历史背景和地域特征，但是如今来看，仍有鲜活的生命力。这本书之所以成为一本跨越时空、常读常新的经典之作，原因不仅在于那些富有真知灼见的具体“建议”，更在于条条建议背后都蕴含着普遍适用的教育之道。

那么，这种教育之道是什么呢？其实，只要我们用心去体会，我们就会发现“建议”背后的精神内涵，感受到字里行间流露出的人性温度，而这就是苏霍姆林斯基对教育的无比热爱。这是一种人性之爱：既细致入微，直抵人心深处；又宽厚博大，温暖着每一个生命。

苏霍姆林斯基是在给教师提建议，但他绝不是以权威身份来教导教师，也绝不是仅仅建议教师如何对待学生，而是如和风细雨般娓娓道来。建议的内容不仅包含了老师，而且首先包含了学生，进而包含了周围所有人，包含了将来的人。因此，《给教师的100条建议》所体现的教育之道正是苏霍姆林斯基这种充满人性之爱的教育思想，其目标不光是解决一个个具体的问题，更要让每一个人和谐全面发展，让每个人闪耀着人性光辉。这就是此书的生命力源泉，也是教育之道，真正体现了教育的本质。

具体而言，此书所体现的人性之爱至少表现在以下三个方面。

**首先，是对教师的理解和尊重。**

显而易见，书中的给教师的100条建议，绝大部分都是关于教师如何对待学生的，或者说是教师如何处理教育教学中直接与学生相关的问题的。但是，我们也注意到，其中一部分内容其实是针对教师如何处理自己的关系问题的，这一点尤其突出地表现在第一、第二和第三条建议中。

第一条建议可以说是对教师工作性质和特点的总体概括，在苏霍姆林斯基看来，“教书育人……是一种特别的、其他工作不能与之相提并论的职业”“教师的职业是一门研究人的学问，要长期不断地深入人的复杂的精神世界”。正是因为教师职业的特殊性，他建议想把自己一生贡献给教师工作的人先要“自我检验一下”，而不是盲目地选择教师职业。一方面，他认为“任何情况下都要听从最初的内心想法来行动”，同时“应该善于用理智控制自己的内心冲动”；另一方面，他认为“每一个想要投身于教育的人，都应耐心地对待儿童的弱点”，同时他也说并非在“号召教师忍耐地‘背负十字架’”。由此可见，苏霍姆林斯基并非一味号召教师应该如何做，而是提倡尊重每个人的个性特点和热情甚至内心冲动，并对其职业选择进行善意提醒。

在第二条建议中，苏霍姆林斯基就以一位退休女教师的悲伤故事为例来讲述教师的健康和精神生活问题。这是一位没有进行正确判断而没有找到热爱的事业，在教师工作岗位上痛苦了几十年的女教师，她不仅出现了身体上的健康问题，而且受了内伤——神经和精神力量都被严重消耗了。苏霍姆林斯基讲述此事时，语气中充满了对这位女教师的同情，他不仅觉得这是个悲伤的故事，而且认为这是一个生活悲剧，是“悲哀的事”。因此，他在教学工作之余与400名40~45岁的教师进行了谈话，耐心地听他们诉苦，充分了解他们的健康状况，对他们满怀关切之情。更重要的是，他又结合教师的特殊职业条件以及自己的经历，提出了积极的建议。这些建议既不是让教师“躲避”，也不是让他们“强迫自己”，而是换个视角，尝试让自己缓和下来或者用幽默的方法化解问题。同时他还建议教师要正确休息，多与大自然接触，“善于在日常工作中爱惜地使用精力”。与其说苏霍姆林斯基的这些建议是为了营造互相理解的师生关系，不如说这首先是出于对教师的关心和爱护。如果说他常常建议教师要看见学生，那么他本人正是以这样的方式和态度来看见教师，也就是说，良好的师生关系应该建立在“彼此看见”的基础之上。第三条建议恰是对这一点的诠释，苏霍姆林斯基将其表述为“教师和儿童彼此心怀善意”，在他看来，这种心心相连的感觉是使教师保持健康的源泉。

总之，苏霍姆林斯基并非将教师和学生割裂开来理解师生关系，而是看到了两者的和谐统一，并在充分理解和尊重的基础上针对教师职业问题给出了诚恳的建议。除了前三条建议，书中其他建议也无不流露出他对教师的关爱之情。他首先把教师看作普通人，尊重其选择，同情其遭遇，但这并不意味着他放低了对教师职业的要求，而是将其置于神圣崇高之地位。在苏霍姆林斯基看来，教师集平凡与伟大于一身，寓普通于神圣之中，这也正体现了中外相通的尊师重道之精神。

**其次，是对学生的关爱和支持。**

如果说对教师的理解和尊重是苏霍姆林斯基教育之道中的前提，那么对学生的关爱和支持则是其教育之道中的基础和重点。100条建议无一例外都饱含着对学生的关切和深情，这一点尤其鲜明地体现在他对学习困难学生的态度和做法中。

在苏霍姆林斯基眼中，“没有也不可能有抽象的学生”，每个孩子都是独一无二的个体，都有其自身的特点和可待挖掘的潜力。在第五条建议中专门谈及此问题，指出“教学教育的艺术和技巧在于挖掘每个孩子的力量和潜能，使其享受到脑力劳动中取得成绩的喜悦”。书中举了帕夫雷什中学数学课分组的例子，在学习内容和时间上对学生分别对待的方法使全体学生都有所收获。

即便是对学习困难的学生，他也不是一概而论，而是分析和区分出具体情况，找出造成学习困难的原因再采取针对性措施。例如，在第十条建议中谈及思维发展滞后的学生，这类学生“与一般学生相比，他们要用三五倍的时间理解和记住教材，可能第二天就忘了所学内容”，他以记不住算术题条件和乘法表的小费佳为例，通过为其专门编写故事性习题集、配备小丛书等教会他阅读和思考，从而激发和唤醒了他的思想，小费佳最终成为“业务高度熟练的好专家”。

在分析造成学习困难的原因时，苏霍姆林斯基看到有的学生是因为知识只是“囤”起来而“得不到应用”，于是他就“和学生们来到秋日的果园”，在绚丽多彩的大自然中感受语言的丰富含义和感情色彩，孩子们通过“讲述他们的所见所感”，“马上就产生了描述周围自然界的思想”，而且“细腻清晰得惊人”，孩子们的“思想活跃丰富起来，儿童在培养思考能力，体验着无比的思考乐趣和认识的喜悦。他们觉得自己是思想家”。

苏霍姆林斯基没有就此止步，而是进一步探讨其根源，他认为，“如果语言没有作为创造手段活跃于学生的心灵中，如果学生只会死记硬背别人的思想而不用语言创造和表达自己的思想，那么他就会对语言态度冷淡、漠不关心、无动于衷”。由此可见，苏霍姆林斯基对学生的爱是深入其思想、精神和心灵深处的，是对其灵魂深处的关心、触动和唤醒。

我们可以看到，苏霍姆林斯基是从多个方面来探析造成学生学习困难的原因的，既追溯学生的早期教育和成长环境，又考虑学生的兴趣爱好和未来志趣，不仅看到教师教学方法的影响，也充分考虑学生的个性因素。与此同时，在帮助学习困难学生时也是根据具体情况采取措施，这些措施不仅针对性强，见效快，更为重要的是每一项措施都充满了对学习困难学生的热情和支持：或通过阅读激发兴趣、开发潜能，或通过课外活动教会观察、表达思想，或充分信任给予自由时间、实现个性发展。

特别值得一提的是，苏霍姆林斯基在书中提及学生时最常用的词是充满温情的“孩子（儿童）”而不是“学生”；而在对待学生时常用的一个动词是具有深度的“看见”而不是“看到”。如果把这两个词放在一起，那便是“看见孩子（儿童）”，足见他对学生的亲切和理解，而这恐怕是学习困难的学生或者犯了错的学生最需要的信任和支持。

概括而言，苏霍姆林斯基对待学生充满了信任和尊重，而他对待学习困难学生的态度更鲜明更充分地体现了他的学生观：尊重差异和个性，用发展的眼光来看待每个学生，从不放弃任何一个学生，走进每一个学生的心灵。

**最后，是对所有生命的怜爱之情。**

如上文所言，对教师的理解和尊重是苏霍姆林斯基教育之道的前提，而对学生的关爱和支持则是其教育之道的重点，但他关爱的对象不仅限于教师和学生，因为对所有生命的怜爱之情才是其教育之道的终点和目标。或者更准确地说，是贯穿其教育之道的一条线，从出发点一直到终点，循环往复，生生不息。

苏霍姆林斯基在本书中反复谈及如何培养孩子对祖国、集体、家庭的爱并提出相关建议，但这种爱并不抽象，而是有具体对象的；建议也不是空洞的口号，而是有实在内容的，其重点是培养学生的情感修养。

首先，他认为不管是教师还是学生都“要心怀善意”，教师要培养自己具备这种本领，同时也要培育学生的情感修养，在第四条建议中，他通过具体事例来介绍自己的经验：他带领学生观察在甜菜种植场劳动的集体农庄女庄员，他教导学生“看看她们的眼睛，学着感受和理解她们每个人的内心——是明朗的心平气和，还是阴沉的愁云密布”。学生们在观察过程中感受到或幸福或喜悦或温暖或痛苦的意义，特别是面对一位失去两个儿子和丈夫的妇女的悲痛时，他们感同身受。经过这样一堂接一堂用心灵认识人的课，孩子们的情感修养和善意就培养起来了，等到他们遇到一位眼神里满含悲痛的老爷爷时，他们立刻“警觉起来”，走近老爷爷向他表达自己的关心和善意。

其次，他认为要培养学生关心身边每一个人。他们设立玫瑰节，让儿童把自己亲手种植的玫瑰摘下送给自己的父母、祖父母，让孩子感受为亲人创造善意而带来的快乐，从而激发其人性之美；他们为老人们建立敬老园，把自己种植收获的果实献给他们，不仅收获了劳动的快乐，更培养了尊敬老人的美德，在苏霍姆林斯基看来，“对老人的尊敬最为鲜明地体现了对人的尊敬”；他带领孩子们建立“美丽角”，开展“热心课”，帮助重病三年而不能走路的小女孩娜塔拉奇卡，用快乐疗愈了她；他们帮助孑然一身的玛丽娅奶奶，为她栽种葡萄和玫瑰来纪念失去的亲人，他们想尽办法减轻她的痛苦，尽其所能关心她、陪伴她，直至她去世，在此过程中培养了内心的崇高责任感。

苏霍姆林斯基特别提及要培养孩子们对女性的尊重，在第六十一条建议中讲述了一群14岁少年克服重重困难送一位病情危重的老奶奶就医的故事，在此之后他带领这群小小的男子汉聚集在“思想室”，一起认识和感受女性的伟大和母性的崇高。

苏霍姆林斯基倡导的情感培养所面对的客体除了人，还包括动物、植物，或者说，包括了所有生命和存在。例如在第七十五条建议中谈及如何保护青少年内心的纯洁激情，其中讲述了学生们通过集体行动帮助集体农庄找回丢失羊羔的事例。尽管孩子们一身疲惫，但是这种热心课“能唤醒心灵对不幸、痛心和忧虑的同情与关切”，而且在苏霍姆林斯基看来，“热心课不是什么孤立于周围世界的特殊事物”。也就是说，这样的热心、激情和爱，应是普遍情感，应融入日常行为，更应遍及所有生命。再比如，苏霍姆林斯基在本书中常常提及大自然，他认为，要在大自然中生活、劳动和学习，他甚至提出“大自然教育”的说法：他常常带领孩子们去大自然之中，观察大自然的色彩变化，倾听大自然的美妙音乐，发现人与大自然以及大自然各种事物之间的密切联系，懂得大自然尚未揭开的力量和奥妙。在他眼中，大自然就是最好的课堂，不仅是学习知识、增长智力的课堂，更是培养孩子们怜爱一草一木的最好场所。

由此可见，苏霍姆林斯基的教育之道，即“人性之爱”。这种最为广博深厚的情感不仅给予师生，更给予所有生命和世间万物——这是用柔软的情感温暖每个生命，用心灵看见世间所有的美好，同时不断创造美好和善意，培养出和谐发展的大写的人，而这正是教育的出发点、全过程和最终目标。

当然话又说回来，讨论教育之道并非否认此书的实用价值或者说“术”的意义。正如上文所言，我们在苏霍姆林斯基的教育之“术”中窥见其教育之“道”，同时我们也发现，其教育之“术”都是在其教育之

“道”的统领和指引下的，完美阐释了“术中有道，道中有术”的意义。

苏霍姆林斯基在本书中提出100条建议，无一不彰显着其教育之道，每一条建议都浸润着人性之爱，每一条建议都是为了成就一个个大写的人。就内容而言，苏霍姆林斯基给教师这100条建议各不相同，每一条都具有借鉴意义，甚至可以直接用于教育教学实践；同时，我们看到这些建议彼此联系、互为补充，共同构成了一套完整的教育方案体系。这套体系呈现出全面性、丰富性、深刻性、创新性等特点，而这一切正是因为教育之道的引领并贯穿其中。

如今，教育已经获得了更多的内涵，早已突破了学校的围墙变成了一种“大教育”，形成了一整个教育生态系统。在这个系统中，教师是其中非常重要的一环，然而单单思考或者建议教师如何做，恐怕是远远不够的。如何让这一系统和谐运转并发挥教育之本来作用，或许是我们最应该思考和解决的问题。此时，我们不仅要借鉴已有的经验和做法，更要理解其精神实质，秉承教育之道，才能走好教育之道。这或许是苏霍姆林斯基《给教师的100条建议》给我们的最大启示，也是其真正的价值和魅力所在。

孟宏宏

2022年1月10日于青岛

# 自序

在帕夫雷什中学工作期间，我与刚开始工作的年轻教师进行过几百次的会面和谈话，收到过他们几千封信件，从而促成了本书的诞生。

我了解几十种不同职业的工作者，但是我坚信，没有谁比教师更勤学好问、精力充沛和富于创新的了。我永远不会忘记一名来自遥远的卡巴尔达山村的年轻女教师。她大学毕业后工作的第一年教英语，遇到了很多困难。这位姑娘迫不及待地想迈出自己创造性劳动的第一步，梦想着与学生进行精神交流的快乐，但是，她觉得自己没有从事教师工作的才能，入错了行。几封充满忧虑的来信贯穿着同样的问题：什么是才能？如何确定自己的才能？如何确信、确立自己对事业的热爱？我的回信没有令她满意，她就来找我了，想要通过面谈把自己焦虑的事情理个清楚。“我要去百所学校，会遇到成千上万名教师，但是我需要知道，我有没有从事儿童工作的才能。”

创造性工作的快乐、创造带来的生命充实——这是每一个有文化、有修养的人的心之所向。问题在于，如何在教育年轻一代的崇高事业中发现自己的才能，如何在这样一项最有趣、最复杂、最人道的事业中发现自己，这个令人忐忑不安的问题反复出现在无数封信件和无数次谈话中。想要寻求答案的既有刚刚中学毕业的十七岁姑娘，也有师范学院的毕业生，还有已经体验初次成功的喜悦和初次失败的苦恼的教师。我就从这个问题出发，向教师提出一百条实际的建议。

# 第一部分

# 1. 从事教师工作需要什么才能

正如任何一种需要专门知识、明确目标、统筹计划的系统性劳动一样，教书育人也是一种职业和专业。但这是一种特别的、其他工作不能与文相提并论的职业。这一职业具有一系列特点：

（1）我们与生活中最复杂、最珍贵的无价之宝——人——打交道。他的生活、健康、智力、性格、意志、公民行为和精神面貌，他在生活中的地位和角色，他的幸福，全都系于我们，系于我们的能力、水平、技巧和智慧。

（2）教育工作最终成果的显现并非在今日、明日，而是要过很久。您所做的、所说的、所教给儿童的，有时要过五年、十年，成效才能显现出来。

（3）很多人和生活中的事都在影响儿童，影响他的有父母、同学、所谓的“街头伙伴”、读过的书籍和看过的电影（这些您甚至都不知道），以及一次与擅长对年轻心灵产生重大影响的人物的意外见面等。这些对儿童的影响可能是积极的，也可能是消极的。有些家庭里沉重压抑的气氛给人留下终生不可磨灭的影响。亲爱的同行，学校的使命和我们最重要的任务，是为人而斗争，去除消极影响，扩大积极影响。为此，需要教师的个性对学生的个性产生鲜明的、积极的、有益的影响。“人的本性如此丰富、强大而富于弹性，”德·伊·皮萨列夫写道，“它能在最压抑、最丑陋的环境中保持自己的鲜活和美丽。”[1] 但是只有当孩子遇到一位聪

[1] 引自德·伊·皮萨列夫《已经死去的人和正在死去的人》。

明能干的教育者时，其天性才会充分绽放。

（4）我们的工作对象是正在成长中的个体及他们的最细腻的精神生活领域：智力、情感、意志、信念、自我意识。这些领域只可用同样的东西，即智力、情感、意志、信念、自我意识来施加影响。我们影响一个学生精神世界的最重要的工具是教师的话语、周围世界之美和艺术之美，以及创造出可以最鲜明地表达各种情感（这些情感涉及人际关系中所有情绪领域）的环境。

（5）教师创造性劳动的最重要的特点之一是其工作的对象是儿童，他们总是在变化，永远是新的，今天不同于昨天。我们的工作是培养人，这也就赋予了我们一种无可比拟的特殊责任。

以上这些就是教师工作的特点。那么从事这项工作又需要什么才能呢？需要哪些客观条件？如何培养、确定、发展和磨炼这个才能呢？

任何人都有一种根深蒂固的精神需求，即人际交往，在交往中他感受到生活的快乐和充实。但是由于情况各不相同，一些人的这种需求不强烈，而在另外一些人那儿则发展成为其性格的主要特点。有一些人，如常言说，“天性”（其实，“天性”在这里毫无关系，具有决定性意义的是教育，尤其是幼年时期的教育）孤僻内向、沉默寡言、更愿独处或者朋友圈子小。如果与多人集体交往让您头痛，如果您感觉独自一人或两三个朋友一起工作好于一大群人一起工作，那就不要选择教师工作作为自己的职业。

教师的职业是一门研究人的学问，要长期不断地深入人的复杂的精神世界。不断发现一个人身上新的东西，惊叹于新事物，见证一个人成长的过程，这种优点就是滋养教育工作才能的基础之一。我坚信，这一基础植根于一个人的童年和少年，植根于家庭和学校，植根于父母、教师等长辈的关爱，他们教育儿童爱人敬人。

既然您萌生了成为一名教师的梦想，那就自我检验一下。您上九年级或十年级时，请共青团委员会任命您当少先队辅导员或者十月儿童团辅导员吧。这样，您面前就有 40 个孩子，乍一眼看上去，他们甚至连外貌特征都彼此相似，但是等到第三天、第四天、第五天，经过几次树林、田野活动，您就会确信，每个孩子都是一个完整的世界，独一无二，与众不同。如果这个世界在您眼前打开，如果您在每个孩子身上都感受到他的个性，如果每个孩子的喜怒哀乐都敲打着您的心，并引起您的焦思苦虑，那就大胆地选择高尚的教师工作作为您的职业吧，您会在其中找到创造的乐趣。因为我们工作中的创造性（我后面还会谈及这一点）首先就是认识了解一个人，惊叹于人性的丰富多彩和无可限量。

如果您觉得这40个孩子一模一样、单调无聊，如果您很难记住他们的面孔和名字，如果您看不出儿童的每一双眼睛中流露出的个性，如果您辨别不出花园深处传来的儿童响亮的喊声，一周后也分辨不出，一个月后还是无法辨别这是谁的喊声，这一喊声里在表达什么，那么，三思而行吧，想一想您是否要成为一名教师。因为没有一条教育规律，没有一个真理，是对所有儿童绝对同样适用的。因为实践教育学就是要有已经运用娴熟并且提高到艺术高度的知识和能力。因为教育人首先要了解其心灵，看到并感知其个体世界。

“如果我手中掌握着权力，谁说人并不能改变，我就割下他的舌头。”[1]伟大的思想家阿拜·库南巴耶夫的这句话深深地刻在我的心里，每当我思考教育才能时，每当我和年轻教师谈起他的甘苦成败时，这些火焰般的字句就在我眼前闪耀。如果您打算献身于高尚的教育工作，那么就要对人有无限的信任，相信他本性善良，这就是我们心中应该具备的东西。这不是对某个抽象的人（大自然中也没有这种人）的信任，而是对我们成长于苏维埃社会主义社会中的儿童的信任。

教育才能的基石就是深信能够成功培养好每个儿童。我不相信存在不可救药的儿童和青少年。要知道，站在我们面前的是一个刚刚认识世界的人，我们要做的是不要让这个小人儿身上优秀的、善良的、人性的东西被压制、扭曲和戕害。所以，每一个想要投身于教育的人，都应耐

[1] 引自阿拜·库南巴耶夫《训言》。

心地对待儿童的弱点。如果细心观察和仔细思考这些弱点，如果不仅用脑子而且用心认识这些弱点，就会发现这些弱点无关紧要，不应因其而发火、生气和进行惩罚。不要误以为我在宣扬一味的容忍、抽象的容忍，号召教师忍耐地“背负十字架”。这里说的完全是另外一回事：一个长者，包括父母和教师，应该具备理解导致儿童犯错的微小动机与原因的智慧和能力。要理解的是这一点，即这是儿童犯的错。不要把儿童和自己等量齐观，不要对儿童提出与成人同样的要求，但自己也不要孩子气，不能降到孩子的水平，同时又要理解儿童行为的复杂性和儿童集体关系的复杂性。

如果儿童的每一次淘气都引起您的气恼和心慌，如果您觉得他们这帮孩子已经闹到了极点，必须要采取一些紧急措施，采取一些“消防”措施，那么，请您三思，您是否要成为一名教师。如果您总是不断地和孩子产生冲突，您就当不了教师。要有化解冲突的能力，首先我们要懂得，我们是和儿童打交道。这种化解冲突的能力源于滋养教育才能的树根深处，即理解和感受到儿童是一个总在变化的人。

还有一个特点，我认为，没有这个特点，就没有教育才能。我想把这个特点称作心智和谐。除了教师和医生这两个职业，未必还有其他职业需要这样的热忱。或许您的学生不止 40 个。如果您教授高年级课程，您会有 100 个、150 个学生。应把自己的心分给每一个学生，把每个学生的喜怒哀乐都记挂在心。对他人的同情心和真诚关心，这些与教育才能血肉相连。教师不能是一个冷漠无情的人。对待一切都是冷漠无情的推理、刨根问底的斟酌，害怕在所有规条的遵守上有半点闪失，这些都会引起孩子们对教师的戒备之心和不信任态度。一个过于理性的教师，儿童不仅不喜欢，而且永远不会对其敞开心扉。

在任何情况下都要听从最初的内心想法来行动，这种想法是最崇高的。但与此同时，教师应该善于用理智控制自己的内心冲动，而不要让情感放任自流。在对待学生的错误、冒失，即在需要对不正确行为采取措施时，这一点尤为重要。

教师的教育艺术和水平的高低恰好也在于是否善于把热忱和智慧两者结合起来。

有时需要暂缓采取措施，让感情“平复平复”。每当需要和学生谈论反映其复杂矛盾的内心活动的行为时，我总是把这个谈话延迟几天。相信我，我尊敬的同行们，这样做会使您语言的情感和对学生心智的情感都变得更饱满，因为在这种情况下，情感会因为您智慧的见解变得高尚。而且同时，您的见解、您的话语会直达学生的心灵深处，因为这些话语富有情感，流露出您内心的焦虑。善于和学生进行知心交谈，是每个教师都应该掌握的一种特别重要的能力。这种能力需要在自己身上进行培养、建造、完善、锤炼，以使其更加细腻、有效。

培养这种能力需要深入孩子的心灵，仔细思考他们的心思在什么上，他们如何看待世界，周围的人对他们有何影响。

我亲爱的同行，要想成为一个真正的教育者，需要学会热忱，需要长时间地用心认识学生一切的所思所想和喜怒哀乐。这是我们教育事业中一种最细腻的东西。如果您牢固地掌握这一点，您就会成为真正的教育能手。

## 2. 关于教师的健康和充实的精神生活问题

我记得一次隆重的晚会，欢送一名教师退休。邀请我参加这次晚会的女教师还相对年轻，她从 20 岁开始工作，退休这天她才 45 岁。阿纳斯塔西娅·格里高利耶夫娜为什么要退休呢？所有人都不解。奇怪的是，这名女教师不想再多工作一天，退休那天正好是她在学校工作满 25 年的日子。阿纳斯塔西娅·格里高利耶夫娜本人对当时还是年轻教师的我们做了告别讲话，消除了所有的疑惑。“亲爱的朋友们，”她说，“我离开是因为学校工作并非我喜欢的事业。我在这项工作里得不到满足。这项工作没有带给我任何乐趣，这是不幸，这是我生命中的悲剧。我每天都在等待课快点结束，这种喧哗快点消失，快点一人独处。你们会感到惊讶，一个 45 岁的妇女就离开了工作岗位，其实她还年富力强。不，我并不是年富力强，我已经精疲力尽。而精疲力尽是因为工作没有带给我乐趣。我的心脏病很严重。我建议你们年轻人：自我检验一下，如果工作不能给你们带来乐趣，那就离开学校，在生活中进行正确的自我判断，找到热爱的事业，否则工作就只会带给你们痛苦。”

亲爱的朋友，让我们思考一下这个悲伤的故事吧。健康、好情绪、充实的精神生活、创造性劳动的乐趣、从热爱的事业中获得满足，这些都是紧密相连、相互制约的。在这里，处于首位的是身体健康和精神力量的和谐。一个教师多么需要身体健康，如果无法救治的疾病不知不觉突然降临，他的生活中会上演多大的悲剧啊！因为常有这样的事，一个教师才45~47岁，却已经精疲力竭了。一个教师刚刚达到教育智慧的顶峰、掌握教学技巧和教育艺术的秘诀、形成自己的教育信念，但是没有精力了。“我多么害怕到45岁成为‘主席团名誉成员’‘婚礼上的将军’，”一名16岁就开始从事教育工作、有25年教龄的教师写信给我说，“怎样工作才能不损害身体健康？因为健康首先是为了工作，为了创造，没有工作，我无法想象幸福。”

我和400名45~50岁的教师谈过话。说到身体健康情况时，很多人都诉苦：“心脏衰弱了。”“心脏有点毛病。”心脏衰弱和神经失调、心力衰竭，正是这方面的疾病不知不觉突袭教师，不仅限制了他们的创造性劳动，而且常常迫使其完全停止工作，被迫提前退休。教师要保护心脏和神经，我们应该工作到60岁还能保持健康快乐。很难想象还有什么比一名教师感觉自己脑力充足、构想丰富却体力不支更悲哀的事了。

但是如何保护心脏和神经呢？不是躲避所有引发个人情感的事，不是让自己养成冷漠无情的态度。这里首先需要考虑我们工作的特殊职业条件。

我们的工作是需要心脏和神经的工作，这确实要每天每时消耗大量精力。我们的劳动面对总在变化的场景，有时令人激动，有时让人压抑。所以善于自我控制、自我克制是关系到一名教师事业成功、身体健康最必要的条件之一。不会正确地控制每天每时的激动，不会掌控局面，而这些正是最让教师心脏受损、神经疲劳的事。

到底该如何培养自己的这种能力呢？首先要了解自己的健康状况，了解自己神经系统和心脏的特点。人的神经系统天生就非常灵活，教师就要善于将这种灵活发展到能够控制情绪的艺术高度。我培养这种能力的方法是：不让那些负面现象生根发芽，像发愁、夸大他人毛病、渲染儿童的“非常”想法和行为（这很难用语言表达，但这是我们修养和教育工作方法上的大缺点），习惯于对儿童提出只能对成人提出的要求，使小孩子要么变成夸夸其谈的人，要么变成把道理和教训当耳旁风的人。我总是努力不让自己激动，不去加剧激动，而是缓和激动。为此需要什么？如何避免经常迫使自己压制自己呢？最根本的方法是：首先，把整个集体（包括教师本人）的力量用到需要大家精神一致、集体创造、人人聚精会神、相互交流知识价值的事业上。经验使我确信，正是这种集体活动能让教师因为压制激动、隐藏愤怒而绷紧的情绪弹簧松弛下来。如果不让这些弹簧放松，如果像俗话说的“强压心头怒火”，那么我们就会气恼、愤怒，变得极度不安和心神不定，情绪易出危险。这种危险之所以在我们工作中出现，不是因为感情放纵，而是因为感情抑制。

我和学生们去森林。我们集体中有一个小男孩，机灵活泼、顽皮好动，他是爱耸鼻子、有雀斑、蓝眼睛的尤拉。当孩子们集合在林中空地正在听我指令“接下来我们要去哪儿，如何在森林里不丢失、不迷路”时，尤拉却跑到密林深处，藏在一个山沟里，我们所有人都听到他在高喊“啊呜”。乍看起来，好像这个小男孩做这一切是用心不良，是想扰乱我们的森林之行。但是我跟自己说，不能夸大儿童的想法。因为尤拉是个小孩，二年级的小学生，他不可能想得那么多。这样我就不着急、不生气、不恼怒，而是借此安排一项有趣的游戏。“来，孩子们，咱们别出声，躲开尤拉。我们不去找他，他就会来找咱们了。”我们悄无声息地走路，连脚下的草都没有发出沙沙声。我们溜进一个我知道的林中洞穴，在那里藏起来。孩子们兴奋地观察着这个藏身之所。尤拉喊了几声“啊呜”后就沉默了。他又去了另外一个地方，模仿黄鹂唱歌，走近了我们坐过的那片林中草地。他又喊了一声“啊呜”，从他的喊声中我听出了惊慌。他已经来到了林中空地。他不再喊“啊呜”，也不再模仿鸟儿唱歌，而是惊慌地叫我们：“你们在哪里？回答我！”

不要强迫自己压抑激动，而是应该寻找一种活动，让你可以从一个完全不同的视角来看待引起激动和恼怒而又不得不压紧抑制弹簧的事情。让不快的、恼怒的事情成为可笑的事情，那您就会全面主宰一个集体的思想和情感了。

消除激动和恼怒、放松弹簧的第二个方法是幽默。如果您有幽默感，那么，最紧张的，有时甚至可能引起长时间恼怒的局面都会缓和。孩子们爱戴并尊敬快乐、不忧伤、不悲观失望的教师，这是因为这样的教师是快乐和具有幽默感的人。他们善于在每一个举止、每一种生活现象中捕捉笑点。善于毫无恶意、心怀善意地“嘲笑”负面的东西，用笑话支持和鼓励正面的东西，是优秀教师和优秀学生集体的重要特点。

教师如果缺乏幽默感，师生之间就会筑起一道互不理解的高墙：教师不理解儿童，儿童也不理解教师。意识到儿童不理解你，会让你恼怒，这种恼怒是教师常常找不到出口的表现。亲爱的同行，相信我，侵害学校生机勃勃的机体、毒害学生集体生活的冲突，多半正是这种互不理解导致的。

教师工作的特点是高度脑力紧张期和相对平静期相互交替。多年的实践有力地证明，教师的心脏和神经经常需要较长时间的休息，停止输出，即停止消耗神经和精神的力量。这些力量需要得到补充，这种补充的必要条件是合理利用休息时间。正确的休息，特别是在夏季和冬季，能发展和加强神经系统的补偿功能，有助于养成沉着稳重、用理智控制情感爆发的能力。很多在学校工作三四十年以上的经验丰富的教师说，使其养成沉着和自制力的因素中，尤其重要的一点是长时间与大自然接触，在此过程中，体力提升会和思考、观察结合起来。

同时，善于在日常工作中爱惜地使用精力，也是一个十分重要的保证心脏和精神健康的条件。

## 3. 乐观主义是教育者精神力量永不枯竭的源泉

我们的工作是在儿童世界中进行的，这一点要时刻牢记在心。这是一个特别的、独一无二的世界。需要了解这个世界，但这还不够，还要深入儿童世界。想必您同意，每一个教师身上都应闪烁着儿童的小火花，永不熄灭。

儿童世界，这究竟是什么呢？我在此仅给教师提一些实际建议，并不企图对儿童的所有特征进行科学心理学的定义。我想说，儿童首先是用情感来认识周围世界。儿童世界首先是儿童用心灵认识自己的所见和所为。内心生活明朗灿烂、生机勃勃、富有深意，感情和情绪外露，这就是作为我们教师的工作对象和工作环境的儿童世界。

儿童的内心生活每时每刻都带给我们满意和不满、快乐和苦闷、忧愁和赞叹、困惑和诧异、抚慰和愤怒。在儿童世界给我们带来的极其丰富的感情音乐中，有愉快的和不快的、高兴的和伤心的旋律。善于认识这种和声，是教师在工作中精神饱满、心情愉悦和取得成功的最重要条件。如果与儿童交往除了带给教师伤心、生气、愤怒，别无其他，这不仅会在教师的心灵上深深地留下不悦的感受，而且会扰乱教师身体内部器官的工作。不善于捕捉和感受儿童世界及其复杂情感和声的教师经常出现神经失调现象，其中最让人不悦，甚至很可怕的一种是神经衰弱。

“我每天只有 3 节课，”坦波夫州的丽季娅写道，“但回到家时累得筋疲力尽。不仅没有力气备课，而且没有力气思考。怎么回事呢？在学校工作的时间里，我就像绷紧了的弦。学生们淘气让人不得安宁。我觉得，每个男生都一心想着让我不高兴。我看见费佳在课堂上捅了一下万尼亚的肋部，万尼亚就对费佳还手，用尺子打了他的头……所有这些事，其他老师都说是小事，而我却不能无动于衷。一股热浪漫延全身，我心脏差点跳出胸膛，手脚僵硬麻木。我给学生提意见，想要平静地说，但嗓音颤抖，孩子们注意到了这一点，而且我觉得他们在笑，故意搞些新花招气我。我该怎么办？”

这已经是神经失调了，原因是不理解儿童世界。我亲爱的同行，整体上说，这个世界是美好的，如果您了解它，如果您感觉在其中如鱼得水，它带给您的积极感受和心情要比消极感受和心情多得多。因此在那首叫作《儿童时代》的音乐中，学会用心倾听、理解、感受吧，首先是其中的光明愉快的旋律。不仅要做一个儿童世界音乐的听众、欣赏者，还要做一个创作者，即作曲家。在儿童世界的音乐中创作光明愉快的旋律吧，这种音乐关系到您的健康、您的精神力量、您的心灵状况。您的钢琴、您写作儿童世界音乐的曲谱和您指挥乐队的指挥棒，是十分简单同时又是十分复杂的东西，即乐观主义。请记住，在儿童和青少年当中没有存心作恶的坏人，即便有时出现这种人，也是千分之一、万分之一。那么，即使邪恶创造了他们，医治他们也要用善良、人性，还有乐观主义，即那有魔力的钢琴和有魔力的指挥棒。

儿童身上没有任何东西需要教师严酷待之。即便儿童的心灵出现了问题，那么这种邪恶首先要用善良来赶走。这不是宣扬不对抗邪恶，而是考虑到儿童世界的现实。我痛恨对待儿童抱嘀嘀咕咕的疑心态度，痛恨形式主义的清规戒律。这不是宣扬敷衍了事和“自由教育”，而是坚信，对孩子的和善、亲切和热爱并非抽象的，而是人性的、现实的、对人满怀信任的，这是一股强大的力量，能在人身上创造出一切美好，使其成为一个完美的人。我不相信一个受到正确教育的儿童会成为流氓、寄生虫、厚颜无耻之人、谎话连篇之人、道德败坏之人。

乐观主义、信任人，这是教育者和受教育者创造力、精神力量和身体健康永不枯竭的源泉。不要让不信任人、怀疑人的种子在自己的内心萌芽。不信任人，不管一开始它有多么微不足道，都能发展成我称之为不怀好意的可怕的恶性肿瘤（因为此处说的是身体和精神健康问题）。不怀好意是一种危险的精神疾病，既影响心脏，也影响神经。这种疾病遮住了教师的眼睛，使其看不到人身上的优点。不怀好意是一副奇怪的眼镜，镜片能把优点缩小到极其微小的程度，使人看不见；又能把缺点扩大到奇大无比的程度，从而掩盖了人性最细微的特征。我年轻的朋友，教师身体的毛病始于他容许不怀好意的发展，用完全不同于乐观、信任人的想法和行为来培养不怀好意。不怀好意是愤恨之母，而愤恨，形象地说，是尖刺，总是扎到心脏最敏感的地方，使心灵疲惫不堪，使神经衰弱无力。

要比怕火更加怕最微小的幸灾乐祸。假设（希望这种事永不发生）您“痛斥”了一个学生，“刺痛”了他；您在日志中记下了他的不体面行为，而且您的意识深处有一个高兴的想法微微活动起来：等你的父亲看了我的记录，他要求严格，他会收拾你……您看了一眼孩子忧愁的眼睛，您没有惊慌，还是很安然。亲爱的朋友，您要知道，就从这一刻起开始了您的大不幸：您心灵深处滋生了幸灾乐祸。开始它看起来像一只软弱无害的小兽，而实际上它是一条毒蛇。幸灾乐祸又会生出不能容忍，幸灾乐祸的心灵变得又聋又哑，捕捉不到儿童内心的细微活动；幸灾乐祸的人把一般的儿童淘气看作邪恶和心怀恶意。不能容忍儿童的顽皮淘气使教师变成冷冰冰的说教者、重理智而缺情感的监视者，从而受到孩子们的憎恶。他们对付教师吹毛求疵的办法是激怒他，“得罪”他。如果已经出现这种情况，教师的心会因为每时每刻不得不压制自己的愤恨而渐渐衰竭。我的朋友，应该像害怕大不幸一样害怕这种情况。如果您无法避免这种情况，您就会成为易动肝火、容易激动、闷闷不乐的人，工作对于您来说会变成苦役，您就会百病缠身。

心怀善意、理性的善良，这是儿童集体生活应有的气氛，是教师和儿童相互关系中应有的主要品质。心怀善意，这是一个多么美好的词语，又是一种多么深刻、复杂、细致的、充满人性的态度。如果彼此心怀善意，人们就会把心灵深处的一切吐露给对方。

我无数次说过，并且到死也要反复说，教师和儿童彼此心怀善意，这是连接心灵的丝丝红线，依靠这一点（请注意，这在我们教育工作中特别重要），人和人心照不宣，可以感受到彼此最细微的内心活动。多年的学校工作使我坚信，如果我对孩子们心怀善意，并且培养他们心怀善意，他们就会顾惜我的心脏和我的神经，当我觉得心情沉重甚至难以说话时，他们会理解我。孩子们觉察到我的情绪，感觉到我心情很沉重，他们甚至会轻言轻语，避免吵闹，努力让我不管是在课堂上，还是在课间休息时都能尽量得到安宁。我亲爱的同行，这种心心相连的感觉，善于读懂别人的内心，是使您保持健康的永不枯竭的源泉。在这里我们进入了学校生活中一个十分特别的领域，关于这个领域之前鲜有提及，实际上应该多谈而且理智地谈。我说的是心怀善意的实质，这是情感教育最重要的一个方面。

## 4. 教育修养的基础是要心怀善意

这条建议，总体而言，是教育修养的入门，具体而言，则是教育修养的情感问题。要心怀善意，意味着对待学生要像对待自己的儿子一样。学生成绩不好、掉队，学生难以像同班同学那样学习，儿童或少年出现流氓行为，所有这些都是一件又一件的糟糕事。如果是您的儿子遇到这种糟糕事，您会怎么做呢？未必会提出那些开除、降低品行分数之类的解决方法。当然，理智会提醒智慧的父母，这些方法也是必要的，但是内心首先会提出一种最适宜的方法来挽救儿子，因为只靠惩罚是救不了人的。您内心会要求采取一种能够在儿子的心灵建构道德纯洁和美好的方法，以使其成为一个真正的人。这种心愿也就是心怀善意。教师心怀善意，首先表现为不让孩子变坏，防止他走上错误的道路。像父母一样心怀善意，这意味着挡住邪恶通向孩子心灵的去路，把邪恶关在孩子的心灵之外。如果您心里对每个学生都有这种忧虑不安的关怀，如果对您来说每个孩子不是班级记事簿上的一行字和一个号码，而是一个活生生的人，一个有个性的人，一个独一无二的人的世界，您就可以确信：如果学生遇到了糟糕事，内心会提醒您该怎么做。这种内心的指令就是付诸行动的心怀善意。

要心怀善意，说起来容易，它可是需要培养的，而且只有这种内心状态是相互的，即教师对学生心怀善意，学生亦然，才能培养起来。这是学校生活最微妙的和谐。相互心怀善意是在富于情感修养的氛围中培养起来的。我一向认为，最重要的教育任务之一是教会孩子们用心认知世界、用心感受别人的处境，这些人不仅包括亲友，还有生活道路上遇到的任何同胞。教会小孩子感受他遇到的人是否心情沉重、有什么痛苦，这是一种最细腻的教育本领。我想分享一下经验，说说教师如何培养自己使自己具有这种本领，如何培育学生的情感修养，以及如何使这种修养成为相互心怀善意的基础。

春天，在学校旁边的田野里，集体农庄女庄员在甜菜种植场劳动。每天早上，一轮红日刚从地平线升起，她们就一个接一个向田野走去。我的一年级学生也在这时来到了学校花园里。我们在自己的“美丽角”迎接日出，这是蔚蓝天空下的一个绿荫教室，是一个很大的绿荫窝棚，浓密的葡萄叶子为我们遮住炎炎烈日。女庄员们从我们身旁两三米的地方走过去。我们能看见她们，看到她们的脸庞、她们的眼睛，如果我们屏息静坐，能听到她们的呼吸。她们却看不见我们。我教导学生们：看看她们的眼睛，学着感受和理解她们每个人的内心——是明朗的心平气和，还是阴沉的愁云密布。我们每天看见这些姑娘和妇女。我们已经看惯了一个蓝眼睛的年轻妇女，她留着淡褐色粗辫子，是两个小孩子的母亲，唱着这首或那首歌儿去上工。她常常在一个小丘上停下来，看着蔚蓝的天空，听着云雀的歌声，面露微笑。我对孩子们说：“她热爱生活，她是幸福的。”我们大家看到别人幸福自己也会很高兴。另一个妇女拐到狭窄的田间小路上，每天都摘几朵野花，我们从她的眼睛里看出，她在想着一些幸福愉快的事。两个姑娘走到草地上静静流出泉水的地方，把泉水当镜子照，整理着发型，欣赏着自己的美丽。看，孩子们，她们眼睛里充满快乐和向往。这个黑眼睛的妇女不仅摘了很多野花，而且还在树桩上坐下来，编了一个小小的花环——当然，这种小花环只能给小姑娘戴。仔细看她的眼睛，亲爱的同学们，你们会感受到母爱的温暖。但是，瞧，仔细看，孩子们，走来一个头发花白的妇女。看她的眼睛，多么悲伤，多么忧愁。她的眼神里包含着多少痛苦和烦恼啊！瞧，她停下了，看着太阳，看着绿树浓荫掩映下的村庄，沉重地叹着气。看，她没有向田间小路走去，而是走上通向村子中心的大路。她在大路旁摘下野花，拿着花走向和法西斯作战牺牲在这里的战士的纪念碑。她在墓前献了花，看，她在哭。

孩子们，你们面对的是人类在世界上最伟大的悲痛——母亲的悲痛。现在她再次经过我们的“美丽角”，留心细看，再看看她的眼神。

孩子们屏息坐着。没有一片树叶也没有一棵小草在颤动，万籁俱寂。我们看着一个母亲悲伤的眼睛。我们听见她再次回头看战士纪念碑后的沉重叹息。

不用任何话语和解释，孩子们都明白了，这位母亲的儿子在战争中牺牲了。我跟孩子们讲述了这位母亲的巨大悲痛：她的两个儿子和丈夫都牺牲了……

随后，用心灵认识人的课越来越新，一堂接一堂。我们去田野，坐在乡间土路旁，身边时不时有人经过。

看看一个人的脸和眼睛，孩子们就感受到他的内心世界。有的对当下感到高兴，有的向往着一种令人激动的、宝贵的东西，有的只是疲劳和漠然，不，这个人心里也不怎么好受……有的忧心忡忡，可能是为一些日常琐事操心，也可能是担心某件大事。现在走来的这个老爷爷有种悲痛。孩子们一惊，警觉起来。他们还从未在人们的眼睛里见过这种悲痛。“他很痛苦……他遇到了很大的不幸……需要问问怎么帮他……”孩子们纷纷说道。

他们走近老爷爷，问道：“能帮您什么吗？”老爷爷把温暖的手放到小季娜长着浅色头发的脑袋上，沉重地叹着气说：“亲爱的孩子们，你们帮不了我什么……我妻子刚在医院死去……我去叫车……我们一起过了四十七个年头……你们帮不了什么，但我还是觉得轻松了一点，有你们真好……”

情感修养就是这样培养起来的。这是一个细致、长期的过程，需要教师很有分寸、细心周到、善于思考，并且熟悉每个儿童的内心世界。

用心灵感受别人的儿童会变得心怀善意。但是，还有很重要的一点是，他对教师的善意很敏感，能感觉到，并对好意还以好意，这种情况在教育工作中的重要性怎样评价都不过分。孩子的心灵应该培养得能接受充满爱抚、善良和热忱的教育。或许，您听过教师们的牢骚（可能您自己也有过这种想法）：“怎么办？学生听不懂好话……我对他亲切、敞开心扉，而他呢，无情无义，笑话我的好意。”很遗憾，是有这样的事，这种铁石心肠的根源是缺少情感教育，是儿童幼年时期没学会用心灵认识人。

如果您教会自己的学生用心灵感受人，您的善意就会创造奇迹。教师的善意是为了什么呢？首先是为了儿童的脑力劳动。希望儿童的脑力劳动好，这就意味着要理解他的强项和弱项，感受到他脑力劳动的细微之处。您的善意作为一种强大的教育手段会一直起作用，直到您的学生想成为一个好人，直到他形成个人的自尊心并不断发展。我们看到，在教育事业中，现象和事实的关系极其紧密：学生的成绩影响其精神状态，其精神状态则影响教师精神生活的充实和身体健康。如果学生努力成为一个好学生，想要好好掌握知识，这就已经是您工作的一半乐趣了。

学生的自尊心取决于其学业成绩，学业成绩取决于教师的善意，当然，也取决于学生心灵对教师善意的接受程度。我尊敬的同行，请记住，学生的学业成绩，他的自尊心，这都是您创造性工作乐趣的火花。只要这火花发光，您就会感受到自己精神生活的充实和创造活动的乐趣。

但是，又出现一系列问题，如何才能使学生经常取得好成绩呢？如何培养其自尊心？如何用做个好学生的愿望这股强大的精神力量鼓舞他？下面我谈谈另一条建议，简短表述如下。

## 5. 请记住，没有也不可能有抽象的学生

为什么在一年级就经常出现不及格、掉队的学生，二、三年级有时就会遇到不可救药的，因而老师对其干脆甩手不管的学生呢？这是因为在学校生活的最重要的领域，即脑力劳动领域，对小学生没有因材施教。

我们想象一下，所有 7 岁的孩子，刚刚成为小学生，您要求他们进行同一项体力劳动，比如提水。一个孩子提 5 桶水就筋疲力尽了，另一个孩子却能提 20 桶。要求弱小的孩子提 20 桶水，会让他过劳受伤，到明天他就什么也干不了，甚至还可能会躺到医院里去。同样，孩子从事脑力劳动的力量也是不一样的。一个学生能快速领会、理解并记住知识，而且记得又久又牢。另一个学生的脑力劳动则完全是另一种情况：教材领会得很慢，知识记忆得不久也不牢。但是后来，正是这个学生比那个一开始学习好的学生在学业上和智力发展上取得了更大的成绩，这是常有的事。没有那种抽象的学生，我们可以在他身上机械运用所有教学和教育规律。没有统一的能让所有学生都取得好成绩的先决条件。而且好成绩这个概念本身就是相对的：对一个学生来说，好成绩是 5 分；对另一个学生来说，3 分就是很大的成功。善于正确判断每个学生当下有什么才能，以后如何发展其智力，这是教育智慧中极为重要的一部分。

能否保护和培养每个学生的自尊心，取决于教师如何看待学生的个人学习成绩。不能要求学生做他做不到的事。任何一门课程的任何教学

大纲，都只有一定的水平、一定的知识范围，而不包括活生生的儿童。不同的学生是以不同的方式达到这个水平和掌握这个范围的知识的。一个学生一年级时就能完全独立地读题和解题，另一个则要学到二年级末甚至三年级末才能做到这一点。教师要善于判断通过什么途径、用多久和克服什么困难，学生才能达到教学大纲规定的水平，以及如何在每个学生的脑力劳动中具体实施大纲。

教学教育的艺术和技巧在于挖掘每个孩子的力量和潜能，使其享受到脑力劳动中取得成绩的喜悦。这就意味着，在学习中应该有区别对待，不论是脑力劳动的内容（习题的性质）上还是所需时间上，都应如此。经验丰富的教师给一个学生布置两道、三道甚至四道题，而给另一个学生只布置一道题。一个学生的题较难，另一个学生的题则较易。一个学生做创造性的语文书面作业，比如写作，另一个学生则学习文学作品的课文。

用这种方法，所有学生都能前进，有的快些，有的慢些。孩子在自己作业获得的评分中看到自己付出的劳动和努力，学习给他带来精神上的满足和发现的乐趣。同时，师生间相互关怀和彼此信任结合起来。学生不把教师只看成严格的检查员，把分数只看成棍棒。他坦诚地对教师说：这件事我没做好，这个我不会做。他的心灵很纯洁，他不会抄袭、用小抄，他想建立自己的尊严。

取得学习成就，形象地说，这像是一条小路，通向儿童心灵深处，那里燃烧着做好学生的愿望的小火花。呵护这条小路和这个小火花吧。

我有一个朋友，出色的数学教师伊·古·特卡琴科（基洛沃格勒州波格丹诺夫中学）。他这样讲述自己的备课情况："我仔细思考每个学生都要做什么。我为所有学生挑选他能取得成绩的作业。如果学生在掌握知识的道路上没有前进哪怕一小步，这节课对他来说就白上了。无效劳动，可能是学生和老师都面临的更为严重的潜在危险。"

看一看帕夫雷什中学阿·古·阿里先科和姆·阿·雷萨克的数学课吧。解题时（解题占课堂的90%的时间）他们的班似乎分成了几个组。第一组是学习最好的孩子，他们不用任何帮助就能轻松解出任何一道题，这个组还有一两个学生能够口算解题，不用记笔记；教师刚读完条件，学生已经举起了手。对于这个组，除了大纲规定的习题，教师还选择一些超纲的习题：需要给这些学生力所能及，但又不是轻而易举而是需要努力才能完成的作业；有时也需要给学生那种无法独立解出的习题，但是教师的帮助只能是一点点小建议、小暗示。

第二组是勤奋努力的学生，对他们来说，出色完成任务需要经过一定的紧张脑力劳动、探索、克服困难。关于这些学生，教师们说：他们以勤劳和埋头肯干取胜，取得成绩是因为勤奋坚忍。

第三组学生无须帮助能解出中等难度的习题，但复杂习题有时不会做。帮助这些学生做作业需要高超的教育技巧。

第四组学生理解和解题都很慢。他们在一堂课上要比第二、三组的学生可能少做一半或三分之二的习题，但无论如何教师都不能催促他们。

第五组是个别学生，他们基本上不会做中等难度的习题；教师专门为他们选择一些习题，希望他们有所进步，哪怕他们能取得一点点成就也好。

这些学生小组不是固定不变的。能让人因取得成绩而获得喜悦的脑力劳动总是能带来发展能力的结果。

在能使每个学生都取得进步的教师的课堂上，仔细看一看学生的脑力劳动吧。这里洋溢着上文谈过的彼此心怀善意的气氛，洋溢着昂扬的精神。每个人都争取通过自己的努力达到目标，您在孩子的眼睛里能看到精神高度集中，时而迸发喜悦的火花（找到了正确的解题思路），时而陷入沉思（从哪方面入手解题呢）。教师在这种氛围中工作是一种莫大的享受。我亲爱的同行，请相信我，在这样一节课上无论教师的工作有多紧张，他都有时间喘口气，没有这一点是很难连上四五节课的。

我有几年在五、六、七年级教数学，这些课与文学课和历史课交替着上，请相信我，对我来说这是真正的休息。每个学生都因成就而获得个人喜悦的课不会使老师感到苦恼和疲劳：他没有等待出现不愉快的事情的紧张心情，他不用留神关注那些活泼好动、由于无所事事而不时用淘气来“招待”教师的孩子，因为在这些课上他们的精力都被引入了正轨。如果教师能够把淘气包和调皮鬼“套住”，让他们从事力所能及的、可以指望取得成功的脑力劳动，他们就会多么勤奋、精力集中地学习啊！紧张的劳动展现出他们积极的心灵，他们变得认不出来了，他们全部的注意力都集中在如何更好地完成作业上。

总引起我苦恼和疑惑的是有些教师的抱怨：学生在课堂上淘气，干别的事……亲爱的同志们，如果你们真正地思考过如何让每一个学生都学习，这种事就不可能发生。

这里也部分地涉及了我们工作中的一个尖锐问题：如何使工作不给我们带来疲惫，以及神经和心脏的无休无止的紧张。这种紧张是由时时刻刻忽而冒出“非常事件”，忽而冒出“天真的淘气”所引起的，虽然这都是几乎觉察不到的小事，但是如果数量多了，就会使人既不能工作，又不能正常生活。

## 6. 从哪里找时间？一天只有24小时

这句话我引自克拉斯诺亚尔斯克市的一位女教师的来信……是的，没有时间，这是教育工作的灾难。它不仅打击着学校工作，也打击着教师的家庭生活。教师和所有人一样，也需要时间照顾家庭、教育自己的孩子。我有非常准确的资料说明，很多中学毕业生害怕上师范高校是因为认为从事这项职业的人没有空闲时间，尽管教师有很长时间的假期。

我还有非常有趣的数据资料，对孩子上了高校的 500 名教师提出一个问题："你们的孩子在哪些高校、学习什么专业？"只有 14 人回答"在师范学院"或者"在综合性大学，准备当教师"。然后又提出一个问题："为什么您的孩子不想当教师？"486 人回答："因为他们看到我们的工作多么不易，没有片刻空闲时间。"

教师究竟能否让自己在工作中有一些空闲时间呢？这个令人头疼的问题常常用这种方式表达出来。事实正是如此：语文教师、数学教师除了每天在校工作 3~4 小时，还要备课和批改作业不少于 5~6 小时，另外课外工作每天不少于 2 小时。

如何解决时间问题呢？这是学校生活全局中的一个问题，与学生智力发展问题类似，它完全取决于学校的全部活动的安排。

这里主要看教师工作的风格和性质。一位历史教师，在学校工作了 33 年，上了一堂名为"苏维埃青年的道德理想"的公开课。区进修班学员和区人民教育处视察员参加了这堂课。课上得很精彩。教师们和视察员本来打算在上课过程中做笔记以便课后提意见，但最后都忘了做笔记。他们就和学生一样，屏息坐着，听得入了迷。

课后一位邻校的教师说："是的，您把心奉献给了学生。您说的每个字都带有巨大的思想威力。请问，您准备这堂课用了多长时间？可能不止一个小时？"

"这堂课我准备了一辈子，"那位教师回答，"而且，基本上，每堂课我都准备了一辈子。但是，直接针对这个题目的准备，也可以说是教研室里的准备，用了大约 15 分钟。"

这个回答稍微打开了一扇小窗户，让人窥见教育技巧的一个奥秘。像这位历史教师一样的教师，我知道在我们区里大约有 30 位。他们不抱怨没有空闲时间。他们每个人都说，每一堂课都准备了一辈子。

这种准备究竟是什么呢？这就是阅读。每天读书，一辈子以书为友。这是一天也不断流的潺潺小溪，充实着思想的大河。阅读不是为了应付明天的课，而是出于内心的需要，出于对知识的渴求。如果您想有更多的空闲时间，想使备课不流于单调乏味地坐看教科书，那就读学术作品吧。要使您教的那门学科的教科书在您看来是浅显的入门书。要使教科书成为您科学知识海洋中的一滴水，而您教给学生的是这些知识的基础。到那时，备课就不用花费几个小时了。

优秀教师教育技巧的提高，正是由于经常阅读，不断补充其知识海洋。如果在教育工作初期，教师掌握的知识和应教给学生的基本知识之间的比例是 10:1，那么，到了有 15~20 年教龄时，这个比例应变为 20:1、30:1、50:1，而这一切都得益于阅读。学校教科书这滴水在教师的知识海洋里所占比例逐年变小。在这里，不仅是教师理论知识的增加，而且是量变产生质变：衬托教科书的背景越宽广，教科书看起来就越像明亮光流中的细小光线，为教育技巧打下基础的职业品质的提高就越明显，教师在课堂上叙述（讲述、讲演）教材时就越能更好地分配注意力。比如，教师在讲解三角函数，但他想的主要不是函数，而是学生：他观察每个学生怎样学习，个别学生遇到什么理解、思维和记忆上的困难。他不仅教课，而且在教课过程中培养学生的智力。

教师的时间问题与教育过程中的一系列其他因素和方面紧密相连。这些因素和方面就像滋养大河的小溪，而这条大河就是教育工作和创造的时间。如何使这些小溪总是生机勃勃、流水潺潺，关于这一点我想提几条建议。

## 7. 教师的时间和各教学阶段的相互依存性

这条建议主要针对小学教师。尊敬的同行，尊敬的小学教师，你们如何工作，关系到中高年级教师的时间安排。如果仔细观察中学第二阶段（四至八年级）、第三阶段（九至十年级）[1] 的教学过程，就可以得出结论，在这里无情吞掉教师时间的是没完没了和毫无成效的“赶尾巴”：教师还没来得及讲新教材，就已经发现部分学生无法掌握它；只好与其说考虑如何沿着认识的小路继续前进，不如说考虑如何避免部分学生的掉队（有时这部分学生太多，教师不得不差不多给全班一起补课）。这耗费了教师大量时间，包括在校时间和在家里的时间。

为什么会发生这种情况，即教学过程为何受这种似乎已经是不可避免的工作（避免许多学生的掉队）的拖累？

我想建议低年级教师：

亲爱的同行，请记住，您决定着中高年级所有教师的时间安排，您是教学和教育工作中创造精神的缔造者。在小学教学的诸多任务中，居首位的是教会儿童学习。您的一个主要关注点是确定儿童掌握的理论知识量与实际能力、技巧之间的正确比例关系。

请记住，学生在中高年级掉队，主要是不会学习、不会掌握知识造成的结果。当然，您应该关注这一点，使儿童的一般发展处于高水平，

[1] 苏联中小学教育为十年制，分为三段：一至三年级为低年级，四至八年级为中年级，九至十年级为高年级。——编辑注

但是……首先教会儿童好好读写吧。不会流利地、自觉地、声情并茂地阅读并领会阅读内容，不会流畅地、正确无误地书写，就谈不上中高年级的顺利学习——教师不必无休止地“催促”掉队生。要教会所有小学生阅读的方法，使其边读边想和边想边读。要让他们的阅读能力达到自动化的程度，使其视觉和意识领会阅读内容的能力远远超前于出声阅读的能力。这种超前的程度越高，边读边想的能力就越精细，而这一点是顺利阅读和整个智力发展极其重要的条件。我一直坚信，中高年级学生的顺利阅读首先取决于自觉阅读的能力，即边读边想和边想边读。所以低年级教师应该悉心研究如何发展每个学生的这种能力。30 多年的经验使我确信，学生的智力发展取决于良好的阅读能力。善于边读边想的学生处理任何工作都要比一个没有掌握流利阅读的学生更快、更顺利，这种流利阅读的能力并不像乍看起来那么简单。善于边读边想的学生脑力劳动中没有死记硬背。他读教科书或其他书和不会边读边想的学生完全不同。他读完书能想象出事物的整体及其组成部分、它们的相互依存性和相互制约性。

会边想边读和边读边想的学生不会掉队。如果没有学生掉队，教师就可以轻松工作。实践证明，如果阅读对学生来说已成为知识世界的最重要的窗户，那就不必花费很多时间来补课了。如此一来，教师就会有机会和一个个学生进行个别交谈，这种交谈不是长时间地上课，而是关于如何独立掌握知识、防止不及格和掉队的指导与建议。

如果学生不知道他在哪方面落后，需要什么帮助，教师就可以约他进行个别谈话。

中高年级能否顺利学习，也取决于学生低年级时学会书写的流畅程度如何，以及之后这种能力发展得如何。与阅读一样，书写也是学生用来掌握知识的一种工具。学习成绩好坏和能否合理利用时间，取决于运用这一工具的程度。我建议小学教师：把学生读完四年级时能流畅地、半自动地书写作为目标。只有在这种条件下，他才能顺利学习，教师也不必经常去消除掉队现象了。需要努力使学生边写边想，使其不要把注意力集中在字母、音节和词的书写上。要提出更具体的目标：您给学生讲什么时，对您讲的内容他们边听边想，同时简要写出自己的想法。三年级时就应该教会他们这样做了。如果您能实现这个目标，我向您保证，您的学生永远不会掉队和不及格；他们善于获取知识，就是节约了中高年级教师的时间，保护了教师们的健康。

## 8. 关于让学生记住基础知识

在学校工作的 30 多年让我发现了一个在我看来很重要的秘密，即一条独特的教育规律：中高年级出现掉队和成绩差的现象，主要是因为学生在小学时没有把作为知识基础的基本真理牢牢保存在记忆中，达到终身不忘的程度。想象一下，您打算建一座漂亮的楼房，地基打在很不结实的水泥上，灰浆一直脱落，石料不断掉下；每天修补未完工的部分，老是处于楼房要倒塌的威胁之下。很多四至十年级的语文和数学教师就处于这种境地：他们在建楼房，而地基却在瓦解。

小学教师们，你们最重要的任务是打好牢固的知识基础。要非常牢固，使你们后面的教师完全不用思考基础问题。你们开始教一年级时就拿来四年级的教学大纲，首先是语文和数学教学大纲，还要拿五年级数学教学大纲。拿出历史、自然、地理的课外读物和这些课程在四年级的教学大纲。将所有这些资料都进行对照和比较。想一想，三年级学生应了解什么才能顺利读四年级，然后顺利读五年级。

首先，要注意基本的识字问题。语文有 2000 ~ 2500 个单词，好比识字和知识的骨架。经验证明，如果学生小学时牢记这些单词，他就会成为一个具有读写能力的人。但其意义不只是如此。学生在小学习得的读写能力是中高年级用以掌握知识的工具。

我教小学生时，总是随身携带一张主要词汇表。这是一种基本的识字教学大纲。我把 2500 个单词分配如下：每个工作日学 3 个词。学生把它们抄写到生词本上并记住。这项工作每天只用几分钟时间。儿童时代的记忆力非常灵活敏锐，如果善于利用，不使其负担过重，它就会成为您的第一助手。学生最初几年记住的东西永远不会忘记。在这种情况下“利用记忆的方法”如下：工作日开始时（第一堂课前）我在黑板上写下3个今天的单词，例如，“草原”“温度”“沙沙响”。孩子们走进教室后，马上把这3个词抄写到三年来一直使用的生词本中。他们思考这些词，在一旁写几个同根词。整个这项工作持续三四分钟。学生们逐渐就养成了习惯。

随后的学习具有游戏性质，鲜明地表现出自我教育和自我检查的特征。“回家的路上，”我对学生们说，“想想今天我们抄写了哪3个词，它们是怎么写的。回想一下这些单词的形状。明天早上醒来之后立刻回想这些单词的写法并默写在练习本上（这是一个普通的练习本，就像是第二个生词本）。”如果这种游戏从一年级就开始，如果教师相信这件事有成效，如果他爱孩子，如果他一生中没有对学生所为感到一点厌烦，那就没有学生会不喜欢这种游戏。

在一堂接一堂的课上进行练习，各种各样的练习使已经记住的单词得到系统复习和应用。我认为，记住400个修辞短语是一项非常重要的练习，我坚信，这些短语也是基本言语修养的骨架。低年级学习期间，孩子们要记住这些修辞短语，因为受日常用语的各种影响，运用这些短语时常犯典型性错误。

我再次强调：教学过程中游戏成分具有十分重大的意义。我有600个“童话”词语，即童话中经常重复出现的词。我和学生们在四年的小学学习期间画出几十个童话，他们在下面写说明，所用词汇包含在这600个词里。这是巩固最低生词量的一种有效方法。

低年级学习期间，孩子们在数学方面要记住一些基本运算，这些运算由于经常重复使用，就好像成了习惯使用的数学公式，每次使用时完全不必费力去想。这不仅包括乘法表，还包括最常用的1000以内的加减乘除。这也是最典型的数值测量和变化。我的出发点是，中高年级学生的头脑里不应该装满千篇一律的运算，而应该把尽可能多的脑力用于创造性劳动。

当然，整个学习都以自觉掌握教材为基础，但要注意这一点：并非一切都要解释清楚。我努力把无意注意、无意记忆与有意注意、有意记忆结合起来。

## 9．“两套教学大纲”，发展学生思维

教师时间不够，首先是因为学生学习有困难。我思考了很多年，如何减轻学生的学习负担。把实际能力作为掌握知识的基础，只是这个问题的开始。记住知识而且不忘记，则是问题的继续。我建议每位教师：分析知识内容，明确挑出学生应该牢记不忘的部分。非常重要的是，教师要善于正确判断教学大纲中那些知识重点并具有运用知识的能力。学生思维和智力发展水平的高低取决于知识重点是否巩固。这些知识重点是反映学科特点的重要结论、概括、公式、规则、定理和规律。有经验的教师所教的学生都用专门的笔记本记下这些需要牢记的材料。

需要记住的材料越难，需要牢记的概括、结论、规则越多，学习过程的智力背景就要越宽广。换言之，为了牢记公式、规则、结论和其他概括，学生要阅读、思考很多无须记忆的材料。阅读应该和学习紧密相连。如果阅读是为了深入认识事实、现象、事物，而这些事实、现象和事物是保存在记忆中的那些概括的基础，那这种阅读就有助于记忆。这种阅读也可以称作创造学习和记忆材料所需的智力背景的阅读。学生由于对材料感兴趣，愿意认识、思考和了解而进行的阅读越多，他就越容易记住必须牢记不忘的材料。

鉴于这个非常重要的规律，我在实际工作中总是提到两套教学大纲：第一套是必须学会和牢记不忘的材料；第二套是课外阅读，以及其他知识来源。

物理是最难记住不忘的一门课，特别是在六至八年级。这一学习阶段的教学大纲包含很多概念。这门课我教了 6 年，总是努力使课外阅读对应每一个新学会的概念。当下学习的概念越难，学生读的书就要越有趣、越引人入胜。学习电流定律时，我凑成了一套专门的小丛书开展课外个人阅读。这套丛书包括 55 本关于自然现象的小书，主要介绍物质具有多种多样的电性能。

我力求使学生思维活跃、爱动脑筋。他们的确纷纷向我提问：什么？怎样？为什么？在所有提出的问题中约有 80% 是用“为什么”一词打头的。很多问题学生不明白。他们对周围世界不明白的事情越多，想了解的愿望就越明确，接受知识的能力就越强。对我讲的内容，学生们简直是“一听就懂”。我给学生们讲关于电流的第一个科学概念（电流是自由电子流）时发现，他们提出的很多问题正是关于这个复杂物理现象的。对这些问题的回答像是填补学生的世界图景里那些空白处的砖块，而学生意识中已经形成的这个世界图景是以阅读以及早前获取的其他知识为基础的。

我在高年级教过 3 年生物。这门课有很多理论概念，很难理解，当然，更难牢记不忘。学生们学习生命、生命物质、遗传、新陈代谢、有机体等第一批科学概念时，我从科学和科普杂志、书籍、小册子中为他们挑选了专门的材料。“第二套教学大纲”包括阅读这种小册子、书籍、文章，阅读之后就会引发学生对一系列科学难题的浓烈兴趣，学生因而也对新书产生了兴趣。学过生物的男女青年对周围自然界的现象，包括对各种各样的新陈代谢现象，都很感兴趣。我的学生问题问得越多，他们对知识的掌握就越深。他们没有一个人的得分会低于 4 分。

我建议所有教师：为学生记住和记牢教学大纲规定的教材构建智力背景。只有学生思考的时候，他才能牢固掌握知识。要考虑如何把课上正在学或者快要学的内容变成学生思考、分析、观察的对象。

## 10. 关于做“后进”学生的工作

大概没有一个教师不认同，我们创造性的教育工作中“最坚硬的核桃”之一是做“后进”学生的工作。与一般学生相比，他们要用三五倍的时间理解和记住教材，可能第二天就忘了所学内容，他们学习教材后不是隔三四个月而是隔两三周就要做巩固性的练习。

30多年的教育工作使我确信，正是上文提到的“第二套教学大纲”对这些学生起着特别重要的作用，对这些学生而言，教学局限于必须熟记的教材是特别有害的，那样会使他们迟钝，养成死记硬背的习惯。我试验过很多减轻这些学生脑力劳动的方法，得出的结论是，最有效的方法是扩大阅读范围。是的，这些学生必须尽量多阅读。教三、四年级和五至八年级时，我总是关注为每个“后进”学生挑选用于阅读的书籍和文章，这些书和文章是用最鲜明、最有趣、最引人入胜的方式来阐释概念、概括、科学定义的含义的。应该让这些学生对周围世界的事物和现象产生尽量多的疑问，他们应该带着这些疑问来找我，这是对其进行智力培养的非常重要的条件。

在“后进”学生阅读的内容和他在周围世界遇到的事物中，应该时不时出现令他惊讶、令他诧异的东西。我在“后进”学生教育工作中总是努力达到这个要求，这也是我给所有教师的建议。大脑皮质神经细胞的怠惰、衰弱、萎缩，可以通过惊讶、诧异治愈，如同肌肉萎缩可以用体育锻炼治疗一样。学生面前出现某种令其惊讶、诧异的东西时，很难说他头脑里在发生什么。但是，成百上千次的观察让我得出结论：在学生感到惊讶和诧异时，一种强大的刺激在起作用，好像唤醒了大脑，使其加紧工作。

我永远不会忘记小费佳。我教过他 5 年——从三年级到七年级。他的绊脚石是算术题和乘法表。我确信，这个孩子只不过是记不住习题的条件，作为条件的基础的事物和现象还没来得及在他的意识中形成概念：他心里刚想着算下一步，就忘了上一步。和费佳有些相似的学生在其他班级也有，虽然总的来说不是那么多。我给这些学生编了专门的习题集。其中约有 200 道题，主要来自民间。这些习题中的每道题都是一个引人入胜的故事。其中绝大多数无须运算，解出这种题意味着首先要思考、动脑。下面是从我的《散漫和马虎儿童习题集》中选出的两道题：

（1）三个牧人，由于夏天炎热而感觉疲劳，躺到树下休息睡着了。一个淘气的牧童用橡树上长的“墨球”把睡觉人的额头抹黑了。三人醒了之后都笑起来。但是每个人都以为另外两人在笑对方。突然一个牧人不再笑了，他猜到自己的额头也被抹黑了。他是怎么想的?

（2）在广阔的乌克兰草原上，古时候有两个相隔不远的村庄——真话村和谎话村。真话村的村民总是说真话，而谎话村的村民总是说谎话。如果你们当中有人突然穿越回到古时候到了其中的一个村庄，你们只要对遇到的第一个当地村民提一个问题，就能知道你们到了哪个村庄。你们应该提出一个什么问题呢?

一开始我们只是读题，都是关于鸟类、昆虫等动物和植物的有趣的小故事。过了不少时间，费佳才明白，原来故事就是习题。这个小男孩思考了一道最简单的题并在我的帮助下解出来了。解法之简单让他很诧异。“那就是说，这些题中的每一道都可以解出来？”费佳问道。他整天整天地不离习题集。他感觉每解出一道题都像是一场大胜利。他把解出的题抄到一个专用练习本上，在文字旁边画上题中的动物和植物。

我为费佳配备了一套专门的小丛书。其中约有 100 本小书和小册子，他从三年级读到七年级。后来又设立了另一套小丛书（约 200 本小书），除了费佳，还有3个学生用了两年。一些书和小册子的内容与课上所学直接相连，另一些则没有直接联系，但我把阅读这些书看作一种特别的脑力锻炼。

五年级时，费佳的成绩就赶上来了，他开始和其他学生做同样的算术题。六年级时，这个小男孩突然对物理感兴趣。费佳成了少年设计师小组的一个积极分子。创造性劳动引起的兴趣越大，他读书就读得越多。后来他在学习上又遇到过困难，特别是历史课和文学课。每个困难都是通过阅读来克服的。

读完七年级之后，费佳考入中等技术学校，成了一个业务高度熟练的好专家——机床调整技师。

我从来没有给费佳及其他这样的学生为了学会课上未掌握的内容而补过一次课。我教他阅读和思考。阅读激发、唤醒了思想。

请记住，越是“后进”的学生，他在学习中遇到的似乎不可克服的困难就越多，就越需要多阅读。阅读教他思考，思考刺激智力的觉醒。书籍及其唤醒的生动活泼的思想是防止死记硬背的最强有力的工具，死记硬背是一件大坏事，只会使智慧愚钝。学生思考越多，他在周围世界中看到的不懂的东西越多，他接受知识的理解力就越强。而您作为教师，工作起来也就越轻松。

## 11. 知识既是目标又是手段

我始终坚信：学生在学习上遇到困难的一个原因是，知识在他们那里常常变成了滞销的货物，积累起来好像是为了“囤货”，而“不进入流通环节”，得不到应用（应用首先是为了获取新知）。在教学和教育工作实践中，对很多教师而言，“知道”这一概念意味着会回答问题。这种观点促使教师片面评价学生的脑力劳动和才能：谁能记住知识并按照教师要求将其立刻“展示出来”，谁就算是有能力和有知识。这在实践中会导致什么结果呢？结果是，学生的知识和精神生活、智力兴趣好像是毫不相干的。对学生来说，掌握知识变成了累赘、讨厌的事情，只想快点摆脱。

首先，需要改变对“知识”“知道”这两个概念的本质认识的观点。知道，这意味着善于应用知识。知识只有成为精神生活的因素，能占据思想、激起兴趣时，才能称之为知识。知识的积极性和生命力是知识得以不断发展和深化的决定性条件。知识只有在不断发展和深化时才有生命力。只有在知识不断发展的条件下才能实现这一规律：学生掌握的知识越多，他学习就越容易。可惜的是，在实践中常常相反：学生感到学习逐年变难。

从这些道理中究竟可以得出什么实际建议呢？

努力使学生的知识不要成为最终目标，而是成为手段，不要成为静止的死学问，而是要活跃在学生的脑力劳动中、集体的精神生活中、学生的相互关系中，以及那种生动活泼和连续不断的精神财富交换过程中，没有这个过程，智力、道德、情感和美感的真正发展是难以想象的。

为此，应该做些什么，又该怎么做呢？

在低年级，从学习一开始，最重要的知识成分是语言，准确地说，是语言所表达的现实的周围世界，语言在学生面前展示出他上学前完全不认识的新世界。学生通过语言认识世界，在知识的阶梯上迈出最初的、在我看来也是最大的步子。十分重要的是，语言应该活跃在学生的意识里，使其成为学生用来掌握知识的工具。如果您想使知识不变成静止的死学问，那就应当把语言变成一个最主要的创造性工具。

在有经验的教师的实际工作中，这种教学和教育方针表现为：在学生的脑力劳动中居首位的不是死记硬背别人的思想，而是学生自己的思考，这种思考是生气勃勃的创造，是借助语言认识周围世界的事物和现象，是由此认识语言本身的细微之处。

我和学生们来到秋日的果园。这是初秋时节的一个艳阳天，柔和的阳光暖洋洋地照着大地和静静的树林，苹果树、梨树和樱桃树的枝丫绚丽多彩。我给学生讲述金色的秋天，讲述自然界的各种生物，如树木、落在地上的种子，在我们这里过冬的鸟类、昆虫，如何为度过漫长的寒冬做准备。确信学生们感受和体验到词语和词组的丰富含义和感情色彩后，我提议孩子们讲述他们的所见所感。我看到，马上就产生了描述周围自然界的思想，细腻清晰得惊人："蔚蓝的天空中一群白色的天鹅渐渐消失……""啄木鸟啄着树皮，啄得树也笃笃作响……""路边开着一朵孤零零的洋甘菊……""一只鹳立在巢里，眺望着很远很远的地方……""一只蝴蝶飞落在菊花上，晒着太阳……"孩子们不是复述我的话，而是说出自己的语言。思想活跃丰富起来，儿童在培养思考能力，体验着无比的思考乐趣和认识的喜悦。他们觉得自己是思想家。

您是否曾经见过（或从别的教师那儿听过），学生对教师的话听而不闻、态度冷淡？您给他讲一件有趣的事情，他无精打采地坐着，您的语言没有打动他的心。您有充分的理由担心：这种对语言的漠不关心、无动于衷是学习中的一大灾难；如果这个灾难扎下深根，人就会觉得好像学习与他无关。

为何出现这种灾难，其根源又何在？

如果语言没有作为创造手段活跃于学生的心灵中，如果学生只会死记硬背别人的思想而不用语言创造和表达自己的思想，那么他就会对语言态度冷淡、漠不关心、无动于衷。不要忽视这种冷漠，不要忽视学生无精打采的眼神！要教会他们积极热情地对待语言！

## 12. 关于获取知识

关于学生脑力劳动的积极性问题，人们谈论得很多也很频繁。但积极性可能是各种各样的。学生背熟了所读内容或者记住了教师所讲内容，能迅速回答问题，这也是一种积极性，但未必能促进智力的发展。教师要努力发挥学生思维的积极性，使其通过运用知识从而扩充知识。

教会学生借助已有知识去获取新知识，在我看来，这是教学水平高超的表现。我听课和分析课堂教学时，就是依据学生脑力劳动的这一特点对教师的教学水平下结论的。

如何才能使学习成为思维活动，从而获取知识呢？最重要的是什么？

获取知识，意味着发现真理，回答问题。要使您的学生看见和感觉到不明白的东西，使其面临问题。如果您做到了这一点，就成功了一半。但是做到这一点不容易。备课时，要从这个视角仔细琢磨教材，找到那些一眼看不出来的关键点，这些关键点中包含着因果关系，因果关系中能产生问题，而问题能唤起求知欲。

比如，我面前有“光合作用”一课的教材。我要给学生讲清楚，植物的绿叶里在发生什么。我可以根据科学依据把这一切都讲得清清楚楚，理论上和教学上有条有理，但没有完成使学生有一定智力积极性的任务。我仔细琢磨教材：因果关系的关键点在哪里？原来，关键点是变无机物为有机物。这是一幅神奇的画面：植物从土壤和空气中吸收无机物，又将无机物在自己复杂的机体中变成有机物。这个制造有机物的过程是什么呢？植物机体这个复杂得不可思议的实验室，在阳光下把矿物肥中的无机物变成鲜美多汁的番茄果肉，变成芬芳馥郁的玫瑰花。其中发生了什么呢？

我在讲述时引导学生意识到这个问题，每个人激动不已：怎么会这样——一切都发生在我眼皮子底下，我却没思考过这个问题？

如何引导学生提出问题呢？

为此，要知道什么该讲，什么留着不讲完。不讲完的内容，就像是引爆学生思维的“雷管”。这里没有任何万灵药方。一切取决于具体教材内容和学生已掌握的知识。尽管教材一样，一个班不讲完这个内容，另一个班则不讲完另一个内容。但是马上学生的思维就面临问题了。

接下来，我努力从学生在以前的生物课上、劳动过程中、阅读过程中所掌握的知识储备中，抽取出用于解决目前面临问题的必要知识。而这种抽取已有知识来解决问题的做法就是获取知识。这里不一定叫学生挨个起来回答问题并细听谁说什么，再把零散的回答拼凑成完整的答案。这种方法能使学生产生表面的积极性，但并不总是每个学生都有真正有效的思维积极性：一些学生在回想和回答，另外一些则只是在听。我是要所有学生都思考、积极开动脑筋。因此我常这样做：一边引导学生提出问题，一边自己讲解教材，不叫学生起来回答单个的局部问题。

为了使学生通过思考获取知识，教师要清楚地知道他们的知识状况。一个学生对学过的内容记得一清二楚，另一个学生则把一些内容忘记了。在这种情况下，我就要成为一个脑力劳动的导师，使每个学生倾听我的讲解，跟着我的思路，从意识仓库中提取保存的东西，如果这仓库的某处是空白点，如果有人思维突然中断，我就要用补充说明来填充这个空白点，消除思维脱节的现象。但是这也需要高超的艺术和技巧，我探索过一些重复讲解已学内容的形式，使最好的学生也能从中发现一些新东西。对于没有任何空白点和脱节的知识，我就用简要讲解的方式。这里没有流于表面的积极性，学生默不作声，不回答问题，不相互补充，但这是真正的获取知识。这种获取知识的形式，我想称之为学生回顾自己的思想和“检视”自己的知识仓库。

## 13. 如何引导学生从了解事实到认识抽象真理

您当然遇到过这种现象：学生把规则、定理、公式、结论记得（背得）烂熟，但不会使用自己的知识，不会运用知识，甚至还常常不理解所背内容的实质。这一弊病特别表现在语法、算术、代数、几何、物理、化学的学习上，这些课程的内容都是概括性结论的体系，掌握这些课程的知识首先表现为善于把这些结论运用于实践中。

在这种情况下，大家通常说：学生不理解就死记硬背了。但是他究竟为什么死记硬背呢？要怎样做才能防止死记硬背这种弊病呢？

记住（背熟）应该建立在理解的基础上。引导学生通过对大量事实、事物、现象的思考（了解）和理解来记忆。不让学生记住那些还不明白、不了解的内容。从了解事实、事物、现象到深入理解抽象真理（规则、定理、公式、结论），都通过实践性学习来进行，这就是掌握知识。

有经验的教师善于教学生在深入思考事实、事物和现象的理解过程中记忆。例如，学生要学俄语硬音符号拼写规则。教师就通过大量实例分析，即分析带硬音符号的单词，讲解这些词的拼写，引导学生记忆规则并养成自觉运用规则的能力。实际上，这一规则通过不断举出新例子得到反复多次的理解。学生逐渐确信，他们接触到了一条具有概括性的真理。这条真理适用于很多词，便被理解为一条规则。由于反复多次的理解，这条规则也就被记住了。

在有经验的教师那里，规则和结论不需要专门背熟来记住：理解事实的同时就逐渐记住了结论。而且，理解和背熟结合得越好，知识学得就越自觉，学生就越会在实践中运用知识。学生把知识运用于实践性作业的能力如何，一般来说，取决于他是怎样或通过什么途径记忆知识的。如果学生没有通过理解、分析事实和现象就背熟了知识，那他就不会运用知识。

这是教学过程中一条非常重要的规律。多年经验使我得出结论，如果学生小学时就在理解事实和现象的过程中掌握了抽象真理，他就掌握了一个很重要的脑力劳动方法——善于领悟一系列相互关联的事物、事实、情况、现象和事件，换言之，他善于思考因果、从属、时间及其他各种关系。大量事实使我确信，学生思考算术题条件（特别是在四、五年级）的能力恰好取决于他掌握抽象概括的情况。那些没有理解大量实例而背熟抽象概括的学生不会思考习题，不会领悟数量之间的依存关系。相反，如果学生脑力劳动中对抽象真理的记忆是建立在深入思考实例基础上的，如果他不用背熟就记住了，那他在算术题中看到的就不是一种数字组合，而是数量之间的依存关系。他阅读和理解习题条件时，会先丢开数字，从总体上思考解题步骤，而不是先做具体的算术运算。

大量事实和学生的实例使我确信，学生在算术上（之后是代数上）掉队，这是脑力劳动中存在难以发觉的缺点导致的结果，我现在来谈一下这些缺点。关于课程之间的联系，大家谈得很多。每位教师都清楚，要在自己的课程中寻找与其他课程教材相关的关联点。但是课程之间的联系并不仅仅在于这一点。我坚信：最深刻的联系与其说是实际的教材内容，不如说是脑力劳动的性质。学生们建立在科学基础上的脑力劳动带来的结果是，数学有助于他们掌握历史，历史促进数学能力的发展。

众所周知，很多低年级教师以及中学语文、文学教师的障碍是，如何使学生自觉掌握语法规则。相当一部分学生文法不通，这对学校来说是一大苦恼。我知道这样一个实例：一个学生初学俄语教材时没有牢固掌握前缀 раз-、без- 和 рас-、бес- 的正确规则。他在这个规则上犯了很多错误。教师努力消除这种落后现象，时不时给学生布置相应规则的练习。他教导说：先好好复习规则，然后完成练习。这种作业好像应该会取得积极效果，但事实并非如此：十年级时这个学生还是犯错，在考试作文中写成了“разцветает”“расбежался”[1]。

问题究竟出在哪里呢？这一奇怪现象的原因何在？多年的经验使我得出结论：在掌握知识的过程中，是否善于运用知识取决于对事实的理解，这种依赖关系在语法学习中表现得最为明显。在这里，对抽象真理和概括（例如语法规则）的初次认识具有决定性意义。不能让学生在首次学习教材时犯下很多错误，要让他熟记规则和正确说出规则——这个任务不像第一眼看起来那样简单。

因此，关于首次学习教材的问题需要专门谈谈。

[1] 正确写法应分别为：расцветает（开花），разбежался（快跑起来）。——译注

## 14. 教材的首次学习

学生掉队、成绩不及格的一个根本原因是对教材的首次学习没学好。

我这里谈及的教材的首次学习，指的是什么呢？这个术语是否合适？我认为，合适。因为知识不断发展，教材学习也持续很长一段时间，而且知识的每一次运用同时也是知识的发展和深化。首次学习是从未知向知道，向理解事实、现象、性质和特点的实质迈出的第一大步。

比如，学生在很多课上都会接触简便的乘法公式。经验表明，学生在第一节课上学习教材时理解公式的深浅，关系到很多问题。首先关系到是否随时准备将其作为获取新知识的工具，换言之，关系到之后新概念、新真理的学习。还有一条重要规律：学生意识中模糊不清和含混肤浅的概念越少，他感到掉队的压力就越小，他对首次学习新教材的思想准备就越充分，课堂上的脑力劳动就越有效。

学习新教材的第一堂课应该是特别的，这堂课必须特别清晰，这堂课上学生的独立脑力劳动效率具有特别重要的意义。努力做到首次学习教材时，您就能看到每个学生的脑力劳动成果。首次学习教材时看见“学习困难”学生的独立工作分外重要，因为他们思考慢，理解慢，理解教材的实质需要相对较多的实例和时间（还要经常提供给他们与一般学生不同的实例）。

有经验的教师总是努力在学习教材的第一堂课上看到学生如何独立完成作业。第一堂课上一定要有独立作业，让学生在此过程中理解实例并进而懂得概括性真理（这里说的是自然学科的课堂以及语法课堂）。

非常重要的是，在理解过程中就包含了运用知识的成分。在这里也应该做“学习困难”学生的工作。要走近他们每一个人，看见每一个人的困难，给每一个人布置只为他准备的作业。有时在课堂上会发现需要给某个学生布置单独的作业，有经验的教师通常会当堂给他布置。学习跟不上的学生的脑力劳动效率，首先取决于首次学习教材时他当堂学习的条理性和连贯性程度，不能只让他听同学们的正确回答和抄写板书，一定要促使他独立思考，耐心而恰当地激励他在每一堂课上都取得哪怕是一小点脑力劳动成果。

我教语法时，总是努力使学生在学习教材的第一堂课上和课后都不在书面练习中出错。或许，这听起来有点不合情理，但这是真理：如果学生在课堂上不会出一个错，他就做到文理通顺了；如果他在课堂上不出错，家庭作业中也不会出错（或很少出错）。语文教师工作困难的一个主要原因是，学生在课堂上就在书面作业中出错。教师的失误在于他没有把课堂上不出错设立为目标。

究竟该如何做到使学生不出书写错误从而奠定牢固的知识基础呢？这取决于很多因素，或许，首先取决于学生的阅读速度。想要书写文理通顺和不犯错误，学生应该会快速阅读。还有其他因素：课堂结构设计、课堂教学的方式和方法等。我备语法课时，努力预估一下学生在哪个地方和哪个词上可能出错，具体是谁会出这个错。任何一个“可疑”的词我都先解释清楚。

我建议：不可让学生在首次学习教材时肤浅地理解事实、现象和规律。比如，不可让他在首次学习语法规则时出错，在首次学习数学定律时做错例题和解错习题等。

## 15. 理解新教材是课堂教学的一个阶段

或许，每个教师都遇到过这种现象：昨天在课堂上所有人都透彻了解了规则（定义、定理、公式），很好地回答了问题、举了例子；而今天，你瞧，班里足足有一半人对学过的内容感到含混不清，甚至有人已经忘了。原来，很多学生做家庭作业时遇到了很大的困难，这些困难在课堂上竟没有被看出来。

了解，这还不是知道。了解了什么，还不是掌握了这方面的知识。要牢固掌握知识，必须进行理解。

理解意味着什么呢？是学生思考所学内容，检验他了解教材的正确程度，并尝试把获取的知识运用于实践。

我举个例子。在几何课上学生获得了关于三角函数的初步概念。教师对正弦和余弦的函数关系下定义。教材没有造成困难，好像学生们一下子全都懂了。但是，懂了还不是牢固掌握了。讲解之后要给学生留出思考新知识的时间。学生打开草稿本，画直角三角形，抄写教师讲解的全部内容，复习正弦和余弦的定义，自己举例说明其函数关系。在这里复习知识似乎和初步的基本运用结合起来了。结果，自我检查时，很多学生不会复述讲解过程、不会重讲一遍，学生确信忘了讲解中的某个环节，就去查教科书，但在此之前，他会努力自己回想所有内容。

对最“弱”的和跟不上的学生来说，专门理解新教材的阶段特别必要。有经验的教师非常重视跟不上的学生能把自己的注意力集中在教材的“点”上，这些“点”实质上是因果关系，也就是知识的基础。多年经验证明：跟不上的学生之所以知识不牢固，其根源是他们没有看到和没有理解事实、现象、真理和规律的连接点，即因果、从属、时间及其他关系的生成“点”。要让跟不上的学生注意的正是这些“点”。

比如，给学生讲解副动词短语。在这种情况下，难抓的“点”是：副动词好像是次要的第二谓语，依附于主要谓语——动词。我给了学生理解的时间后，让跟不上的学生注意：用副动词造句时，他要认识到是同一对象完成的两个动作，而且一个动作是主导的、主要的动作，另一个是从属的、次要的动作。学生一边思考现实中的动作，一边造句。

不管课堂上所学教材是多么纯理论性的，总还是有可能布置实践性作业用以更好地掌握教材。在历史课和文学课上，理解新教材通常是要学生找出教材中的因果关系和意义联系。比如，教师讲述了1861年俄国农民摆脱农奴制束缚的历史。为了让学生理解新教材（5~7分钟）而提出一些问题：如果沙皇政府不解放农奴，俄国农业经济会沿着什么道路发展？1861年以前俄国工农业资本主义发展的相互关系如何？这种相互关系在解放农奴后的表现如何？1861年之后是什么继续阻碍着俄国资本主义的发展？俄国农业封建残余甚至在1861年改革后还继续存在的原因是什么？这些问题写在一大张纸上，讲解完之后立即挂在黑板上。我坚信，一个最紧张有趣的课堂教学阶段开始了。学生们回想着以前学过的各部分材料，在教科书（顺便说一句，教科书在人文学科的课堂上首先是用来理解新教材）中“翻寻”。进行着教学过程中最重要、在我看来最有益的活动：不用通读全部内容来复习早先学过的教材。这种复习最有效，因为它实质上是思考。

总之，不用担心，在每堂课上抽出尽量多的时间来掌握新教材吧！这会得到加倍的报偿。理解知识时的脑力劳动越有效，学生做家庭作业需要的时间就越少，下节课用以检查家庭作业的时间就越少，留给讲解新材料的时间就越多。弄清楚这种依存关系的实质吧，这样您就能冲破怪圈——学习新教材的时间不够，是因为时间花到了检查家庭作业上，而检查作业需要很多时间，是因为教材学得不够好。

## 16. 如何把检查家庭作业完成情况变成一项有效的脑力劳动

检查家庭作业的不良状况曾让我担心多年，因为时间常常被白白浪费。结果造成我们每个人都熟悉的画面：刚刚叫起一名学生回答问题，其他所有学生都在忙活自己的事情，思考如何回答问题的只有那几个预料会被叫到的学生。有个想法在我头脑中萦绕：如何在检查功课时让所有学生都思考提出的问题，以使教师能够检查全班学生的学习情况呢？

草稿本帮上了忙。几何课开始了，全班做好让教师检查家庭作业的准备。教师给全班布置任务：推算圆面积公式，编出一道圆面积习题并解答；简述全等三角形的特征。所有学生把任务抄写到草稿本上。此时草稿本代替了黑板，教师暂时不叫人到黑板上做题。教师细心观察每个学生的情况。如果教师需要确认某个学生对推算公式的理解深度如何，就让这个学生讲解在做什么、为什么、如何做等问题。这时不必叫学生到黑板上做题。但是，每个学生都像被叫到黑板前那样做题。教师在学生完成任务的任何阶段随时可以让全班或者部分学生停止做题。

这种工作方式的优势首先在于，检查知识不需要让学生重复已经懂得的内容。教师能够大致了解学生掌握知识的情况。同时，每个学生都能完全独立地做作业。这里还有两点很重要：第一，检查知识是积极地运用知识；第二，教师有机会细心观察“学习困难”学生的情况，注意到他们个人的能力和潜能。

我们学校检查家庭作业时，三至十年级所有学生都使用草稿本。否则，我们现在无法想象如何检查作业。经验证明，这种检查使学生养成了简明扼要地表达思想的习惯，这也防止了他们死记硬背。努力死记硬背的学生永远不能简明扼要地回答问题，说出主要内容。我们的作业检查方法使学生习惯于边读、边记、边想。

如果用基于新事实的新理解来检查结论性知识（规则、公式、定理、结论），那么检查作业时的脑力劳动效率会大幅提高。我们学校低年级通常不在上课开始时专门抽出时间检查学生的知识。检查知识与知识的深化、扩充和运用融为一体。例如，教师需要检查学生对句子主要成分和次要成分、主语和谓语以及主要成分和次要成分的语法关系等定义的掌握情况。学生打开草稿本，教师布置一项实践性作业：造六个句子，每句话中的“道路”一词分别以主格和其他各格的形式出现，确定主要成分和次要成分的关系。给快速完成作业的学生再布置一项作业：造三个句子，分别带有一个、两个和三个同类谓语。学生完成这项实践性作业时，既运用了知识，还加深了对知识的理解。

不要把给学生打分当成检查知识的唯一目的。要把打分尽可能与其他目的结合起来，首先就是知识的重新理解、扩充和加深。不要走极端，对每一个回答、每一项书面作业都评分，这会引起不良后果。为何如此，后面需要专门进行说明。

## 17. 评分应该有分量

不要把知识评分作为一件孤立的事情从教学过程中分离出来。只有当师生关系是建立在互相信任和心怀善意的基础上时，评分才能成为促进积极脑力劳动的推动力。如果您愿意的话，也可以说评分就是一种最微妙的教育工具。根据学生如何对待教师给出的评分，可以准确无误地推断出他对待教师的态度如何，对教师的信任和尊敬程度如何。关于知识评分我想提几点建议。

第一，宁愿评分次数少一些，但要让每次评分都更有分量、更有意义。我在长期的教育生涯中教过中学教学计划中几乎所有的科目（制图除外），从没对学生在一堂课上的回答（即便是对两个、三个甚至更多问题的回答）评过分。评分总是针对学生某一时期的学习，包括几个学习项目：回答问题（可能是几次回答）、补充同学的回答、书面作业（少量）、课外阅读和实践性作业。我定期研究学生的知识状况，学生也感觉到了这一点。到时候了，我就说："现在我要给你打分了。"下一个研究知识状况的时期又开始了，学生知道，什么都逃脱不了我的注意。有的读者可能会问：难道一切都记得住吗？或许，有人难于记住有关学生脑力劳动的一切，但我始终觉得记住这些是最重要的。如果忘记了值得注意的事，难道还能做到边教学边教育，边教育边教学吗？

第二，如果学生由于某些条件和情况不能掌握知识，我从不打不及格的分数。没有什么比意识到没前途、认为自己什么都不会更使学生难受的了。灰心丧气和郁郁寡欢这些感觉给学生的整个脑力劳动打上了烙印，他的脑子好像麻木了。只有愉快的乐观主义才是供养思想大河的潺潺小溪。无趣和沮丧导致负责管理情感冲动和思想的感情色彩的大脑皮层下的神经中枢停止唤醒智慧去劳动，反而束缚了智慧。我总是努力使学生相信自己的力量。如果学生想学知识却做不到，就要帮助他哪怕向前迈出一小步，这一步会成为思想的情感动力，即获取认知的快乐。

永远都不要急于打不及格的分数。要记住，成功带来的愉快是一股强大的情感力量，一个孩子想当一名好学生的愿望取决于这股力量。要留意，要让这股内在力量永不枯竭。如果没有这股力量，任何教育技巧都无济于事。

第三，如果您发现学生的知识含混不清，他们对正在学习的事物和现象的概念有些模糊，就根本不要打任何评分。我每个班都有这样的学生，我对其精神生活进行细致的研究，根据他的眼神能看出他对我的提问是懂还是不懂。如果这个学生的眼神说明他没准备好回答问题，我就根本不去评价他的知识，因为首先应该让学生有知识。

第四，要避免提出这类问题，即要求的答案只是十分准确地重复教师讲过的或者从书上背熟的内容。教学过程中有一件十分有趣的事情，我将其称为知识转化，指的是思想不断深入知识，学生每次回顾学过的内容时都能在事实、现象和规律中发现某些新东西，观察和分析这些新东西的特征。知识转化应该作为复习的基础。关于这一点，我想单独提出一条建议。

## 18. 学习之母不应成为后娘

民间教育学断言，复习乃学习之母。但往往是这位善良的母亲变成了凶狠的后娘。这种情况发生时，学生被迫在一天或几天之内做完几周或几个月做过的事情，例如，复习 10 节课、20 节课或更多节课学过的教材。大量的事实和结论压顶而来，他脑子里乱作一团。因为复习一门学科的教材的同时还要学习其他学科。正常的脑力劳动无法进行，学生精疲力竭。

究竟该如何按照教学规律正确组织复习呢？首先，我建议考虑课程和具体材料的特点。比如在九年级，复习物理和复习历史大不相同。

安排复习物理、代数、几何、化学这类课程的规则、定理、公式、结论时，有经验的教师以完成实践性作业为主：做练习、做习题、画图形、绘图表等。同时，教师要特别注意的是，完成一项实践性作业需要知道两个或更多概括性结论。完成这种性质的作业时，产生了一个对于智力发展十分必要的知识转化过程，即概括性结论通过相互联系和相互依赖得到重新理解。学生从新的、以前他不知道的方面来看事实、事物和现象。例如，数学教师布置习题用于复习，学生解题时在头脑中既复习了几何图形的体积，又复习了三角函数。多年的经验使我确信，如果一个理论性结论与另一个理论性结论有了关系、联系和“连接”，知识转化过程中似乎会产生一个飞跃：两个结论都会得到更深的理解，学生从理论性结论中发现他以前没有发现的东西，一个结论的明确，似乎使另一个结论变得更明确。

复习物理、代数、几何这类课程时，我建议采用我们学校优秀教师在实际工作中称之为综合复习的方法。这种复习法可以是多种多样的。例如，给每个学生布置制作几何图形模型的作业，借此复习一系列重要公式。或者学生根据教师布置的作业制作能展示几个定理的几何图形示意图。

人文学科如历史、文学的复习，性质则不同。复习七八节课学习的材料，意味着要读四五十页书。这里当然不能用学习教材时的办法来复习。复习数量庞大的材料时，似乎应该抛开教材，使主要内容更清楚，次要内容不突出。如果学生复习时把所有内容连续重读一遍，就会负担过重，而最主要的问题是材料的主导思想会被疏忽，降低其教育效果。

应该教学生抛开教材，不看细节，而细看主要内容。单独拿出几节课来复习历史和文学的主题和章节，演示不用通读来复习的方法。与课堂上（和以后在家里）复习的材料“勾连”的知识面越大，掌握材料的程度越深。

教导学生，尤其是高年级学生，抛开次要内容，专注于主要内容。这种能力是世界观形成的基础之一。

还有一种复习方法。我教数学、物理、化学和生物时，总是遵循一个在我看来很重要的要求：在每门课的笔记本上专门留出的空白处用红铅笔记下应当永远记住的东西。学生一边翻阅笔记（数学和物理每周一次，化学每两周一次，生物每三周一次），一边复习这些规则、公式、定理及其他结论。

## 19. 如何批改作业

“批改作业占用了我全部空余时间。”这句话摘自一位女教师的来信。成千上万的教师会同意信中的说法。看到一摞摞要批改的作业本，不止一个教师会心惊胆战，不仅是因为这要付出多个小时的劳动，更让人苦恼的是，这种劳动单调无聊、毫无创造性。

教师和国民教育工作者的想法是力争最大限度地缩短批改作业的时间，但“一无所成”。为什么呢？因为学生作业本中有大量错误。批改作业的问题是有赖于无数个条件和前提才能解决的学校问题之一。这里不可能给出一条具体的建议，说“您这么做”就行了，但如果全校和整个教师集体都遵守一定的要求，还是能够将批改作业的时间减少大约三分之二的。

学校里首先应该有高度的语言修养，应该充满对语言十分敏感的氛围：说得或者写得不正确，不仅使教师也使学生感受到不和谐，就像音乐听力强的人感受到音调不准一样。应该建议低年级教师培养学生对语言色彩的敏感性，要使学生听语言如同听音乐一样！形象地说，学生应该成为语言音乐家，珍视语言的正确、纯洁和优美。带领孩子们去大自然，向他们展示颜色、声音和动作的细微差别，在他们面前揭示人类劳动就是创造的道理，并且让这一切都反映在语言和言语的内涵里。

我们专门安排一些课学习诸如霞光、傍晚、草原、田野、河流、潺潺、闪烁、轰鸣等词语。我和学生们用其中的每一个词写作文。词语深深进入了学生的精神生活，他们学习用词语表达最细腻的情感，表达对周围世界的印象。这是学校里不太容易学习的，甚至也许是最复杂的一门科学。这门科学的基础是在小学奠定的。小学错过的东西是永远弥补不了的。

引导学生抛开书本，将其思想引向活动，再从活动引向思想和语言。活动应该转化为学生自己的思想，自己的思想则应该用语言来表达。实际上，这不过是让学生尽可能经常地把自己的活动变成思考和判断的对象。让您的学生讲述、议论和报告他们亲手所做和亲眼所见的事物。如果这些词语不与学生自己所做、所见、所察和所思之事相联系，学生用词就会混乱。要给学生布置可以进行讲述、总结和报告的作业，这些作业要求现有知识得到运用，也就是说，使语言成为创造的工具。

为什么学生作业里犯很多错误，为什么写得文理不通？据我看，祸根在于能力和知识之间关系失调。在绝大部分课程中，特别是像语法、朗读、数学等课程的学习体系中，能力落后于知识。应该“服务”知识的能力不足和“薄弱”时，知识就变成学生无力应对的沉重负担。

减轻批改作业的负担与教学的一系列根本问题有关，但这里有一些减轻负担的前提条件。第一，每堂语法课都抽出时间用于书写和记住可能犯语法错误的词语；第二，为家庭作业的完成进行细致和周密的准备，以防出错；第三，应该说，有经验的语言、文学、数学、物理教师都有自己批改作业的方法。正如经验表明的，最合理的方法是定期抽查：教师时不时收几个学生的作业本。只有测验时才全面批改所有学生的作业。

## 20. 学生学习课程时的积极活动的内容

有经验的教师在授课之前就拟定出学生在整个课程学习期间（小学则是整个小学阶段）的积极活动的内容。其目的不仅是培养学生生活和劳动所必需的实际能力，而且要使学生在课程学习体系中进行积极活动，首先是进行智育，发展思维和语言。我们已经说过，学生的语法修养和所掌握的词语在其精神生活中的作用，很大程度上取决于积极活动的性质。

如何组织学生的积极活动来促进其智力成长、发展其思维和语言能力，以及培养语法修养呢？

积极活动就像一座连接语言和思维的小桥。我在小学教学备课时，给所有学生拟定了要参加的积极活动，这些活动能够清晰地反映出事实、事物、现象、劳动过程之间的关系和相互联系，当然，也能让学生获得清晰的理解。换言之，我力求通过劳动促使学生产生思想，而不仅仅是巩固学生在课堂上所学的知识。学习课程时的活动不应该仅仅成为说明知识的实例（这也是必要的），还应该成为新的道理、发现和规律的源泉。例如，每个学生在几年的学习期间培植一棵小果树。这期间他不断有新的“发现”，新的思想激动着他，他把这些思想说出来；词语成了他表达自己思想的手段和工具，这是在劳动中发现种种关系和相互联系而产生的思想，于是，词语就进入了他的积极词汇储备，并推动情感和思维的发展。

我通过许多学生的实例确信，谁被不断揭示新的关系和相互联系的有趣劳动吸引，谁就不可能有杂乱无章的思想和因循守旧的言语，因为他不仅劳动，而且还思考和判断因果关系，计划未来的工作。我一年比一年更加确信，清晰表达思想的积极活动能够发展学生的语言，提高其整体修养。应该说，劳动只有从学校学习之初就开始并合理组织，才能在学生的智力发展中发挥作用。

我们每个中高年级教师备课时，都为学生拟定一种能够培养智力、丰富概念和规律的积极活动。我十分坚信，没有人和自然的相互作用，智力发展是不可思议的，如同旋律之于音乐，词汇之于语言，书籍之于科学。在生物、物理、化学、数学等课程的学习体系中，劳动与思维、活动与词语的统一，是学校作为思想发源地赖以存在的基石之一。为这些课程做准备时，有经验的教师仔细思考，用什么方式、通过什么劳动，揭示课程学习体系中思维所依据的那些关系和相互联系。例如，物理讲授体系中的基本关系和相互联系特别表现在这些现象和概念中，像物质、能量、运动、能量转换、物态变化、现象的相互作用等。物理教师寻找机会组织一种劳动，在劳动中将所有这些概念体现在具体关系中。例如，给一个学生布置的作业是制作一种装置的原理模型，装置中的机械能转化为电能，电能转化为热能；另一个学生则制作另一个模型，其中的机械作用导致物态变化。这种劳动不只是说明知识的实例，而可以说，**是知识的运用**。

我建议教师们：如果你们希望自己的学生成为善于思考的人，希望严谨清晰、逻辑性强的思想能通过清楚的说明和解释表达出来，那就吸引他们加入充满思想的劳动中来吧，把知识体系的关系和相互联系在劳动中体现出来吧。请记住，劳动，这不仅仅是实际能力和技巧，这首先是智力的发展，是思维和言语的修养。

# 21. 教学生观察，教学生看见

应该说，有些学校并不把观察看作一种积极的智力活动和发展智力的途径，而是当作证实某些主题和章节的手段。

教师工作的水平如何，在很大程度上取决于观察在学生的智力发展中占据什么地位。从观察中不仅汲取知识，而且知识通过观察活起来，可以说，由于观察，知识得到了运用，作为一种工具在劳动中得到了运用。如果复习是学习之母，那么，观察则是知识的理解和记忆之母。善于观察的儿童永远不会学习掉队或者文法不通。善于帮助学生利用以前掌握的知识不断进行观察的教师能达到这样的效果：学生的知识“越旧”，就越巩固。

低年级学生需要观察，如同植物需要阳光、空气和水一样。在这里，观察是最重要的智慧能量来源。学生需要思考和记忆的东西越多，他就越需要看到周围大自然和劳动中的各种关系和相互联系。

我教小学生时，教他们在平常的事物中看见不平常的东西，回答为什么的问题时寻找和探求因果关系。

二月，冬季的寒气袭人。但遇到了一个艳阳天。我们走进一个万籁俱寂、白雪覆盖的花园。“孩子们，仔细看看你们周围的一切，你们看见春天临近的最初征兆了吗？你们当中甚至最粗心的人也能发现两三个征兆，谁要是不仅看看，而且想想，就能看见 20 个征兆。谁会听大自然的音乐，就能听见春天已经苏醒的旋律。看吧，听吧，想吧！”我对学生们说。我看到学生们是多么仔细地观察白雪覆盖的树枝和树皮，倾听各种声音。每个小发现都给他们带来喜悦。每个人都想找到新的东西。随后，过了一周我们又来到花园，然后每隔一周就来一次，每次在充满好奇的孩子眼前都展现出一些新东西。低年级经历过观察训练的学生会明确区分懂和不懂的东西，而且尤为可贵的是，会积极对待词语。教师从受过观察训练的学生口中有时会听到充满智慧和出乎意料的“哲学”问题。

教学生观察和看见周围世界的种种现象吧。在大自然发生转折的时期带孩子们去大自然吧，这时正在发生急剧猛烈的变化：生命在苏醒，生物的内在活力在更新，强大的生命冲动能量在积累。

学龄早期的观察训练是学生智力发展的必要条件。

## 22. 如何通过阅读扩充知识

在学龄中期和晚期阅读科普读物和科学书籍所起的作用与学龄早期观察的作用一样。善于发现和观察的学生能形成对科学书籍的敏感度。不经常阅读科学书籍和科普读物，则很难产生对知识的兴趣。如果学生不走出教材的框架，就谈不上对知识有持久的兴趣。

科学正以前所未有的速度发展，但不可能经常把不断出现的新概念和规律写进教学大纲。因此，阅读科学读物正在成为现代学校教学过程最重要的一个组成部分。

要善于激发学生对阅读科学读物的兴趣。为此，讲述新的大纲材料时，要用大纲之外的知识阐明某些问题。有经验的生物、物理、化学、数学教师讲课时，就像把浩瀚的知识世界之窗稍稍打开一点，留些东西不完全讲透。学生因发现能够越过大纲必修教材的边界，畅游无边无际的知识海洋而激动，这也就是阅读的动力，因为青少年都渴望获得知识。

在学校图书馆或教师的私人藏书中应该有扩充教学大纲教材知识的书籍。这种书已经出版和正在出版的很多。阅读有关现代科学前沿的科学图书和科普读物非常重要。阅读这些书籍能让学生更清楚地理解学校所学的基础知识。

极其重要的是，通过课外阅读来理解大纲最难部分的知识，这部分知识决定着其他部分知识的掌握。有经验的教师力求把科普读物的阅读安排在学习这部分知识之前、同步进行或紧随其后。若学生能在尚未学量子理论的基本概念时就着迷于阅读这个问题的书籍，尽管很多东西他不明白，也没什么可怕的。学生的问题越多，他在学习新教材的过程中对课堂知识的兴趣就越大。课堂教材学习前的问题积累过程，是一个十分有趣的教学法问题。

## 23. 阅读——学习困难学生智力教育的重要手段

学习困难学生，指的是领会、理解和记住所学材料困难和缓慢的学生：一个知识还没理解，又该学另一个了；一个知识学会了，另一个却忘了。有的教师认为，要减轻这些学生的学习负担，就要最大限度地缩小其智力劳动的范围（有时对学习困难的学生说：只读教材就行了，不要分散精力读别的）。这是完全错误的看法。学生学习越困难，他在智力劳动中遇到的困难越多，他就越需要阅读，就像感光弱的胶卷需要更长的曝光时间一样，成绩差的学生需要更明亮和更长时间的科学知识之光来照亮。不是补课，不是没完没了的“拉拽”，而是阅读、阅读，再阅读，这在学习困难学生的脑力劳动中起决定性作用。

来自基洛夫州波格丹诺夫中学的优秀数学教师伊万·古里耶维奇·特卡琴科，他教的学生中没有成绩不好的。他的创造性劳动有一个突出特点，即合理组织我们此处所说的发展智力的阅读。特卡琴科任教的五至十年级，每个年级里都有个别学习困难的学生。如果没有一个绝佳的图书室，其中有不止100本书，这些书以清晰和富有吸引力的形式讲述在特卡琴科看来世界上最有趣的科学，即数学，那这些学生永远都不会成为成绩好的学生。比如，开始学习方程式之前，学生就阅读了几十页关于方程式的资料，其中首先是关于方程式构成民间益智谜语、难题的有趣故事。

问题不仅在于阅读能使学生摆脱不好的成绩，而且在于阅读还可以发展学生智力。学习困难学生读书越多，其思想就越清晰，其智力活动就越积极。

经过专门考量，有计划和有组织地引导学习较差的学生阅读科普读物，这是教师要操心的一件大事。实质上，这是学校生活实践中对称为“后进生”因材施教工作的主要内容。

## 24. 能力和知识的关系不可失调

能力和知识的关系失调，表现为学生还没有具备作为掌握知识的工具的能力，而教师却不断灌输给他种种新知识，对他说：要掌握，别放过！这样的学生恰似一个没牙的人，不得不囫囵吞枣，起初他感觉身体不适，后来就生起病来，什么也不能吃了……

前面我已经谈到过，许多学生不能掌握知识是因为不会流畅、用心地阅读，即边读边想。这是一种最可悲的关系失调的表现。能够流畅而有理解地阅读，既会朗读也会默读，这不只是最基本的识字能力，还是在课堂上和独立阅读时培养真正逻辑思维的最重要的条件之一。

不会流畅及有理解地阅读的人不可能顺利掌握知识。流畅而有理解地阅读，意味着眼和心并用来理解句子的一部分或整个短句子，能够眼离书本，说出记住的东西，同时还进行思考，不仅思考所读内容，而且思考跟所读材料相关的画面、形象、概念、事实和现象。

在小学里，就要使阅读达到这种完善的程度，否则学生就根本不会用心掌握知识。而且，不会流畅阅读、不努力掌握知识会使学生的智力迟钝，引起思维混乱、不连贯、不完整和简单化。或许你们遇到过五六年级的学生，正如人们说的那样，连一句完整的话都不会说。我逐字记下了这类学生的话并进行了分析：这些话好像是脱离了上下文的零散词语，彼此没有任何联系。学生根本不能把自己的部分思想用语言表达出来，因此他的语言一塌糊涂、含混不清。多年研究这种可悲的事实使我得出一个结论：智力上的“口齿不清”（我这样命名这一缺点）是由于不会流畅而有理解地阅读和不会边读边想造成的。学生对很多词语不理解，是因为他们来不及好好阅读和领会这些词的含义，更不会在自己的意识中将它们与有关概念联系起来。学生不会流畅而用心地阅读，就来不及思考。阅读时不思索、没想法，会使学生智力迟钝。

如何做到让学生流畅而有理解地阅读，从而使他通过视觉和思维就能快速领会含义相连的一组词语呢？需要进行系统练习。我教小学生时，是这样检查阅读的流畅程度和用心程度的：一个学生正在读童话或故事（第一次阅读），如关于原始人生活的故事。我在他眼前的黑板上挂一幅画着原始人生活的鲜艳图画，其中有烧火、做饭、捕鱼、儿童游戏、做衣服等场景。如果学生（这里指的是三年级学生）朗读故事时，不能眼离书本，不能在快读完时好好看一下这幅画，并记住故事中只字未提的细节，这意味着他不会阅读。阅读时，眼睛时时刻刻盯着书本，这还不是真正的阅读。一个学生在阅读过程中什么也无法领会，实质上是不会边读边想，而这也就不能称为用心阅读。

在学习的某个阶段，学生应该掌握快速书写的能力，能边写边想。如若没有这种能力，又会造成另一种关系失调。掌握这样的书写速度也可以在充分练习的条件下实现。书写过程应达到自动化程度，学生不必思考怎样把字母连成词、写什么字母。注意力应该集中在所写内容上。通过充分练习，第四学年可实现这一目标。但书写的自动化取决于阅读。阅读差的学生总是书写出错。

培养快速而用心书写技能的练习（在学生能很好地阅读的条件下）可以按照下面这个方法进行。教师向学生讲述某个自然现象、事件、劳动过程；讲述中要明确区分各个逻辑的组成部分，每一部分都包括主要内容和与之相关的各种细节。教师讲述时，学生按照教师阐述材料的顺序记录主要内容。没有边听边简略记录讲述（讲课、解释）内容的能力，不可能掌握知识。在很多情况下，学生落后正是因为没有这个最基本而又十分综合的能力。

这一能力的作用不仅限于实际应用。它是智力发展的必备条件。不会边听、边写、边想（与不会边读边想一样），就不可能扩充知识。

选择、综合和分析事实的能力是一种十分重要的能力，很大程度上决定着是否能顺利掌握知识。有经验的自然科学各科教师以及语法教师注意不使学生思维受制于教师的阐述（解释、讲课），从而不使知识和技能出现关系失调。这种关系失调导致知识没有发展，知识像滞销的货物一样停留在学生的头脑中，因为知识没有转化，没有用新事实来丰富，没有用于解释新事实。这就是我想称之为知识僵化的情况。知识处于这种状态时，可能遇到一种乍看起来十分奇怪的现象。例如，学生背熟了物质四种状态的概念，但是不注意在生活中大量事实可以从以前未知的角度来解释。于是，在检查知识时，学生遇到了物质由固态变为气态的事实，面对这种生活中随处可见的现象不知所措，不能理解和解释其实质。

为了使学生能够自觉地把知识运用于生活实践，需要让他们独立搜集大量事实，并对其进行了解、综合、比较、分析。搜集和处理事实——这本身就是知识所处的状态，即能动状态，是从课堂上所获知识体系中自觉选择所需规律、说明和定义的状态。使知识处于这种状态是多么重要啊！多年教学工作的经验使我确信，搜集和处理事实是一种特殊能力，它能使知识不断处于发展状态，而且这种发展极为独特：学生不仅分析他周围的事物，而且还分析自己的思想。学生搜集和处理事实时，就走上了自我培养智力的道路。

某门课程体系中的事实有什么特点，在我看来，这是一个很重要的教学法问题，同时也是一个一般的教育问题。形象地说，事实如同托起思维翅膀的空气，以这样的视角来分析教学大纲吧。要思考选择哪一部分事实用于课堂，留下哪一部分给学生去搜集和处理。为搜集事实这一过程本身拟定方法说明，教学生去思考事实吧。

## 25. 兴趣的奥秘何在

每个教师都希望自己的课堂教学能够引起学生的兴趣。怎样才能使课堂引发兴趣呢？所有的课堂都能引发兴趣吗？兴趣的源泉何在？

课上得让学生感觉有兴趣，这意味着学生在学习和思考的同时，还感受到振奋和激动，对发现的真理不仅感到奇怪，甚至惊讶，意识并感受到自己的智力，体会到创造的乐趣，为人的智慧和意志而自豪。

认知本身是一个最令人惊异、不同寻常的奇妙过程，能够激起强烈而持久的兴趣。事物的本质、事物的种种关系和相互联系、运动和变化、人的思想、人创造的一切——都是无穷无尽的兴趣源泉。但是，在有些情况下，这个源泉如同潺潺小溪在我们眼前流淌，只要走近一看，大自然奥秘的奇妙图景就展现在面前；在另一些情况下，兴趣的源泉隐藏在深处，需要费力地走近、挖掘，而且常常出现的情况是，“走近”和“挖掘”事物本性及其因果关系的实质这一过程本身就是主要的兴趣源泉。

如果您只是指望显而易见的动机来激发学生对学习和课业的兴趣，您就永远培养不出他对脑力劳动的真正热爱。应该努力让学生自己发现兴趣的源泉，从而让他在这种发现中感受到自己的劳动和成就，这本身就是一个最重要的兴趣源泉。没有积极的脑力劳动，学生的兴趣和注意力都是谈不上的。

求知兴趣的第一个源泉和第一个火花，包含在教师课堂讲解教材、分析事实的方法中。学生在意识上明白道理，源于对事实和现象接合点的认识，以及对连接这些事实和现象的线索的认识。我备课时总是尽力考虑和领会那些接合点和线索，在这里，由于各种想法相互交织，在认识周围世界的道理和规律方面就会呈现出某种新的、意外的东西。例如，下节课要学习植物的根部系统及其在生命过程中的作用，学生无数次见过植物的根部，教材中似乎未必会有学生感兴趣的东西。但是，兴趣在于认识隐蔽的、一眼看不出来的东西。我对学生讲述纤细的根毛如何从土壤中吸收植物所需的物质时，把他们的注意力引到事实的这样一个接合点上来：土壤中的生命活动一刻不停地进行着，在其深处无论冬夏都不停息；数十亿微生物在为众多的根毛服务；没有这种复杂的生命活动，树木便无法存活。“孩子们，咱们仔细看看这种复杂的土壤生命活动，仔细想想，这与周围环境物质的依赖关系是怎样的。在你们面前展示的是生物和非生物的相互作用。”非生物怎样为生物提供建筑材料，这正是那个我要阐明并提醒学生注意的接合点和连接点，从而在学生面前揭示出某种新的东西，激发学生对于自然奥秘的惊奇感。孩子们越是被这种感觉吸引，他们就越想知道、领会和弄明白更多的东西。

兴趣的源泉也在于知识的运用，在于感受到智慧能掌握事实和现象。人的内心有一种根深蒂固的需求，即觉得自己是发现者、研究者和探寻者。在儿童的精神世界中，这种需求尤其强烈。但是如果没有养料，即没有积极接触各种事实和现象，没有认知的乐趣，这种需求就会逐渐消失，对知识的兴趣也会与之一同消失。我认为，持续不断地保持并加深学生成为一名发现者的愿望，采取特别的工作方法实现他们的这一愿望，是一项重要的教育任务。课上激起了孩子们对土壤中不能直接观察到的过程的兴趣，课后我们就走向田野，专门去看一看土壤的剖面。孩子们惊异地仔细观察着小禾本植物长达 2 米的根。对于他们来说，这是真正的发现。但是实际上，他们还只是刚刚踏上发现者和探寻者的道路。我给孩子们展示几种不同种类的草地上和荒地上的草根。我们把这些根种在地里，它们一根茎都没有，其中很多乍看起来好像完全枯死了，但是竟然成活了，发了芽，变成了绿草。还有一棵葡萄的根也长起来了，也发了芽。

这使孩子们欢欣鼓舞，他们变得喜欢思考，思维也活跃起来。他们感受到作为人所具有的无与伦比的自豪：我们是事实和现象的掌控者，我们掌握的知识变成了力量。感受到知识具有托举人的力量——很难找到比这更强烈的激发兴趣的动力。在掌握知识的过程中，学生不会感到筋疲力尽，不会陷入疲劳状态，不会对一切冷漠，而是全身心充满快乐，这是多么重要啊！当然，只有当学生直接研究和发现某个事物，掌握具体事实和现象时，他主宰知识的感觉才会最强烈。此外，纯粹的思考，即智力的综合和系统整理的活动，也会带来乐趣。

对于读过许多书的学生来说，课堂上所学的任何新概念和新现象，都会进入他从书本上汲取的知识体系中，于是，课堂上所讲的科学知识就具有了特别的吸引力：他们觉得这些知识是必不可少的东西，有助于弄清楚头脑里已存的知识。

## 26. 赢取自己学生的思想和心灵

在有优秀的数学教师任教的学校里，数学成为受人喜爱和最为有趣的课程，很多学生非凡的数学才能得到挖掘。学校来了一位有才华的生物学老师，瞧吧，两年之后，生物学就会成为学校受人喜爱的课程，会涌现出 10 个有天赋的少年生物学家，他们对植物着迷，醉心于在校园里做实验和研究。

各门课程的讲授好像成为教师之间为赢取学生思想和心灵而进行的良性竞赛，在这样的学校里，智力生活如泉涌般生机勃勃。这种竞赛是教师集体进行创造性劳动的一个方面，表现为每个教师都力求激发学生对自己课程的兴趣，确立自己课程的吸引力。我们设想一下，一个刚开始上四年级的孩子碰上一个教师集体，他们全是有才华的人，至少每个人都热爱自己的课程，每个人都善于点燃学生对自己那门学科（各自认为是最有趣的）的热爱之火。在这种条件下，每个孩子的天赋一定会被发掘出来，形成爱好、能力、志向和才干。

这里，我们进入了教学过程中一个最有趣的领域，这个领域在很多学校的实际工作中还是未经考察的处女地。我坚信，学习的教育作用首先表现为，每个学生，形象地说，在科学基础知识这个和谐的乐队中找到自己喜爱的乐器和自己喜爱的旋律。没有对具体课程和具体科学知识领域的迷恋，就不会有个体生命的智力充实和精神富足。

让学生觉得您所教的课程最有趣，让尽可能多的孩子如同渴望幸福一样渴望在您讲基础知识的这门学科领域有所创造，您要把这件事看作自己的光荣。要赢取自己学生的思想和心灵，要与自己的同事即其他课程的教师进行竞赛。比如说，您给 200 名八至十年级学生讲授物理，他们全是您的学生。但是您还应该要有关于我的学生的另一种概念。您应该有 10 名或者更多（或许更少，五六名，有时会这样，这没有什么可指责的）自己的学生，会永远醉心于物理，坚定地把自己的生活与技术和科技思想领域的劳动联系在一起。另外，您应该有一二十名学生，他们对物理的兴趣，刚刚“破壳而出”，其中一些人将来会爱上您的课程，另一些则会在其他知识领域的某个地方发现自己的金矿，因为在生活理想的发展中没有什么比形成志向更复杂的了。您教 200 名学生，把最基本的学校物理课程的知识牢牢地传授给他们，这只是您工作的一个方面。不要忘记，您还担负着教学创造性活动的另一个方面，即关心喜爱物理这门科学的青年，使他们形成从事物理学（技术、机器、机械、科技知识）的志向，因为课堂上他们只能了解这门科学的基本知识。您在学校里应该有自己的学校，即青少年物理学家之校。

那么，这一切到底该怎样做呢？这里最重要的是什么？从何处着手呢？

您当然有物理办公室。您当然每天都会在那里工作一两个小时：或者钻研书本，或者尝试“粗略地”试做将要进行的实验，或者绞尽脑汁思考仪器的图样或模型。我会告诉您，如果我是您，我会做些什么。我邀请瓦尼亚、科利亚、根卡、斯拉夫卡、彼得和萨沙等那些已经爱上物理的少年到办公室来。有些八年级学生甚至七年级学生也来这里，他们还没有完全爱上我的课程，但是我看到，当我讲述反粒子和光子火箭时，他们眼睛发亮，他们伸手去拿有趣的核物理书籍。我的物理办公室有一个角落，我称其为“思维角”。在这里，墙上挂着罗丹《思想者》的版画，柜子里有少量藏书，是关于科技最新问题的图书和小册子。这是吸引青少年超越教学大纲走向未知远方的星星之火。我这里还有另外一个角落，即“难事角”。这里放着一些模型的图样，其设计思想令人费解、与众不同。用金属和塑料实现这些思想，需要克服相当大的智力困难。思维懒惰在这里是不允许的，智力风暴和敢作敢为是避免在“难事角”成为惊得张大嘴巴的观察者而成为创造者的主要条件。在这里，我还有一个小型教学创造实验室——备课角。我在这里变戏法似的摆弄新教具。和我一起工作的还有我的助手——帮我备课的高年级学生。

这样，我就为爱上物理或者尚未完全爱上物理但兴奋得两眼闪闪发亮的学生们打开了通向所有这些角落的大门。

我特别重视“梦想角”。在这里，科学知识的熊熊篝火点燃了志向的星星之火。在这里，少年们确信，思维就是一种巨大的劳动，这种劳动不轻松，极为复杂，有时令人疲惫，但会带来无与伦比的快乐，即认知的快乐，以及意识到我能主宰知识的智力自豪感。学生从“思维角”开始熟悉科学知识。我这里的书籍既面向刚刚出发去遨游科学知识海洋的学生，也面向已经坚决选定科学技术、实验室工作或工厂复杂机床劳动为职业的毕业生。我非常注意使那些蓬头稚子一定来到“思维角”，在我讲课时，他们眼睛里的好奇之火闪闪发光，他们总是有一大堆“为什么”。我知道他们当中谁向往什么，我就在书架上为每个人摆放几本相关的图书。

很多聪明的、有天赋的孩子只是在亲手参加创造性劳动时才产生对知识的兴趣[1]。如果我看到有儿童或少年伸手去拿机器和机械模型、仪器和各种设备，我一定把他带到“难事角”。

有些学生很久都未对什么表现出特别的兴趣。如果学校没有教师去赢取学生的思想和心灵，那么学生中很多人就永远也显露不出对任何事物的兴趣。一个学校里对学习和知识冷漠、对任何事物都无兴趣的青少年越多，那教师就越没可能有可以倾心传授求知兴趣火种的学生。在学生对待知识的态度上最让人心情压抑的是冷漠……学生在某门课程上落后和考不及格，这并不可怕，可怕得多的是冷漠。

要唤醒态度冷淡学生的意识。一个人不可能对什么都不感兴趣。改

[1] 瓦·亚·苏霍姆林斯基此论点与卢梭关于尽量使爱弥儿的“眼睛盯在手指头上”的论断相同。

变对智力发展冷淡态度的最佳途径是思维。只有通过思维才能唤醒思维。对于对知识和脑力劳动冷漠的学生，每个教师都应该尝试使用自己的一切智力工具。这里指的已经不是竞争，而是挽救人以摆脱智力惰性。在我们学校的教师集体中形成了一个规矩，即在心理学委员会会议上谈论关于对知识冷漠的学生的问题。我们思考找到一个人和自然、人和知识相互作用的领域，在这里，认知能够让人精神焕发。这里最主要的是使人最终发现自己是知识的主人，感受到主宰真理和规律的感觉。通过认知振奋精神，这意味着使思维和人的尊严感融为一体。通往这一精神状态的路径就是让知识发挥作用、使知识积极起来。我们认为，唤醒冷漠之人、救人免于智力惰性的方法是，让学生在某方面表现出自己的知识，在智力活动中表达自己和展示自己的个性。

我在五至七年级教过几年数学。我有两个数学小组，一个是最有才能和天赋的学生组，另一个是对知识冷漠的学生组。关于怎样唤醒后一组学生意识的故事，会是一篇十分有趣的赢取他们思想和心灵的叙事小说。我力求使学生在小组获得的知识触及集体中的人际关系，即树立个体尊严。一个人在感觉到自己是个思想者之前，他不可能真正地感觉到为人的自豪感。如何使思考与公民为人的自豪感融合起来，需要专门提出一条建议。

有经验的教师力求使学生对其所爱课程的知识多于教学大纲一二十倍。感受到对所爱课程的主宰是促进一般智力发展的强大动力之一。如果学生有了一门喜爱的课程，那就不必担心他的其他课程不是5分。反而是没有一门喜爱的课程的优等生更让人担心——多年经验使我确信，此类学生就是没有个性的人，不懂得脑力劳动的快乐。

## 27. 怎样使思维和自尊感融为一体

这也是我们教学工作中一个非常微妙的问题。如何让学生因为好好学习而自豪，在自己取得的成绩和获得的知识中感受到自尊？

我坚信，实现这一目标的途径是让知识和智力财富成为个性的自我表现。这方面的培养工作应该从低年级就开始进行。培养低年级学生的时候，我力求实施一条原则，即每个学生都应该为集体的智力生活做出自己的贡献。应该感受到自己的知识、思想和能力是一种光荣和尊严。仅仅让学生集体知道某个学生怎样学习功课，听他怎样回答问题，无论如何都不可能实现这一目标。我们让一年级的小学生开始这样做：制作名为“朝霞”的集体创作簿。我们养成了一种习惯：春夏很早起床，天一亮就起，去花园，去池塘边，迎接日出。每个学生都分一张图画纸（如果愿意，可以是两三张），画上自己喜爱的自然景物，写上一句话、几个词，“但这些词要像优美的歌曲一样”——我们这么约定。当然，每个孩子都想画出和写出美好的东西。漂亮的画作、美丽的词语，每个人都觉得这些是自己的光荣。我直到现在还保留着这个簿子。二年级时，我们在冬季的黄昏编故事和童话。每个人或者讲述自己生活中发生过的事，或者讲述曾经梦想的或刚刚想出来的事。孩子们对这项创作有多大的兴趣，难以形容，但每个人都觉得会构思和会讲述是一种道德尊严。

孩子们智力和精神财富的相互交流，一年比一年强化了他们的关系。三、四年级开始举办“图书晚会”，孩子们讲述所读图书的内容，大声朗读，朗诵诗歌和艺术散文片段。这是一种独特的智力和技能竞赛。

从五年级开始，我的学生成为学龄前小朋友和一、二年级小学生的积极的智力辅导员。12 个五年级学生领导诗歌创作小组。每个小组有 5 ~ 7 名小学生，五年级学生教他们写关于大自然的短小作文，给小朋友们读自己的作文和诗歌。这就确立了大孩子们的自尊感。

在六至七年级，几个学生成了一至三年级学生的少年数学家小组的领导者。孩子们解答和编写测验“机灵程度”的算术题。在五至八年级整个学习期间，学生们还做外语学习小组的领导者，教一、二年级的学生读法语和说法语。

在七至十年级，每个学生都在科技晚会上做报告或汇报。我们这里的每个少年都把竭尽全力准备好这种报告和汇报当作一件光荣的事情。

所有这些工作形式都是为了让学生感觉到知识和智力生活是其道德尊严。教师要这样培养孩子：使他们把不学无术和对书本抱冷漠态度看作是不道德的行为。

## 28. 怎样使青年人渴望学习

在农村地区，学校是主要的文化和知识基地。我们认为，把知识的拓展和深化过程纳入农村社会生活，是一项十分重要的教育任务。教育性教学最重要的一个特点是，培养学生参加教育启蒙工作。我们的高年级任课教师就在培养自己的学生参加这种公益活动。村子里大约有 2000 家农户，共分成 180 个文化基地。文化基地的中心是一家庄员的农舍。庄员和工人时不时在这里集会。3~4 名高年级学生来到他们这里，举办列宁报告会、自然科学知识晚会和文学晚会。

共青团学生不只是给人们带来知识，他们就像是在自己的长辈面前汇报工作。男女青年不仅讲述自己的知识，还进行说服教育，常常要和反科学观点进行斗争。遇到关于周围世界事物和现象的错误观念甚至迷信和无知时，共青团员不只是否定："不，不是这样。"我们教导自己的学生：要说服教育，用科学之光消除有神论的、反科学的偏见，对违背真理的一切都毫不妥协，但是要记住，反科学的观点和信念在有些人的意识中根深蒂固，要消除这些观点和信念，需要很多知识和本领，要坚定不移。在绝大多数情况下，我们的学生都能胜任自己的教育重任，而失败则更增强了他们认识科学的决心，激励了他们对知识的渴求。

学生在给别人传授知识的过程中，自己也透彻了解了很多东西，发现了很多问题，他力求去搞清楚思想中最细微的"弯弯绕"和隐蔽的因果关系。应用和扩充知识最积极的形式莫过于将其用于社会教育启蒙工作了。年轻人在确立、保护、捍卫真理时，自己对真理也坚信不疑，产生了进一步扩充和加深知识的需求。怎样使青年人渴望学习呢？如果知识始终是学生意识中“自己的珍宝”，如果知识没有获得道德色彩，学生感受不到知识是个人的乐趣、光荣、财富和尊严，那就永远实现不了这个目标。

## 29. 如何按季节安排学生的学习

这是一项关系到学生身体发育、增强体质和全面发展的重要问题。一年分为几个季节，每个季节人的机体活动能力都不相同。例如，众所周知，机体的防护力到春天就减弱，到秋天则增强。考虑这些周期性波动对学校来说特别重要，因为与我们打交道的是正在成长发育的身体，是形成中的大脑，而外部环境对大脑影响巨大。春季的学习和脑力劳动，尤其是在低年级，应与秋季完全不同。

我建议低年级全年的脑力劳动这样安排：大约到第三学季[1]中期（即2月底）基本结束语法和算术方面最重要的理论概括的学习。最后一个学季的脑力劳动正赶上春季，应该主要包含那些扩充、加深和系统整理早前获得的知识之类的学习。我建议春天还要培养能保障下一学年顺利学习所需的能力。春季似乎是专门用来进行最密集的观察的季节。春季应该为下一学年前两个学季的理论总结积累事实。此前讲过的能力和知识关系失调问题，恰恰是由春天进行与秋天一样复杂的理论概念教学导致的。

中高年级也应该尽一切可能，最大限度地减少春天的脑力劳动。不能不考虑到，少年在春季最容易视力减弱，发生眼病，而眼睛在脑力劳

[1] 苏联时期中小学的学年分为四个学季，第一学季从9月1日至11月4日，第二学季从11月10日至12月29日，第三学季从1月11日至3月23日，第四学季从4月1日至学年结束。——译注

动中发挥着特别重要的作用。不能像很多学校教学实践中常见的情况那样，把阅读大部头文学作品和为了复习而反复阅读许多页历史课本和文学课本的任务推到第四学季。尤其不能进行与初学教材毫无差异的机械复习。春季应该带给学生——形象地说——学习方法的更新。第四学季备课时，使学生的已有知识处于积极活动状态应该成为贯穿您教学方法的一条红线。不一定因此就让学生不断地啃课本，根据教师布置的问题总结教材的各个章节。也可以在概括教学大纲一系列问题的概述课上促使知识活跃起来。考虑到高年级学生的疲劳度，教师应善于采取减轻复习负担的措施。

多年来，我总是给八至九年级的学生布置如下暑假作业：阅读下一年即将学习的文学作品。这极大地减轻了学生的脑力劳动量，卸下其过重的负担，使第四学季不会过度紧张。

您可能会问：究竟怎样才能切实减轻第四学季的脑力劳动强度呢？因为很多学校的孩子们在大量作业的压迫下"呻吟"。如果前三个学季的脑力劳动安排得更密集，又会怎样呢？

是的，这个问题是我们教学工作中最尖锐、最难解决的问题之一。但是我敢说，普通中学的教学大纲不会造成学生负担过重的问题。我亲爱的同志，负担过重的原因在于我们的实际工作、教学方法不合理。如果教学工作安排得科学，如果童年、少年和青年早期（特别是儿童时期）的一切可能性得到利用和发掘，那么在普通中小学，学生就可以学会不是一门而是两门外语，而且在小学阶段就能达到实际掌握语言的程度。

到底要做些什么才能避免实际教学工作中学生负担过重的问题呢？回答这个问题没有那么容易，就像回答怎样才能避免学校不出现一知半解、教养不好、学识肤浅的男女青年这个问题一样。防止学生负担过重就意味着：第一，从儿童3~5岁起就要创造丰富的智力环境，让孩子在家里就能进行智力发展，这需要不断提高父母的教育修养。第二，不能使能力和知识关系失调，要保证掌握知识和掌握学习能力的过程，这是学生智力学习的最重要工具。第三，在实践中贯彻一条最重要的教育心理学即教学理论的原理：没有抽象的学生；传授深刻的知识，意味着观察每个儿童的脑力劳动。第四，要关注知识的不断发展，使知识“进入流通环节”，而不是停留在脑子里成为僵死的负担。第五，不要使学习变成没完没了的补课，不要无休无止地赶“尾巴”。总之，不让学生负担过重就意味着要做到以上所说的一切。但还有两个很重要的条件，这也和截至目前已谈过的很多问题一样，确实和学校的一切工作相关。关于这两个防止学生负担过重的条件，我想给出专门的建议。

## 30. 关于学生的智力生活

这是一个与学校的一切工作都相关的问题。如果教师只是考虑让学生多啃课本，转移他们对其他一切事物的注意力，必然导致学生负担过重。除了上课、课本、家庭作业和分数，其他什么都不考虑的学生的智力生活没有什么令人羡慕的。不要让您的学生一身学究气。除通常的学校活动、观察和兴趣范围外，学生应该有丰富多彩的智力生活。这里指的是学生的阅读，尤其是少年时期的阅读。

如果您被任命为五年级的班主任，那就把培养学生的这种精神需求作为一项主要任务。您应该列一张供自己的学生在中学学习期间阅读的书籍清单，努力使这些书籍进入班级藏书。

如果青少年没有自己喜爱的图书和自己喜爱的作家，我不能想象他们能有真正的全面发展。我在培养学生和塑造其个性时，总是力求让我的每个学生在小学时就拥有自己的少量藏书。他们在中高年级时藏书就很可观了，会有100~150本书。就像音乐家不拿起自己喜爱的乐器就无法生活一样，爱好思考的人不反复阅读喜爱的书籍，也不能生活。

把每个学生领进书籍的世界，培养他们对书籍的热爱，让书籍成为他们智力生活的指路星，这都取决于教师，取决于书籍在教师本人精神生活中的地位。如果您的学生感觉到您的思想在不断丰富，如果他确信您今天不是重复昨天说过的内容，在这种条件下，阅读就会成为他的精神需求。

教师智力生活的停滞和贫乏，产生了可称之为不尊重思想的表现，这一切都会明显地反映在教学活动中。我认识一位教师，他“厌烦一切”，他自己说是因为不想老调重弹。学生从他的话语里感受到他思想的停滞僵化。由于教师不尊重思想，他们也不尊重教师。但最危险的是，他们也和教师一样不想思考。

不能把学生的智力生活看成是个人的狭窄和封闭的小世界。一个人丰富集体智力生活的同时也享受着集体的精神财富。我们力求在自己的学校里形成许多开展生气勃勃的智力生活的集体。这首先是各门课程的科学小组：数学科学小组、科学技术小组、化学科学小组、生物科学小组、文学小组和哲学小组。或许，科学一词有点夸张，但毕竟反映了真实情况：青少年走上了科学思维的道路。无论如何都不能把这些小组看作课程的附属品或者防止学生成绩不好的手段，这是智力生活的基地。这些小组充满求知好学的精神。在课程科学小组的课堂上，学生当然也要讲述自己阅读的内容（报告、汇报），但是这里还有一个特点，即赋予思维真正的创造性：青少年珍视自己给同学们所讲述的道理和规律，将其当作通过个人努力得到的财富，另外，与这些财富联系在一起的是关于劳动、创造和未来的想法。

在课程科学小组的课堂和晚会上也有学习困难的孩子，负担过重对他们来说危害尤其严重。浓厚的智力兴趣氛围能促使他们去阅读，而阅读是使他们学习顺利的最重要的补救手段。

## 31.避免负担过重，让学生有自由支配的时间

学生只有不把所有时间花在学习上，而是留出许多自由时间，才能学习好，这乍听起来像是奇谈怪论。但这并非奇谈怪论，而是符合教学过程逻辑的。学生学习日被学校作业塞得越满，用于思考与学习直接相关的事情的时间越少，负担过重和学习落后的可能性就越大。

自由时间问题，不仅在教学上，而且在智力培养和全面发展上，都是最重要的一个问题。学生需要自由时间，如同空气之于健康：自由时间是为了让学生学得好又不会总是感到有落后的危险（您知道，常有这种情况：只要孩子病几天，他就落后很多）。自由时间是丰富学生智力生活的首要条件，是使其生活中不仅有学习，而且学习能取得成效的条件。

学生的自由时间源自课堂，其创造者是有智慧、善思考的教师。教师创造自由时间的首要助手是学生自己，知识处于何种状态，即处于积极状态或是僵化状态，在很大程度上取决于学生。但是，还有一个条件关系到自由时间的创造，这个条件就是作息制度。

首先，根据多年经验，我想就脑力劳动中不容许的事情提出告诫。绝对不容许的是：学校下课之后，学生马上坐下来，几个小时地坐在那儿看书和做练习。高年级的情况往往是学生在下午还是和上课一样进行着紧张的脑力劳动，持续3~4个小时甚至5~6个小时。为了回答老师的问题，每天看书、听讲、理解、记忆、复习10~12个小时，这是一种力所不及、令人疲惫的劳动，最终会损害体力和脑力，造成学生对知识的冷

漠，导致一个人只有学习而没有智力生活。

经验表明，可以这样安排学生的脑力劳动，即下午可以自由支配，而不用看书和做练习。下午应该成为学生的自由时间。此时，学生可以阅读，参加课程科学小组活动，在大自然中劳动，观察自然现象和人们的劳动。

换言之，下午应该进行扩充和转换知识的脑力活动。要注意，这不是休闲，而是扩充知识。使学生下午所做之事恰是为了实现真正的智力发展和学得好。能否做到这一点，取决于整个教育过程的水平。尤为重要的是，下午要有阅读——出于兴趣的阅读，出于认知的渴求，而不是出于死记硬背的需要。

我尊敬的同行，您会问：那孩子们究竟何时做家庭作业呢？

早睡早起，早晨上学之前完成家庭作业，这是我们绝大多数学生作息制度的一项基本原则。多年来，我们向家长解释：科学证明必须早睡早起，才有利于醒后 8~10 个小时进行紧张的脑力劳动。新一代父母成长起来了，我们在家长学校向其传授教育知识，其中首要的是讲孩子们脑力劳动的文明和卫生。我们做到了使 90% 的儿童和青少年遵守如下作息制度：低年级学生晚上 9 点睡觉，中高年级学生晚上 10 点睡觉。儿童早上 6 点起床（睡 9 个小时），青少年早上 5：30 起床（睡 7.5 个小时）。在简短的建议中不可能充分论证这种作息制度的合理性。但是需要说，一天结束后（夜里 12 点之前）睡眠时间越长，睡眠就越能消除疲劳，醒来就越容易，一个人就能更快地投入脑力劳动中。学生在睡醒后和上学前有 2~2.5 个小时用来准备功课，这是我们作息制度的关键因素，但这只是整个教育体系的一个组成部分。多年经验使我们教师集体坚信，高年级学生完成所有家庭作业不需要 2~2.5 个小时以上（中低年级需要的时间更少），其条件是，学习是在丰富多彩的精神生活的广阔背景下进行的，知识是在各种各样的智力活动中不断扩充的，掌握知识的过程，形象地说，是有整套能力工具保障的，每个学生的个人力量、天赋和能力是在喜爱的课程中得到挖掘的，因为这一切都是彼此相关的。没有这些条件，完全不可能采用我讲的经验。如果没有上述条件，企图只做到一件事，即让学生早起并在上学前完成家庭作业，将会一无所获。（许多学校的大量事实使我深信，即使最宝贵的经验，由于“移植”到不合适的环境里，也常常不可能用得上，比如，如果孩子们不会好好阅读，而教师又没看到这一点就教他们写作文，便会一无所得。）

学生完成家庭作业后去上学。上学的路上就是休息。接下来开始最为紧张的脑力劳动时间——上课。要做到在需要智力高度紧张的课堂之间，以改变活动性质的形式（体育、绘画、唱歌、劳动等课程）安排一个小时（尽可能两个小时）的休息。

早晨两个至两个半小时的脑力劳动比课后四五个小时的看书和做练习高效得多。但是问题不仅在于效率，还需要考虑孩子的健康，考虑一天中脑力劳动制度的平衡。一天中一部分时间充满紧张的脑力劳动，那么另一部分时间就应摆脱紧张的脑力劳动。在作为学生自由时间的下午，应该根据学生的兴趣特点安排脑力劳动。这些特点是什么，如何考虑这些特点，下一条建议将会谈及。

## 32. 教孩子利用自由时间

孩子对时间流逝的感觉完全不同于成人，这一点我们永远都不要忘记。不考虑孩子这一特点的人在通向孩子心灵的道路上常常遇到理解障碍。在森林里度过一个晴朗的夏日，对孩子来说就像整整一年，少年夏令营里的一个月则是无限长久。不要用硬性规定束缚孩子，要让他们仔细看、看个够，也许要拿出整整一个小时让学生各干各的事。这是孩子的天性所需，不这么做，孩子就不可能认识和思考。

要记住，世界随时都在孩子的面前展现出某种吸引他们、迷住其头脑和心灵的新事物和未知事物，所以他们已经想不到别的事，而且也感觉不到时间的流逝。不足为奇，孩子在这样平稳缓慢而又不可遏止的童年河流里，会忘记（是的，完全忘记）诸如他们今天应该完成家庭作业之类的事情……我亲爱的同行，当您惊讶地问起他的作业时，他常常坦率地说："我就是忘了。"您不必奇怪。他说这件事时，并不是把它当成自己的过错，而是当成某种他自己都觉得奇怪、不解和惊诧的事。当孩子在课堂上看班级墙壁上的树影在阳光里跳跃而听不到您说的任何话时，也不必大惊小怪。是的，他没听到，的确如此，因为他在童年的河流里，他对时间的理解与您完全不同。不要大声呵斥他，不要在全班面前说他注意力不集中、学习不努力，完全不必这样做。悄悄走近他，拉起他的手，让他从神奇的童年独木舟换乘到全班航行的认知快艇上。更重要的是，不要羞于时不时自己也到孩子的童年之船上，跟他待一会儿，用儿童的眼光看看世界。要相信，如果您学会这样做，学校生活中就不会出现那么多由于互不理解而造成的冲突：教师不理解学生在做什么和为什么这么做，而学生不理解教师想要他做什么。

我作为成年人，也会被某件有趣的事所吸引，也会难以放下这件吸引我、带给我满足的事，但是在潜意识深处我会产生不安的想法：因为没有人会替我来完成工作。来自潜意识的这个信号帮助我们控制时间的使用。孩子没有这种控制力，所以他常常忘记时间。要教他利用自由时间。

如何教呢？要求他想着？指出他迷恋什么的时候忘了功课？防止他接触有趣的东西？

不能这样做。不能违背孩子的天性。教他利用自由支配时间就意味着，努力使有趣的、令孩子诧异的事物同时成为他智力、情感和全面发展需要的东西。换言之，孩子的时间应该充满各种令他们入迷的活动，既能发展其思维、丰富其知识和能力，同时又不破坏童年的魅力。为孩子创造自由时间，这并不意味着他想干什么就干什么，因为自发性可能养成懒散懈怠的习气。

教会孩子利用自由时间，不必详细解释（小孩子还不懂这些解释），而是通过组织活动、示范和集体劳动。

## 33. 把每个学生领到兴趣发源地

要好好思考您的每个学生在何地和怎样利用（不是度过，而是利用）自由支配时间，要让他们合理利用。

这里又要回到书籍上来。读书应该是最重要的兴趣发源地。学校应该成为书籍的王国。您可能在我国偏远的地方工作，您的村庄可能离文化中心数千公里，学校可能缺少很多东西，但是如果您那儿有充足的书籍，您就可以达到与文化中心同样的教育水平并取得同样的成果。您不必担心书籍会转移学生对知识的注意力。

一至三年级一定要设立（每个年级分别设立）图书角，在这里摆放富有智慧又让学生感兴趣的图书。让每个学生经常利用自己生活中这些最早接触的藏书。我不建议一至三年级（至少一至二年级）的学生到学校图书馆去借书，因为没人比教师了解学生应该读什么。有时需要让学生读一读他当时最需要的一本属于他自己的书，关于这一点没有人像教师知道得那样清楚。

要记住，任何爱好若不触及思想、灵魂和心灵，就不会带来益处。我强调的是对书籍的爱好应该成为首要爱好。这种爱好应该保持终生。不管您教什么——文学或历史、物理或制图、生物或数学，都应使书籍成为学生的首要的兴趣发源地，您应该把自己的学生引向这一发源地（如果您想当他们的老师）。

书籍也是一所学校，应该教会每个学生怎样在书籍的世界里旅行。

这就是我建议从班级藏书开始，然后逐步教学生使用学校图书馆的原因。这一点无论如何都不可以放任自流。与自己的学生去学校图书馆吧，向他们介绍那里的书籍，建议他们可以借阅哪些书。给图书管理员一个文学阅读推荐书单（当然，书单里的书应是图书馆书架上陈列的图书）。

应该带领学生去的第二个兴趣发源地是对所学课程的浓厚兴趣。一个人只有在中小学时代有最宝贵的财富即自由支配时间时，他才有可能产生对课程的热爱和智力积极性。教师集体需要深入思考，如何做到在下午能够激发学生去探寻众多的兴趣发源地，深入研究不同的科学领域。这不仅是指前面谈及的科学课程小组，还包括一些积极的活动。在此过程中，理论知识成为创造、完成智力任务和劳动任务的主要动力。我们学校里成为这种智力兴趣发源地的是两个“难事室”：一个是物理和技术室，另一个是生物和农艺室。在这里，所有工作都建立在课余活动的基础上。高年级学生负责管理这两个“难事室”，它们对一至十年级的所有学生开放。学生们在这里解决各种各样的工艺学和生物学难题。例如，要学生设计活动的设备模型，这种设备的一个工作部件能用另一个代替，设备可以用于几项劳动操作。生物学提出的任务是：两年内把一块荒地变成沃土，在上面获取收成，为培养有益的微生物创造条件。

学生如何利用自由支配时间，事关多个问题。要培养自己的学生有合理的兴趣爱好。

## 34. 通过劳动来培养学生

几十年的学校工作使我确信，劳动在智力发展中发挥着特别重要的作用。孩子的智力源于其手指头。

这个教育信念来源于观察。我看到，双手灵巧的学生，热爱劳动的学生，都形成了清晰、善于钻研的头脑。这里指的不是随便什么样的劳动，而首先是指复杂的创造性劳动，其中包含了思维、精巧的技能和技艺。一年年积累的事实更使人确信，手和脑有着直接的联系。儿童和青少年的手已经掌握和正在掌握的技艺越高，他就越聪明，深入分析事实、现象、因果关系的能力就表现得越突出。

我力求弄清这一依赖关系的科学根据，读了一些学者的著作，同时研究了教学和教育过程的不同方面和种种现象。我尽力实际地利用劳动来培养学习困难的儿童和少年的智力，于是吸引他们参加需要掌握复杂的实际技能和技巧的工作。这种劳动的特点是，各阶段和工序之间存在依赖关系，需要高度集中注意力、全神贯注和善于思考。手部动作和思维之间进行不断的传导：思维检验、改正和完善劳动过程，手则似乎向思维传达详细情况。于是劳动发展着智力，教人逻辑连贯地思考，深入了解个别事实和现象之间无法直接观察的依赖关系。

吸引思维迟缓混乱的学生参加复杂的脑力劳动，长期观察其劳动活动，所有这一切帮助我们更好地看见思维的形成途径。我明白了，如果一个人在学习中遇到困难，那么困难产生的最主要原因在于不善于看见事物间的各种关系和联系，即不善于超越“事实”进行思考。能够最快看见事物间的各种关系和联系的地方是其直观呈现的地方，即在劳动活动中。

经验证明，为了发展学生的智力，应该选择下列劳动方式：

（1）设计和安装设备、机械、仪器的模型。我们学校所有学习困难的学生都在学校实习工厂参加精巧机器、机械、仪器和设备的模型研制工作。在这里，理解事物间的各种关系和联系是思维的源泉和动力。一个少年模型设计家小组在两年里设计出一台木材加工万能机床。这个小组有 15 个学生，其中 3 个是学习困难生。这种启发和发展智力的劳动有一个最重要的特点，就是不断发展构思能力。青少年学生的眼前好像总是有未来机床的构思图样。构思是否正确合适，通过组员进行试验来检查，观察各种部件和零件在不同设计方案中如何发生相互作用。在一种条件下会如何，在另一种条件下又会如何。弄清楚这些及类似问题促使学生瞻前顾后、分析比较。

对劳动过程中的相互作用的思考，对发展与因果关系、从属关系和时间关系有关的最重要的思维领域来说是极好的手段，我认为，也是无可取代的手段。思考相互作用的特殊价值在于，它使思维处于运动和探索中，人的思维视野前出现一些与概括性思想有关的直观概念。这里发生着从具体到概括的过渡，没有这种过渡就不可能有思维，这种过渡也正是学习困难生所缺少的。

（2）选择能量和运动的传递、转变或转化方式。这里指的是在设计和安装模型、机械、仪器和机器设备过程中，例如，把其中的电能转换为机械能、热能，直线运动转变为旋转运动，或者相反的过程，等等。在这里，思维似乎瞬间从抽象概括变为具体事物（表象、形象和图画）。如何把概括性思想变为现实、具体的行动呢？深入挖掘这一问题，能激发学生的思维力量，促使他们从已知的知识中寻求建设性解决方法。选择传递和转变的方式能培养观察力和钻研精神（这正是学习困难生所缺乏的）。一个人仔细观察一个整体中的零件、部件、元件，在具体中探寻共性，学习把一个思想从一种具体情况转用到另一种具体情况。这一切应该体现在双手的技艺和技能上。我们力求使旨在发展智力的劳动对象是活动的、变化的，使人把创造构思和实现构思的能力集于一身。尽量多地做实验和试验，尽量增加双手和手指头的灵活动作，这是在劳动过程中培养智力的原则之一。

（3）选择材料加工的方式，选择工具、机械和加工的工艺方法。我们力求使工具似乎与手融为一体，成为手的一部分。一个人没有学会用自己的双手和思想对劳动对象进行精巧的加工，很难想象能培养出机敏、有创造力的智力。这种加工包含了大脑思维和双手动作的真正结合。当一个人借助手工工具或机械工具加工某物时，出现了最为复杂的现象：每个瞬间大脑和双手之间都在多次传递信号；大脑教导双手，双手发展和教导大脑。此时，构思不仅在变成现实，而且在不断变化、发展、深化。思路在这时是不能中断的。使用手工工具和极简单的机械工具加工材料，是“治疗”学习困难生的良药，因为他们没有用思维去把握花费较长时间的劳动过程的能力。

（4）创造植物和动物生长过程正常发展所需的环境，并控制这种环境。学生应该在农业试验（作物栽培和畜牧业）中从事这种劳动。这是把具体表象变为概括性结论，又由结论变为实践的好方法。这种劳动的教育特征在于：人可以用思维去把握在不断变化的条件下长时间持续的过程，同时有意识地影响并改变这些条件。我确信，农业劳动是一种最有智慧的劳动活动。在我们这里加入少年作物栽培学家、育种学家、生物化学家、农业技术学家等小组的有学习最困难的学生，他们在求知路上似乎遇到了不可克服的障碍，而充满智慧的农业劳动教会他们思考。

在其中的一个少年试验家小组里，已连续15年有一批学习困难的儿童和少年先后参加创造性劳动，他们解决这样两个问题：环境条件对种子的发芽能力和植物生长初期的生命力的影响，土壤和外界条件对坐果率的影响。

为了让双手起到发展智力的作用，当然还需要不断阅读：书籍不仅能造就聪明的头脑，而且能培养出灵巧的双手。

## 35. 如何使学生专注

我和 27 名小学生到草地去，让他们看一看不同植物如何传播种子。我和小家伙们要看的植物生长在草地很远的边缘。要让所有孩子聚拢到植物旁，我就要用纤细的注意力丝线把他们拴住。这好比是无形的“缰绳”。在这些植物中，还有几十种各种各样的、非常有趣的事物，只要有一个孩子去看其中的一种，注意力的丝线就会断掉，于是我给他讲的和指给他看的东西，他就听不见、看不见了，因为他的思绪跑远了。瞧，一只五彩的蝴蝶翩翩起舞，瓦尼亚、科利亚、尼娜和娜塔洛奇卡他们好奇的眼睛就盯着蝴蝶，于是四根丝线就断了。如果脚底下跳出一只小青蛙，就会又有几根丝线断掉……

这种情况常常出现在课堂上。如何才能把这群活泼好动、充满好奇、随时准备去捕捉蝴蝶的小孩子吸引在自己身边呢？当你开始向少年们讲述一些枯燥无趣的事物时，他们脑子里却在想那些有趣、引人入胜、激动人心的事物。如何才能吸引住他们呢？

抓住学生的注意力，这是教育工作中最细致且很少研究的领域之一。为了抓住注意力，需要深入了解孩子的心理及其年龄特点。多年工作经验使我确信，要掌握孩子的注意力，只能形成、确立并保持孩子这样的一种内心状态，即情绪高涨、智力振奋的状态，这与真理的驾驭感和智力自豪感相关。

需要用智育的整个体系来创造这种状态。仅仅通过课堂上某些专门的方法，例如，恰当选用直观手段，是不可能创造上面所说的情绪高涨状态的。这种状态取决于多种因素，包括学生的思维和情感修养、视野等。

掌握注意力，意味着教师对孩子的思维施加非常微妙而细致的影响。例如，我知道学生要学一年生物学，学习很多乍看起来没有意思的知识，如蠕虫的机体构造和活动。学习这些内容时，如果学生的意识中没有能和这些知识“挂钩”的思维，那是无论如何都抓不住其注意力的。在这里，学生的注意力是以其所了解的一系列常识为前提的，从这些常识的角度出发，完全无趣的知识会被作为有趣的知识接受。在这种情况下，这样的常识包括：有益蠕虫（例如，蚯蚓）对土壤构成和植物生长的作用，自然现象之间的普遍平衡、一种现象与其他现象之间隐蔽的依赖关系。

为使学生具备我所需要的情绪状态，从而专心理解关于蠕虫的教材内容，我给他们提供一些关于大自然和土壤生命的有趣的书。我讲解那些乍看起来枯燥的材料时，讲解内容针对学生的思维，我仿佛触动了他们的思维，讲解的内容在他们的意识中引起兴趣。这种兴趣首先是由内在刺激和动机引起的：学生过去阅读时铭记在意识中的思想似乎活跃起来，得到了更新，而且与我的思想对接起来，学生不仅听见和理解了新材料，还从意识深处调取出事实和现象，并对其进行思考。

无意注意应该和有意注意相结合。当学生边听边想时，这种结合才会出现，而实现这一点的唯一条件是：意识中已经存在“思维导火索”。即学生对所讲科目已略有所知。学生在理解教材过程中的思考越积极，其学习就越轻松。通过阅读培养注意力，这是减少智力劳动量的最主要条件之一。课堂上学生的无意注意和有意注意结合起来了，他们就不会感到疲惫和劳累。

如果教师不去思考创造学生的这种情绪高昂、智力振奋的内心状态，那么知识的教授只能引起冷漠的态度，而不动感情的智力劳动只能带来疲惫。甚至是最认真的学生，有意集中精力去领会和记住教材内容，他也会很快“脱轨”，失去理解因果关系的能力。而且他越努力，就越难控制思维。那些除了课本什么也不阅读的学生，对课堂知识的掌握很肤浅并把一切精力都用在家庭作业上。他们家庭作业负担过重，没有时间阅读科学作品和杂志，于是形成一种恶性循环。

众所周知，学生对所学科目的兴趣和注意力可以通过直观教具提升。但是作为教学原则的直观性具有更加广泛的意义，如果把直观教具只看作是引起学生注意力的手段，这种简单粗暴的方式就会危害教学，特别是智育。

## 36. 直观性是认识的途径和照亮认识途径的光

培养注意力的唯一手段是对思维施加影响，直观性只有在促进思维过程时才能促进注意力的发展和加深。物体的直观形象本身能长时间吸引注意力，但是应用直观性的目的完全不是为了整堂课都吸引住学生的注意力，课堂上使用直观手段的目的是为了让孩子们在认知的某个阶段脱离形象，从而能领会概念和规律。实践中经常发生相当意外的情况，即直观教具的某个细节吸引住了学生的注意力，此时直观教具不仅不能帮助教学，反而妨碍学生思考教师想要他们理解的抽象真理。有一次，我给孩子们带来了水轮机活动模型。推动轮子转动的水飞溅出的水花形成水雾，在阳光照耀下通过折射、反射形成一道彩虹。我没有发现彩虹，孩子们却发现了，他们所有的注意力都没有集中在我想引导他们理解的概括性结论上，而是集中在当时完全偶然出现的有趣的自然现象上，因此课堂效果不理想。

采用直观教具需要教师进行充分的、科学的教学准备，需要了解儿童、青少年的心理，了解掌握知识的过程。

第一，应该记住，直观性是低年级学生脑力劳动的一个普遍性原则。乌申斯基写过，儿童是用“形状、声音、色彩和感觉”来思维的[1]。这

[1] 乌申斯基在《祖国语言》这本针对学生的书中写道：“但小孩子，如果可以这么表述，一般是用形状、声音、色彩和感觉来思维的，谁想迫使他们按照另外的方式思维，那是枉费力气且不怀好意地压制儿童的天性。”

个年龄规律要求在大自然中发展小孩子的思维，使其同时看见、听见、感受到并进行思考。直观性是发展注意力和思维的力量，赋予认知情感色彩。由于同时看见、听见、感受和思考，儿童的意识中会形成心理学中所说的情感记忆；与记忆中留下的每个表象和概念相连的不仅有思维，还有情感和感受。如果不形成发达、丰富的情感记忆，就谈不上童年时期真正的智力发展。我建议低年级教师：在思维的源头，在大自然和劳动中，教儿童思考，让进入儿童意识的话语获得鲜明的情感色彩。直观原则不仅应该贯穿课堂，还应该贯穿教育教学过程的各个方面和全部认知过程。

第二，采用直观教学时，要深入思考如何从具体到抽象，课堂哪个环节学生不需要注意直观手段，则不再采用这种手段。这是非常重要的智育原则：直观手段只在调动思维活跃性的特定阶段才是需要的。

第三，要逐步从直观的实物过渡到绘画，然后再到物体和现象的符号式绘画。一、二年级时要逐步使孩子们脱离直观实物，但这绝不意味着可以完全不用。经验丰富的教师在一至十年级的全部教学过程中都使用直观性原则，但会将其应用到一年比一年复杂的教学方法和手段中。即便是十年级，经验丰富的语文教师还会把自己的学生带到森林、河边、春日繁花盛开的花园，在这些地方细致打磨词语的情感色彩，以加深和发展青年人的情感记忆。

过渡到绘画的直观手段是一个长期的过程。这不仅仅是教师上课带一张小猫图画来代替活猫就完成的。绘画的直观手段即使准确表达了实物手段的形状、颜色和其他特征，也总是概括性的。而且教师的任务在于，在采用绘画的直观手段过程中要逐渐过渡到越来越复杂的概括。尤其重要的是，教会孩子们懂得符号式绘画，如草图和示意图。它们在抽象思维发展中起着非常重要的作用。鉴于此，我想就使用教室黑板的方法谈几点看法。

教室里黑板的存在不仅是为了在上面写字，也是为了让教师在叙述、讲解和讲课的过程中在上面画草图、示意图和导图。我教授历史、植物、动物、物理、地理和数学时，几乎在所有的课堂上（约 80% 的历史课，90% 的植物课、动物课和地理课，100% 的物理课和数学课）都使用黑板和彩色粉笔。我认为，不这样就无法呈现抽象思维的发展过程，也无法呈现表象和概念的具体化，以及从表象世界进入抽象思维世界的手段。

绘画的直观性同时也是学生进行智力自我教育的手段。二、三年级时，我的学生总是把算术练习本分成两栏：左栏解题，右栏画习题的直观图。学生在解题之前先画题。教会学生画出习题，意味着保证了从具体思维到抽象思维的过渡。孩子们一开始画实物（苹果、篮子、树木、小鸟），然后转变为画图形，用方块、圆圈表示实物。我尤其关注学习困难生如何画题。如果没有这个方法，他们未必能学会解题和思考习题的条件。如果一个孩子学会了画题，我就可以很有信心地说，他会解出这些习题。个别学生几个月都学不会画出习题的条件，这意味着他们不仅不会抽象思维，也不会用“形状、声音、色彩和感觉”来思维，要先教他们形象思维，然后再慢慢转向抽象思维。

如果您教的低年级班里有数学学习困难生，尝试教会他画题吧。要引导孩子从鲜明的形象过渡到符号式的图形，再从图形过渡到对事物关系和从属性的理解。

第四，从符号式绘画逐步过渡到语言形象。语言形象是从“形状、声音、色彩和感觉”思维过渡到概念思维的一个步骤。经验丰富的低年级教师不仅用词塑造无法演示的东西的形象（比如，北极的冰群、火山爆发等），而且能塑造出大自然中和我们周围人类劳动中可见的事物形象。这些语言形象对于形成情感记忆和丰富心理学所说的内在言语都具有特别重要的意义。

这里要再次谈及学习困难生工作的问题。经验表明，这些学生的智力发展在很大程度上取决于形象思维过渡到概念思维需要多长时间和历经什么过程。个别学习困难生一直停留在毫无希望的境地，教师也不知道该怎样做，不知如何才能激发其思维。这主要是因为他们没有经过长时间的“形象思维”训练，教师急于赶着他们向抽象思维过渡，而他们完全没有做好准备。要知道，学习困难生常常不会举例说明好不容易才记住的规则，这是形象思维和概念思维脱节的后果之一，是教师操之过急造成的结果。

第五，直观手段应该使学生们的注意力集中于最主要和最本质的东西上。

再说一遍：运用直观性原则需要很高的技术，要了解学生的心灵和思想。

## 37. 给新入职教师的建议

我记得，我在学校工作的前十年时间过得很慢。后来时间飞逝，而如今，我觉得一个学年才刚开始就好像要结束了。我说这一点个人体验是为了提醒新入职教师注意一个非常重要的道理：不管青年时期的工作多么热火朝天、紧张不懈，这一时期总还能找到时间用来慢慢地、逐步地积累我们的精神财富，即教育智慧。要记住，您的二十年教龄不知不觉就会到来，您将进入自己人生的第五个十年，您时间不够用的时期就会来临，那时，您会忧伤地说："唉，如果我知道，年轻时就开始这项工作，这样年老时工作就会轻松些。要知道我还要再工作二十年。"

年轻时究竟要开始做些什么，才能在步入老年时不会后悔呢？

要做的很多，首先就是要一点一滴地积累教育者的智力财富和教育智慧。您面前展现的是漫长的人生路，在这条路上，您会遇到种种极其意外的人生命运，年轻学生爱好钻研的头脑和求知的目光会向您寻求那些问题的答案：如何生活？幸福是什么？真理何在？为了回答这些问题，需要了解人追求真理、渴望人类理想胜利的辩证发展过程，需要用心思考和感受人类为了更好的未来斗争的最高目标，即共产主义思想及其实现。

要成为一个真正的教育者，就要毕生学习科学共产主义理论，用马列主义世界观教育自己。请记住这一点：为了教会自己用共产主义者的眼光来看待世界和看待人，需要多年的学习。在您的个人藏书中应该有马克思、恩格斯和列宁关于社会、革命和教育的重要著作。培养自己的共产主义价值观，这并不意味着背诵马列经典作品中的词句。再说一遍，这首先意味着学习用共产主义的观点来看待世界和人。

我年轻的朋友，我想和您分享我过去和现在是如何从马克思、恩格斯和列宁的著作中寻找实际工作中最复杂问题的答案的。学生一生的命运展现在我的面前，他们每个人都是独一无二的个人世界。我认为自己最重要的教育任务是让共产主义理想在这个世界上显现出来，以独特、富有个性的方式呈现出来。每当我看到独一无二的人的命运出现细微转折时，我就感觉到有必要反复深入思考马克思、恩格斯和列宁奋斗终生所追求的共产主义人的标准和理想形象。形象地说，如果不反复深入马列主义奠基人关于人的英明思想的海洋，我就不能深入思考一个人具体的命运。他们的著作中有共产主义人类学的百科全书。他们英明的思想有助于理解共产主义理想发展的逻辑，比如，关于个性全面发展的观念。马克思、恩格斯和列宁的著作帮助我弄清楚兴趣和志趣培养所依赖的错综复杂的条件。就算您很容易就能在图书馆借到任何需要的书籍，还是要建立自己的藏书。我的个人藏书就是我的英明的老师，我每天都向它们请教：真理在哪里？如何认识真理？如何将人类创造和积累的道德财富从老一辈的心灵植入正在成长的一代人心中呢？我的书就是我的生活的老师，我每天都会向其提问：如何生活？如何做我的学生的楷模？如何将理想的光辉照进其心灵？

年轻的朋友，我建议您每个月买三本书：（1）关于您教授学科的科学问题的书；（2）关于年轻人的学习榜样的生活和斗争的书；（3）关于人的心灵的书籍，特别是关于儿童和青少年心灵的书（心理学书籍）。

您的个人藏书中要包含这三类书。每年都应该丰富您的科学知识。您从事教师工作的第一个十年末就到了您觉得教材只是初级识字课本的时期。只有在这种条件下您才能说，您一生都在准备一节好课。只有每天不断补充科学知识才能让您有机会在讲解教材的过程中看到学生的脑力劳动：您关注的焦点不再是思考课堂内容，而是思考您学生的思维。这是每个教师教育技能的顶峰，您应该为此而努力攀登。

如同寻找宝石一样去寻找关于杰出人物生活和斗争事迹的书籍吧，比如，费利克斯·捷尔任斯基、谢尔盖·拉佐、伊万·巴布什金、雅科夫·斯维尔德洛夫、尤利乌斯·伏契克和尼克斯·贝洛恩尼斯。把这些书放在您的个人藏书中最尊贵的位置。请记住，您应该不仅是一名教师，还是一名教育者、生活导师和道德向导。

用心理学文献充实自己的藏书吧。教育者要洞悉正在成长中的人的心灵。当我听到或读到对人个别对待的话语时，我的脑子里总是联想起另一个概念：思考。教育首先就需要活生生的、好钻研的、善探寻的思考。没有思考就不能有所发现，即便是微小的、乍看起来不起眼的发现，而没有这些发现就没有教育的创造性。请记住，尽管心理学规律很多，但每一条都表现在成千上万个人的命运中。我坚信，刚从师范院校毕业的大学生只有在整个教育生涯中都研究心理学、不断加深自己的心理学知识，才能成为一个真正的教育工作能手。

您在整个教育生涯中都应该是一名教育者，而教育离不开美和艺术。如果您会演奏一种乐器，如果您拥有哪怕一点点音乐天分的小火花，您作为一个教育者就会具有很多优势，在教育上您就是权威，因为音乐能让心灵亲近，能打开学生内心最隐秘的角落。如果您不会演奏任何乐器，那么您的手中、您的心里就应该有另一种影响人类心灵的有力手段——文学作品。创造、丰富自己的文学作品藏书吧。根据您所教孩子的年龄，每年购置几十本书，它们能帮助您找到通向学生心灵的道路。不要忘记，您的学生所读的文学作品，他们会用求知的头脑和敏感的心灵来感知，这会弥补教师常常不足的一点，这一点可以让道德的天平向您所需的方向倾斜。充实自己的藏书时，您要记住的最主要的一点是：您推荐给学生看的书里应该有能教导他们如何生活的书。书里的主人公形象应该能征服和鼓舞您的学生，使其确信，人是伟大而有力量的，共产主义理想是真理和正义的最高理想。当我在书店选择自己的教育藏书时，我努力思考哪本书适合于我的哪个学生阅读。

请记住，教育首先是关切地、深思熟虑地、小心翼翼地轻轻触及年轻的心灵。要掌握这门艺术，需要多读多思。您阅读的每本书，都应该设法使它作为一件精巧的新工具进入您的教育工作室。

教育者还要具有细腻的美感。您应该热爱美，创造并保护自然界和学生心灵中的美。要知道，如果您热爱种植树木，乐意走近蜂箱并听听您亲手种植的鲜花盛开的树上蜜蜂的嗡嗡声，您就拥有了一条通往人的心灵的捷径——在创造美的劳动中与人进行精神交流。

您在学校工作的每一年都应该充实您的教育劳动“工艺实验室”。教师必须既要为全班也要为个别学生的个人练习准备好大量习题和例子。这一切都应该逐年收集，并按照教学大纲的主题和部分进行编排。我认识一些经验丰富的数学教师，他们在十五年工作期间积累了独一无二的全套代数和几何习题。这些习题集巧妙地用于学生的个别辅导。

## 38. 给准备教一年级的教师的建议

您在小学工作，现在教三年级。很快您就要教一年级学生了。他们都是五岁半至六岁的孩子。他们受过家庭和幼儿园的教育。我们还有一部分孩子上学前只受过父母的教育。正是在上学前一两年这个时期，孩子受到什么样的教育影响重大。您应该好好了解自己未来的每个学生。

了解学生意味着什么呢?

首先是了解其健康状况。在接班的一年半前，我就看到了他们的名单。好好了解这些学生的父母之后，我就预测哪些疾病有可能遗传给孩子。当然，这些预测需要医生来验证。我有未来学生最重要的身体系统情况的数据资料，包括神经系统、呼吸器官、心脏、消化器官、视觉系统和听觉系统的数据资料。

不了解学生的健康状况就无法进行正确的教育。30 多年的学校工作使我坚信，依据健康状况，每个孩子需要的不仅是个别对待，而且需要整套顾惜身体和增进健康的保护措施。经验让我确信，教育应该促进学生疾病的痊愈，帮助他摆脱各种儿童时期患有的疾病。心血管系统活动受损的孩子需要特别的教育方法，需要专门的医疗教育。

我认为，如果孩子由于某种原因已经生病，了解他的家庭关系是否有利于其机体的疾病预防和促进痊愈，是非常重要的。孩子的神经系统和心脏的状态，与家庭情况密切相关。在吵闹、指责、发怒、怀疑和侮辱中成长的孩子是很难教育的。这类孩子的神经系统常常过度紧张、易快速疲劳。患有神经症的孩子需要特别多的关怀和每天的关注。既要开展教学又要教育他们，要采取专门的医疗教育方法，避免有害刺激和情绪状态的急剧转换。

未来的一年级教师，我建议您在一年级开课前的一年半（如果可以，那就两年）就召集家长，非常重要的是让父母都来，和他们一起聊聊家庭关系，家庭关系要能够促进健康神经系统的形成以及养成良好的道德和心理品质。

家庭的智力氛围对孩子的发展具有重大意义。孩子的总体发展和记忆力在很大程度上取决于其家庭智力兴趣如何、成年人阅读什么书、成年人思考什么、他们在孩子的思想中留下什么影响。“您孩子的智力取决于您的智力兴趣，取决于书在家庭精神生活中占据什么地位。”您就这样跟自己学生的父母说。

我深信，至少需要用一年时间来研究每个孩子的思维，只有在这个条件下才可以备好一年级的课。

# 39. 如何研究学前儿童的思维

人类思维存有两种基本类型：一是逻辑分析或称数学思维，一是艺术思维或称形象思维。伟大的生理学家巴甫洛夫提出的这一分类对于解决儿童的智力教育问题、形成个性志趣和才能具有极其重要的意义[1]。在九月份一个晴朗的日子，把要上一年级的孩子集合起来，和他们一起走进秋天的树林吧，您马上就能看见儿童身上鲜明地表现出来的这两种思维类型。树林总是能吸引儿童的注意力，尤其是早秋时节，他们在树林里不可能冷漠，而让他们激动、赞叹、惊讶的地方就有对周围世界的逻辑和情感认知，即用理智认知和用心灵感知。蓝蓝的天空，多彩的树木，绚丽的早秋，或林边或密林深处，这一切都吸引着儿童的注意力。但是他们对周围世界的态度各不相同。仔细观察，您就会发现两种感知类型，这是两种思维类型的表现。一些儿童陶醉于整个大自然的和谐之美。他们惊叹、赞赏，把各种事物看作一个统一体。他们既看到日出，又看到秋天色彩斑斓的树木，以及神秘的密林。但是儿童感知的这一切都恰恰如同多种乐器演奏出的复杂和声，他们没有听到个别的音符，他们没有从周围世界中区分出个别细节。而当他们的注意力被某个事物或某个现象所吸引时，那么对于他们而言，全部的和谐就都集中到这个物体或现

[1] 巴甫洛夫在谈及人的其他思维类型时写道："……需要确证，由于存在两个信号系统，同时由于自古长期存在不同生活方式，人群被划分为艺术型、思维型和中间型。"

象了。例如，一个孩子注意到一簇野蔷薇，上面挂满了琥珀般的果实和银光闪闪的露珠，于是，除此之外，这个孩子再也看不到其他事物，对他而言，整个美妙的世界就是自然界的这个创造物。

这是对周围世界艺术感知或形象感知的最主要特点。具有这种感知的儿童兴致勃勃地讲述他们看到的事物。在他们的讲述中充满鲜明的形象。他们通过画面和形象进行思维，包括色彩、声音和动作。他们对周围大自然的音乐乃至美的事物非常敏感。在他们的感知中仿佛情感因素占了主导，他们好像更多的是用心灵而不是用理智来认知。请注意，在学习过程中，这会对他们的智力劳动产生影响。具有鲜明艺术思维的儿童会带着兴趣学习文学，他们喜爱阅读，酷爱诗歌创作。在学习数学时他们常常遇到很大的困难，从而导致数学跟不上。

对于另一些孩子而言，似乎不存在和谐之美。请想象一下，一个暖暖的秋日，在松树林边观赏日落：深红的晚霞，如铜的树干，平静的池塘水面上波光粼粼。但是在学前儿童集体中总是有这样“不懂”如此美景的儿童。他问：为什么太阳落山时会变成红色？它夜里去哪儿？为什么有些叶子在秋天变红，另一些变成橙色，还有一些变黄呢？为什么橡树叶子一直到上冻很久都是绿色的？他眼前展现的世界首先不是形象的那一面，而是逻辑、因果关系的那一面。具有这种思维的儿童容易发现因果关系和依存关系，心里能抓住一系列相关的事物和现象。他们容易得出抽象概念，带着兴趣学习数学和其他精密科学。他们对抽象概念进行逻辑分析的兴趣如同具有艺术思维的孩子之于鲜明形象的兴趣。

这两种思维类型都是客观存在的，教师应该知道每个儿童身上哪种思维类型占主导。在教育过程中，这对指导智力劳动非常重要。教学生进行思考，发展思维，这意味着发展每个儿童的两种思维领域，即形象思维领域和逻辑分析思维领域，既不可单方面发展，同时又要善于把每个儿童的智力发展引向尽可能符合其天性的轨道。

儿童的思维还具有速度方面的差异，可以说，是思维快慢的差异。

一些儿童的思维非常灵活多变。他们刚刚还在思考蜜蜂如何采集花蜜的问题，而当教师给他们演示过花朵的复杂结构之后，他们的思维很容易就转向另一个对象。再如解答算术习题时的思维变化：有的学生掌握了习题条件中列出的所有内容，包括篮子、苹果，还有花园里的树。另一个学生则完全是不同的思维，我暂且将其称为稳定的聚焦思维。如果学生的思维聚焦于某个点，他就很难转向另外一个点。他想着每公斤苹果的价格，却忘记了每个篮子里的苹果有多少公斤和有多少个篮子。教师往往会错误地认为这种思维特点是智力劳动中的异常。不管是具有形象思维的儿童，还是具有明显逻辑分析思维的儿童，都常常有智力过程的迟缓现象。如果不弄清楚事情的本质，教师常常会就儿童的智力发展得出完全错误、仓促的结论。尤其令人痛心的往往是对思维过程明显迟缓的儿童产生误解。他们常常是一些非常聪明机灵的儿童，但是他们的思维迟缓引起了教师的不满。于是儿童便焦急不安，他的思维好像僵住了，而且他几乎不再思考任何问题。

所有这一切都应该在教学开始前看到并了解。在教学还没开始前研究学生的思维特点要容易得多。我建议即将开始一年级工作的教师：学前一年内组织二三十次去思维源头即大自然的旅游。带领儿童去既有鲜明形象又有各种现象的因果关系的环境，在那里，儿童一边欣赏，感受面对美景的惊奇，一边思考和分析。

## 40. 如何发展儿童的思维和智力

如何发展学生的智慧，提高其智力，在我看来，这是整个学校教育中最尖锐却又研究不足的问题之一。传授知识，这只是智育的一个方面，探讨这个方面离不开对另一个方面（智力的形成和发展）的探讨。发展思维和智力，是发展形象思维和逻辑分析思维，以增加思维过程的灵活性，消除思维的迟缓性。

多年经验表明，需要专门的思维课。学前时期就要时不时进行这样的课程。从一年级课程开始，思维课要成为智育的一部分。思维课是真实地、直接地认识周围世界的形象、图画、现象和事物以及进行逻辑分析，获取新知识，训练思维，发现因果关系。

如果您想让您“头脑迟钝”的学生学会思考，就把他们带到能够展现一连串现象的思维源头去吧，去那里发现因果关系的转换。思维过程迟缓的儿童心里领悟了这一连串现象，力求记住一些事实、事物和种种关系，这样他就进行了无可替代的思维锻炼。儿童一旦在一连串现象中有接连不断的发现，他们面前就仿佛燃起思维的火花，这就促使思维过程活跃起来。点燃思维火花之后，儿童就想了解更多，想深入了解新的现象。这种想法和愿望也是推动和加速思维过程活跃的动力。

## 41. 如何培养记忆力

培养记忆力也是学校实践中最尖锐的问题之一。或许，我们每个人对记忆力有“破洞”的儿童都束手无策：今天他记住了，明天又忘了。我力求给出的关于培养记忆力的建议和意见，都是以实践数据和经验为基础的。

通过个人努力和顽强的意志力获得的知识越多，逻辑认知对情感方面的触动就越深，记忆就越牢固，头脑中的新知识也会越有条理和严谨。

儿童在开始记忆前应该进行我前面所说的思维训练。对记忆提出的任务越复杂困难，思维、思考和智力的培养就越需要细致耐心。一个儿童只看见物体、事物和现象的表面（对所有人来说都是显而易见的一面），深入考察时则没有任何“发现”，体验不到各种现象之间发生意外联系带来的惊奇感，这种儿童就很难记住什么。

我坚信，在一个儿童还没到需要在课堂上和课后背诵、记忆时，就应该特别关注其记忆力的培养。学前阶段和小学阶段是为牢固的记忆力打基础的绝好时期。应该关注的是让孩子们不用专门背诵和记忆就能掌握关于周围世界的现象和规律的重要原理，也就是说，要在直接观察的过程中进行。

或许，我们每个人面对这种奇怪的现象时都会双手一摊，大惑不解：孩子低年级时学习好，小学毕业后却一下子开始学习不好了。怎么回事？为什么会常有这样的现象呢？原因之一是在小学时没有做专门发展思维、培养智力和为记忆打基础的工作。在小学时应该为记忆力奠定牢固的基础，这种基础是在教师指导下，儿童在直接认识周围世界过程中获取和掌握的知识。

## 42. 爱惜并发展青少年的记忆力

死记硬背总是有害的，在青少年时期尤其不能这样做。在这种年龄死记硬背会生幼稚病——使成人幼稚化，使其智力迟钝，阻碍其能力和爱好的形成。死记硬背的产物和不良后果之一就是学究气。这实质上是把幼儿教育的方式和方法搬用到青少年身上。这会导致青少年的智力尚处于幼稚阶段，却企图掌握严肃的科学知识。这会使知识脱离生活实践，使智力活动和社会活动范围受限。

产生这个大祸害的主要原因之一是青少年用这种幼儿式的方法获取知识：分批分量背熟课本上的内容，目的是之后再分批分量向教师讲出自己的全部知识从而得到分数。这样过多的有意记忆简直可以使人变成傻瓜。

把学究气赶出学校，是非常重要的教育任务之一。但是，如果中高年级大部分教材内容要求必须用有意记忆：坐下来背吧，否则你就什么都不知道，这里尤其不能耍小聪明。那么，又该怎样赶走学究气呢？

要做到这一点，唯一的办法是：建立有意记忆和无意记忆的合理比例关系。如果八年级学生应该记住的教材数量用 x 表示，那么，这一时期学生应该理解和思考的教材就应该多几倍，是 3x。同时要求背诵和记住的教材内容和只需理解而非专门要求记住的教材内容之间应该有一定的联系——不一定是直接联系，但最好是与问题相联系。例如，解剖学和生理学中研究人的神经系统，这部分有很多全新的知识，几乎都需要记住。为使学习不沦为死记硬背，建议学生阅读关于人的有趣书籍，包括人体器官的全部系统、神经系统和著名学者的研究成果。学生从这些不专门要求记住的阅读内容中记住很多东西，但这完全是另一种记忆，即无意记忆，与学生有意记忆和背诵教材内容有本质区别。这种记忆是以强烈的兴趣、思考和入迷为基础的，在这里，认识的情感因素起着很大的作用。阅读有趣书籍产生的无意记忆能调动一个人激发思想的活力。思想越活跃、积极，能够保持和再现大量材料的有意记忆就发展得越好。如果一个人理解的材料比按教材背诵的材料多好几倍，那么，按教材记忆（背诵）内容就不再是死记硬背，而是成了有理解的阅读和有思维的分析。多年的经验使我确信，如果提前预设的有意记忆以无意记忆、阅读和思考为基础，少年学习教材的过程中就会产生很多疑问。他知道得越多，不理解的地方就越多；他不理解的地方越多，学习教科书的正课就越容易。

在有意记忆和无意记忆之间建立合理的比例关系，首先取决于教师。您作为教授科学基础学科的教师，不应只是传授知识，而应掌握青年学生的思想。在您的讲解中，在您对新教材的讲述中，应该包含火花，能够点燃爱好钻研、充满好奇、渴求知识的火药。学生应该带着强烈的愿望阅读您在课堂上顺便提及的某本书。他应该对这本书梦寐以求，无论如何都要找到。

因此，青少年记忆力的发展取决于中高年级教书育人过程的总体智力水平。

## 43. 培养儿童对绘画的热爱

与学生智力发展直接相关的问题是，在小学如何安排绘画？教师在教书育人过程中将其置于何种地位？我教小学生时看到，绘画是发展创造性思维和想象力的手段之一。我坚信，儿童画是通向逻辑认知道路的必要阶梯，更不用说绘画有助于发展对世界的审美观了。

起初，我教孩子们写生。我们画树木、花朵、河流、昆虫、鸟类和其他动物。不管图画结构有多简单，图中总是反映出认知、思维和审美评价的个性化特点。有一天，我们画长着三叶草的田野。有些孩子力求画出整个开花的田地、云彩、蓝天和唱歌的云雀；而另一些孩子呢，我看到的则是一棵开花的三叶草花茎和一只落在花瓣上的蜜蜂。有一个小姑娘用整整一张纸画了蜜蜂的小翅膀、开花的三叶草的小小花瓣和太阳……

我们有几次接触思维源头（大自然）的旅游，就是专门为了使鲜明的美感贯穿认识周围世界的过程。我们画池塘边的朝霞和晚霞、草地牧场上夜晚的篝火、飞去温暖地方的小鸟和春汛。我得出令人欣喜的结论：描绘令人激动、赞叹和惊奇的东西，这就是对周围世界进行的一种特别的审美评价。儿童画体现美的东西时，对美的感受就好像呼之欲出，激发了形象思维。

慢慢地，我逐步教孩子们掌握绘画的基本技能，他们学会了表达明暗和远近。早在一年级，创造性就在儿童绘画中占有重要位置。孩子们用图画编故事、画童话，图画成了充满创造性想象力游戏的源泉。我坚信，孩子在绘画过程中发展的想象力和他的言语是直接相关的。可以毫不夸张地说，绘画“打开了话匣子”，使沉默寡言、非常害羞的孩子说起话来。

在二、三、四年级，孩子们开始把绘画融入创造性的书面作业，即根据对自然现象和劳动的观察而来的素材写成的作文。我发现，当孩子找不到合适准确而内容丰富的词语来表达自己的思想时，他就会采取图画的方式。一个小男孩力图表达自己在刺猬的“仓库”里看到那些宝藏时的惊奇，他画出了这些宝藏：苹果、土豆、甜菜的绿叶和各种颜色的落叶。

我力求使绘画在儿童的精神生活中占据一席之地。当我们乘着船沿着第聂伯河向基辅去时，学生们赞叹着草地、山冈、树林和远方草原上的丘陵构成的美景，力求用线条和色彩把所有美景描绘出来。

没有绘画，我不能想象怎样上地理课、历史课、文学课和自然科学课。比如，我要讲遥远的大洋洲的动植物群，不可能把一切都画成现成的图画带到课堂上来。因此我快速在黑板上画出很多植物和动物。这不会打断孩子们的思路，而且还能激发想象力。在历史课上，我一边讲述，一边用粉笔在黑板上画出从前人们的服装、劳动工具和武器。经验使我确信，在历史课上，尤其是四、五年级的历史课，在讲述过程中随时在黑板上画出情节画，起着很大的作用。例如，讲述斯巴达克起义时，我在黑板上画出山顶上的起义军军营。这种在讲课过程中当场画出来的图画比现成的甚至彩色图画具有更大优势。在低年级的数学课上，有时必须画出习题，这一点我已在前面讲过。

## 44. 如何训练儿童流利书写

读和写是学生最需要的两种学习工具，同时也是通向周围世界的两个窗口。孩子如果不会流利快速和有意识地阅读，不会流利快速和半自动地书写，他就像一个半盲的人一样。我认为一项非常重要的任务是，在三年级，而四年级尤甚，学生就要会笔不离纸地写长词，这样他能不看练习本就写出单词（甚至短句）。书写过程半自动化，是学会读写以及自觉掌握知识的极其重要的条件。学生不应该思考如何写某个字母，而应思考如何将其与其他字母组合起来，只有在这种条件下，他才能思考语法规则的应用及其所写内容的意义。流利书写还会逐渐培养语法规则方面的自动化：孩子已经不去思考如何写某个词，因为他已多次写过这个词。

快速书写字母和单词，逐步养成正字法方面的半自动化，边写边想，所有这一切都应同步进行。流利书写技能的养成，首先需要一定量的小肌肉训练。多年经验证明，这些训练应在书写前进行。我指的是双手的精细劳动动作，既包括右手，也包括左手。上学前一年就要让孩子们从事这样几种劳动：用小刀（雕刻刀）和剪刀裁剪硬纸板和纸张、雕木刻、编织、用木头设计和制作小模型。精细劳动动作能培养手指动作必要的协调性和节奏感，使手指灵活，形成对小型图画的感觉，字母实质上也是一种小型图画。

应该尽力使小孩子们的劳动动作成为审美的创造活动。让儿童在自己制作的物件中重复圆形、椭圆形和波浪形的线条，让儿童从小就习惯于细致平稳地用力，这需要高度的“机敏性”。

经验证明，如果儿童完成过足量的精细劳动动作，他就为流利书写做了相当充分的准备。当然，流利书写也还需要系统的书面练习。

## 45. 教儿童用左右手工作

人类发展历史过程造成的结果是，与思维相连、用指尖传达思维的最有智慧的劳动操作，都是右手完成的。在创造性的劳动过程中左手起辅助作用。我们用右手拿工具，用右手拿钢笔和铅笔，画家用右手创造不朽的绘画作品。

人类使用右手足以登上他所能达到的那些精神文化的顶峰。但是，如果所有人只会用右手完成的精细劳动动作，而个别人还可以用左手完成，那这些人的劳动技能和劳动技巧的提高以及智力发展就会快很多。这里说的不仅是劳动教育，还有另一个前提条件的问题。手和脑之间有着千丝万缕的双向作用联系：手可以发展大脑，创造大脑的智慧；大脑可以发展双手，使其成为进行创造的灵敏工具以及思想的工具和镜子。我多年的经验证实，如果最精细灵巧的劳动动作不仅右手能完成，左手也能完成，手脑之间的这种联系就会增加，表达物体、事物、过程和状态之间相互作用和相互关系的睿智经验会从手传到脑。这一结论是通过经验取得的，但是它反映了一条实际存在的规律，即通过双手的创造性劳动活动而理解和领会的相互作用给思维活动带入新的品质：人能够通过思维综观一连串相互联系的现象，将其看作统一的整体。

我用 7 年的时间教学生（从 7 岁至 14 岁）用双手工作。学生学会了使用两种刀具，会用左右手装配复杂模型的配件，用左右手在加工木头的车床上工作。我看到，在这些学生的活动中，创造性因素一年年发展。

他们创造性劳动的突出特点是构思新颖、善于发明。在同一现象中，用双手劳动的能工巧匠似乎比只会用右手工作的人看出更多东西。我的这帮“能工巧匠”使用工具加工材料时，他们的劳动动作非常精细、柔和、优美。他们都爱上了自己所做的灵巧的创造性劳动。

## 46. 给任职于大型学校教师的建议

教师在有几十个教员组成的大型学校里比在小型学校更容易提高自己的水平。大集体里总会有经验丰富的教员，但是教育经验的借鉴是一件非常复杂的事情，是一种创造。

比如，您大学毕业了，您有教授低年级的教师证。在您被分配去工作的学校里，除了您，还有 16 名低年级教师。他们当中有些人在教师委员会会议上被评为优秀教师，另一些人从未被提及，还有一些人则时不时被指出缺点。您作为教育园地里的新手，几乎每一位教员，哪怕他在学校刚工作几年，都有您可以学习的地方。但是借鉴经验时要注意节省时间，如果您依次去听所有教师的课，那就很难掌握教育技巧的要领。

我建议先看看低年级所有同事的学生的练习本。如果您看到大多数学生的书写都漂亮、清秀、正确，这就是直接的标志：这个班级可以学到很多东西。学生练习本是整个教育工作的一面镜子。去听这位教师的课吧，不只是去听书写课。练习本就是整个教学过程的成果。书写还取决于孩子们的阅读情况如何，他们读了什么，他们读了多少。

不深刻了解教师所做的所有工作，不了解他们对学生的影响如何，是不可能懂得某一方面的教学经验的。您第一次去经验丰富的教师的课堂，只是想了解一下他怎样教会学生好好书写，您会看到许多似乎与您观察的对象无直接联系的东西。不要对各种现象的复杂依赖关系感到惊慌失措。要获取经验，就要先明白由此及彼的关系。否则既不能理解，也不能借鉴他人经验。要知道，借鉴优秀经验并非将个别的方式和方法机械地搬运到自己的工作中去，而是借用其思想。要向优秀教师学习，就应该有某种信念。

在学生练习本吸引您注意力的那位同事的课堂上，您看到学生读得也极好：迅速过目词句，边读边想，阅读语调具有鲜明的感情色彩。您仔细审视阅读教学法，却没发现任何自己感觉新奇的东西。您再听一节课，随后又一次次地听，把这一切与自己的课堂对比，您完全照做，但结果并非如此。您去探索吧，坚持反复探索，看看优异的成绩到底取决于什么。

您仔细询问学生，尽量了解他们的家庭生活状况，于是您就慢慢发现，学生良好的阅读取决于很多因素：家庭的精神生活如何，童年时代听过什么童话，课外阅读体系如何，教师对知识和实践技能比例的关注如何。您会得出结论：教育事业中没有一个结果仅仅取决于某一因素，似乎你这么做，就一定会有某个结果，这是不可能的。每个结果都取决于几十种、上百种条件，这些条件有时看起来与所研究、观察、探究的对象相距甚远，无直接关联。

领会优秀教师的经验有助于您看到自己的工作实践中要取得某种成果时，是什么在起决定性作用。

提高教育技巧，首先需要自修，需要您个人努力提高自己的工作素养，首先是思维素养。没有个人思考，没有对自己工作的钻研态度，想做好任何教学工作都是难以想象的。

您对老同事的经验观察和研究得越多，您就越需要自我观察、自我分析、自我改进和自我教育。在自我观察和自我分析的基础上您会产生自己的教学思想。例如，您研究所做与所获之间的关系时，您会得出结论：今天在耕耘得极好的土壤中播下种子，明天并不是一定能发芽。今天所做的事往往若干年后才能进行评价。这是教育工作十分重要的规律之一，它要求我们总是做长远考虑。

## 47. 给单班制学校教师的建议

现在和将来很长时间内都会有儿童数量少的学校，即单班制和双班制的小型学校，那里只有两个甚至一名教师工作。

如果您在这种学校工作，您要花很多精力来在自己周围营造并常年保持丰富多彩的精神生活氛围。要知道，这一点是最重要的：如果没有高度素养，包括普通素养和教育素养，你就可能走下坡路，从而使自己所在的偏远的居民点变成一块穷乡僻壤。如果发生这种情况，只能归咎于教师本人。在最荒凉偏僻、远离中心的角落也可能燃亮文化、思想和创造的星火，这一切都只能取决于您。所以您应该把自己所有的努力都用于使这种星火燃烧得越来越亮。这对于您学生的教育程度、文化素养和知识水平起着决定性作用。

您需要专门做很多事来保证明亮的文化和思想星火能够不息地熊熊燃烧。偏远的居民点没有大型图书馆，而书籍，特别是最新的书籍，正是这里需要的，如同需要空气一样。

因此，让自己学校的小图书馆成为大型文化中心的大图书馆（例如，苏联国立列宁图书馆或国立乌申斯基国民教育图书馆）的借阅用户吧。要读《读书述评》周刊，任何必要的、您感兴趣的书都借阅两三周读一读。我知道一个偏远的农庄，那里有一位多年不外出的教师，创建了供集体农庄庄员使用的民间图书馆。您也可以想想这件事，在学校里建立一个人民文化中心。

在单班制学校里，孩子的课内阅读极其重要。您要同公众一起操心一件事，使学校图书馆配齐可供儿童阅读的书籍。每个最小、最偏远的学校都应该有世界儿童文学名著。做到这一点并不难，需要的只是您热爱儿童和勤奋努力。我相信，即使是在远离文化中心的学校也可以创造条件，使阅读成为学生精神文化的主要源泉。

应设法买到电影放映机和幻灯片放映机，要及时订购新的教学电影和幻灯片。

作为一个小型偏远学校的教师，与大村镇或大城市的好学校经常保持联系是非常重要的。我建议您到这个学校的同行那里去，一年 2~3 次，每次 3~4 天。您要去课堂，与教师们交谈。要亲眼看见每个善于思考、进行创造性工作的教师追求和向往的成果。您在评价自己学生的成绩（学生的知识、能力和书面作业）时，要以那些教师取得的成果为目标。如果可以，请邀请您的同行中最优秀的一位教师来您的小学校，哪怕两天也行。

春天和夏初，带自己的学生进行一次远途参观，让他们看看城市生活，去各种工厂和印刷厂看看。利用每一次出游来充实学校的图书馆和影片库吧。

夏天不要待在学校，去大城市吧。要这样安排行程，您在偏远学校工作期间要去莫斯科、列宁格勒和其他大型文化中心。您在城市逗留的时间应该非常充实：要去剧院、音乐会，观看我们国家最杰出演员的演出。还有，我再说一遍，不要忘了书籍。

我还建议您进行几次旅游，去看乌拉尔、西伯利亚、阿尔泰、中亚、高加索、俄罗斯北阿尔汉格尔斯克州和诺夫哥罗德州。您能讲述的内容越多，您用以影响学生的教学方法宝藏就越丰富。

## 48. 教师要制订什么计划

这个问题总是非常尖锐，因为教师有时会因不必要的文牍而负担过重。但是也常有这样的情况，由于“官样文章”受到激烈批评，个别教师就得出结论：不需要制订任何计划。

这两种看法都不对。应该制订有助于工作的计划。

对小学教师而言，制订为期几年的计划是非常重要的。这种计划包括什么内容呢？根据我自己的工作经验，应包括以下内容。

（1）儿童在小学阶段应该阅读的文学作品的书目。当然，只有学校图书馆有这些必要的儿童读物时，计划里的这一点才能实现。

（2）儿童在学校里应该欣赏的音乐作品（学校最好有一个音乐教室）。

（3）与学生谈话时需要的绘画作品。

（4）需要背诵的课文，即文学作品的片段。

（5）最低词汇量，即在小学应牢固而且永远熟记其写法的词汇。

（6）有助于扩大学生视野而需要阅读的科普读物的书目。特别需要为学习困难的儿童——思维过程迟缓的儿童——列出读物。

（7）思维课的题目，即带领学生到思维源头（大自然）和母语源头旅游的主题。

（8）儿童在小学学习阶段要写的作文题目。

（9）师生要制作的直观教具的大致清单。

（10）小学要进行的参观。我建议中高年级不同学科的教师也要制订这样的计划。当然，要考虑学科特点。比如，生物教师在远景计划里列入观察自然的方法，使学生形成必要概念。地理教师列入必须记忆的术语。物理教师在自己的计划里加入对工农业劳动的观察。

远景计划是一个非常重要的参照，教师据此每年在翻阅和思考教学大纲时，就好比做自我检查，什么已经做完，什么还需要做。根据远景计划的完成情况可以判断学生的知识质量。

每个教师还要制订课题计划或者课时计划。课题计划根据教学大纲制订，包含分配给本课题几节课。课题计划只适用于不太大的课题（2~5课）。课题计划中注明授课内容和上课方式，此处要避免对上课内容进行冗长的书面叙述。教师传授给学生的知识应该记在自己的脑子里，不需要详细的笔记。课题计划是一种教学预见和根据，而不是详细的提纲。计划里要写上对教材进行创造性加工的内容，例如，检查家庭作业时学生要回答的问题，学习新教材时要独立完成的作业种类。习题和练习一般不列入计划（教师通常将其抄在专门的卡片或练习本上）。

写课题计划的笔记本需要留出空白的地方（页边），以便在出现未能预料而偏离既定计划的情况时能对计划进行相应调整。

有些教师不喜欢制订课题计划，而是更喜欢制订课时计划。他们反复思考课题，制订初步计划，但只安排一堂课的内容。每个教师都可以根据自己认为最合适的方式去做。最主要的是要面向远景计划，不要忘记最终目标，要时不时反复思考教学大纲及其说明，并将其与远景计划进行对照。

担任班主任的教师还要制订育人工作计划。关于这种计划将在后面关于育人问题的建议中谈及。

## 49. 关于写教师日记的建议

我建议每位教师都要写教育日记。这不是有某些形式要求的正式论文。日记是个人记录和札记。这些日记在日常工作中很有用，其中蕴藏着思考和创造的源泉。记了 10 年、20 年甚至 30 年的日记，这是一笔巨大的财富。要知道每一位善于思考的教师都有自己的体系和自己的教学素养。如果一位教育技巧高超的、富于创造性的教师结束一生时，把多年劳动和探索的一切都带进坟墓，那会失去多少犹如珍珠般珍贵的教育智慧啊。我多想把教师日记作为无价之宝都珍藏在教育博物馆和科研所里。

我记了 32 年的日记。当我作为小学教师跨进学校门槛，开始从事教育工作的第一天，就有一件事让我思考。当时，我们村有一位医生，大家都认为他是个怪人。有一次我看见这个怪人检查一年级新生的身高和体重时，认真仔细地记录着所有资料。我们交谈起来，我看了他所有的记录，让我惊讶的是他已记录了 27 年。

“您为什么做这些记录呢？”我问。

“这是一件很有意思的事，”医生回答，“您瞧，27 年来，孩子们的平均身高增加了 4.5 厘米。唉，我要是再活个 30 年就好了……”

当时，我还没有想到过儿童发育加速的问题。战争初期医生身患重病。他把所有的记录都转交给了我。我从在学校工作的第一天起也开始记录孩子们的身高、体重及其智力发育情况。如今我掌握着一个村庄 59

年间的儿童发育情况资料，在我看来，这是极其珍贵的资料……

32 年来，教学开始的前两周我都要记录孩子们的知识面和概念相关的情况。孩子们则要回答同样的问题。

从 1 数到 100……说出你知道的植物、鸟类和其他动物的名称……说出机器的名称，讲讲这些机器在哪儿使用，有什么用处……

我认为，这些问题的答案有很大的价值。有趣的是，1935 年，35 名一年级学生中只有 1 人能数到 100，5 人能数到 20（当时一年级新生是 8 岁的孩子）。1966 年，36 名一年级学生中有 24 人能数到 100，剩下的 12 人能数到 20、30、40（7 岁的孩子）。孩子们关于机器和工艺流程的知识逐年增加。但是，很遗憾的是，孩子们对植物、鸟类和其他动物的了解却逐年减少。

1935 年，35 名新生全都看过夏天的朝霞，能够描述出日出的景象。1966 年，36 名新生中只有 7 人见过 6 月的朝霞和日出。

我在自己的日记中记下学生们的家庭藏书中有哪些书籍，他们的父母受过什么教育，父母在孩子教育上投入的时间有多少。对比这些资料也非常有趣。

日记中关于“后进”学生的记录占有相当重要的地位。我认为，善于发现他们在课堂内外行为上的极其细微的变化，是非常重要的。记录和思考这些观察非常有助于教师的工作。例如，考虑到智力活动中思维迟缓的学生知识面相对受限，我就得出一系列结论，比如这些学生应该阅读哪些科普读物以及怎样阅读。

写日记有助于集中思想，专注于思考一件事。我在自己的日记中专门留出几页用于记录有关知识巩固性的想法。通过研究、对照和分析这些记录，我知道知识的巩固性取决于多种前提和条件。日记教会我思考。

# 50. 关于对自己孩子的教育问题

遗憾的是，生活中存在一种奇怪的现象：教育别人孩子的教师没有时间教育自己的孩子。要避免这种情况。

我想建议当教师的父母：不要忘记，您在家里对自己的孩子来说，不是教师，不是班主任，而首先是父母。不要把家庭变成小型学校，尽可能别把学校的气氛带进家门，这只是为了让您和您的孩子变成美满的一家人。

教育，这并非某种特意组织、人为安排的“措施”，而首先是一种生活方式。教师手握一种强大同时又不无危险的工具，即管人的权力，使用时需要极大的智慧和谨慎。您在学校里可以明智而谨慎地使用这种工具，但不要将其带回家。教师应该把自己很多传统的习惯和方法都留在学校里。避免自己的孩子“教师化”：如果您的孩子熟悉教师职业的所有细节，知道教师的工作是什么和为了什么，教师做什么对和做什么不对，教师有权做什么和无权做什么，这很不好。绝对不能当着孩子的面毫不顾忌地评论个别学生和教师。教师的孩子听多了这种谈话就会变得傲慢起来，他们会滋生出一种想法，觉得自己在别的学生面前有某种优越。有时他们对老师无礼，继而对自己的父母也会如此，那么，你们这些父母，即便是经验丰富、富有才智的教师，也可能失去对自己孩子的权威。任何时候都绝对不要让自己的孩子有比其他孩子特殊的地方。

如果可能，安排自己的孩子到您同事教的班级，而不是您的班级。

这样会更好：您作为父母会和自己的子女亲近得多。

虽然在我们的生活中每一刻都在进行着教育，但还是需要时间来专门进行教育。每天找出时间和自己的孩子聊一聊、读会儿书，和他在大自然里待一会儿。这一点对于一个父亲而言尤为重要。

不要把对教学过程、学生行为产生的气愤、焦躁和不满从学校带回家。这对于您的孩子而言是一种非常不好的示范。如果孩子们从小就看到学校带给父母的只是不快，他们就会慢慢形成对教师工作的反感。这种感觉导致的恶劣后果不仅是您的孩子不想成为教师。这还不怎么要紧，事情会变得更糟：如果学生对教师工作反感，就会变成口是心非、夸夸其谈的人。

您具有良好的条件来教育自己的孩子热爱劳动、读书和学习科学。教师工作就其本质而言是高尚品德的典范。让您的子女感受到您的工作和您对他人命运真诚关切中的高尚品德吧。

您有自己的藏书。您的孩子一上学，就给他留出一个书架来。培养他热爱阅读、尊重文化珍宝吧。

# 第二部分

# 51. 谁在教育儿童

有时过于简单直接和绝对断然地确定某种教育因素是唯一主要的，会让年轻教师迷失方向，因为教育过程中一切都重要，一切都有自己的意义。

我想把我们开始教育和培养的儿童比作一块大理石，几个雕塑家带着自己的刻刀同时来到它面前，要把它雕刻成一座雕像，使其具有灵性，体现出人的理想。这些雕塑家究竟是谁，有多少人？

在个体教育过程中有很多力量参与。其中，第一是家庭，而家庭中最细致和睿智的雕塑家是母亲；第二是教师，他有精神财富和价值观、智慧、知识、能力、爱好、生活经验，有智力、审美和创造的需要，有兴趣和追求；第三是集体（儿童集体、少年集体、青年集体），对每个人产生强大的教育影响力；第四是受教育者本人（自我教育）；第五是受教育者在智力价值、审美价值和道德价值世界中的精神生活，我指的首先是书籍；第六是出乎意料的雕塑家（您的学生在街头结交的少年，来做客一周而让儿童一生酷爱无线电工程或梦想星球世界的亲戚或熟人）。

如果所有这些雕塑教育家总是能够像一支协调一致的交响乐队一样行动，教育的利剑和长矛常常为之交锋和折戟的很多问题就能轻而易举地解决。

但是每个雕塑家都有自己的性格、风格和优点（有时也有缺点）。常常是一个雕塑家对另一个雕塑家的技艺和创造持批判态度，不仅竭力用刻刀在未雕刻的大理石上精雕细琢，而且还对另一个雕刻家刚刚雕刻好的地方胡雕乱凿。然后，大理石就不再是石块了，而是逐渐成为一个有思想的生物，不仅认识了自己周围的世界，而且认识了自己，不仅用理智，而且用心灵来认识。当“大理石块”流露出想照镜子的愿望：啊，尊敬的能工巧匠们，你们都干了什么？！我们的雕塑半成品拿起自己的刻刀，照着镜子（即端详着周围的人们，对有些人赞赏，对有些人不注意，对有些人愤怒），自己开始雕刻起来，甚至对别人雕刻好的地方也修改起来。于是创造热情就燃烧起来：刻刀如同利剑交锋一样，大理石碎屑飞舞，有时整块整块地被从美丽的大理石上劈落下来……

当你看到这种利剑和刻刀的交锋，听到金属碰撞的声响和雕塑教育家“互骂”时，心想，这种关于主要和次要教育因素的论断多么天真幼稚！这种天真幼稚给整个教育事业带来多少害处！关于所谓单独一个雕塑教育家万能的无稽之谈，如果没有深入家长的意识中，我们怎会遇到这样断言的家长：“我把自己的孩子交给您了，请您教育吧。您和学校就是做这个的。”

您迈进学校的门槛，决定把自己的一生献给教育人——共产主义新社会的建设者——的事业。请记住，您不仅是活的知识库。您不仅是一名专家，善于把人类的智力财富传授给年轻一代，在他们的心灵中点燃渴求知识和热爱知识的火花，您还是一位塑造未来人的雕塑家，而且是有别于他人的特殊雕塑家。育人，创造大写的人，这就是您的职业。社会把我们看作雕塑巧匠，我们在很大程度上决定着我们国家的未来。请记住，您的每一个错误都可能变成个体的畸形、心灵的痛苦和各种烦恼。您作为人的创造者，应该以自己的技巧、能力和艺术给其他雕塑家做出榜样。为使我们在苏维埃学校创造的人成为德育、智育、美育的完美杰作，需要所有接触“大理石块”的雕塑家配合行动，需要**创造大写的人的活动和谐一致**。到底谁应该成为这个和谐一致活动的敏感睿智、经验丰富、胆大心细的指挥呢？是教师。

您作为教育者的任务是：首先看到雕塑巧匠组成的整个合唱团，敏锐地倾听每个团员的演唱，捕捉到走调。换言之，您要弄清在困难重重的教育过程中哪部分是谁决定的。需要看到，每一位教育雕塑家在共同努力创造的人身上做了什么。我年轻的朋友，要记住，刻刀稍一触碰美丽的大理石就可能留下永远不可磨灭的痕迹。您要知道，谁在何时怎样触碰了您的创造。为此，仅仅热爱儿童是不够的，像神话中的雕塑家皮格马利翁热爱自己亲手创造的伽拉忒亚雕像一样热爱自己的创作是不够的。要了解，要具有对因果关系进行逻辑分析的能力。

当雕刻巧匠合唱团的睿智指挥，不能分配任务和责任，说：这是家庭负责，这是学校负责，这是少先队组织负责……一个人不是按部分创造的，不是有人雕耳朵、有人雕额头、有人雕鼻子这样。这种情况在我们复杂困难的事业中是没有的。您从工作的第一步开始就要经常与家长交谈，不只在会上谈，更多的是个别交谈。任何时候都不要试图严格分配任务，说：这是你们家庭负责的，而这是我们学校负责的。对智育负责的不仅是学校，家庭也能并且应该做很多事，这样，我们共有的孩子才能成为富有聪明才智、能够敏锐理解和深刻感受的人。请记住，对于我们创造的伽拉忒亚，有时会有不同的力量在同一个点上进行完全不同的触碰。您刚刚教导您的学生要诚实和爱护社会主义财产，您和家长完全不认识的一个“雕塑家”突然出现，教他偷窃和欺骗。指挥教育过程的智慧和技巧在于，察觉别人对您的创造的任何一次触碰。

乌克兰哲学家和教育家格·萨·斯科沃罗达教导说：“了解原因就意味着了解一切。”[1] 我年轻的朋友，要认真思考这个教导。教师不了解行为的原因而得出不正确的结论，这样的事例在学校生活中有多少啊！要知道，常有此类情况：责任在学校，却把家长叫来，使其相信，是他们照看孩子少、娇惯孩子等造成的。

错综复杂的善与恶常常极其难于分辨，但是必须分辨，这是教师的

[1] 苏霍姆林斯基可能在此处引用了格·萨·斯科沃罗达关于“无人负责的”、永恒的和包罗万象的原因隐藏于人自身的话语（“……一切都在于和源于无人负责的过错，而过错本身源于自身且无论现在还是将来都与自身相关”）。

神圣职责。年轻的朋友，您从事了崇高的人民教育事业，您不仅是能进入创造共产主义新人作坊的雕塑巧匠之一，还应该成为其他巧匠的师傅。您的优势在于，您借着教育科学之光看见学生。如果不相信育人科学的巨大潜力，我一天也不可能在学校工作，也不可能写这本书。您应该成为教育科学知识的明灯，灯光应该照亮创造人的其他雕塑巧匠的工作。作为教师和班主任，您是否可以影响家庭？学生的自我教育如何进行？教师在这方面的任务是什么？教师本人如何进行自我教育？集体具有强大教育力量的秘密何在？在什么条件下有集体、又在什么条件下没有集体呢？书籍应该如何育人？如何使意外教育者对少年心灵的影响与学校的方向保持一致？我认为，关于这些问题的建议对年轻教师将有所裨益。

## 52. 如何培养父母做好家校协同教育工作

我认为，在我们的时代，在共产主义社会育人领域，没有什么比教会父母教育孩子更重要的任务了。我们从多年的工作实践中得出结论：不关注父母的教育素养，就不可能完成任何教书育人的任务。家长教育学，即父母关于培养子女成人的基本知识，这是整个教育理论和实践的基础。我们的母亲教育学办公室在显著的地方写着尼·伊·皮罗戈夫的话："让妇女懂得，她们照料摇篮里的孩子，创造他童年的游戏，教他咿呀学语，因而成了社会的主要建筑师。基石是由她们的双手奠定的。"这段话表明了我们整个家长工作的基本主旨。

我们有家长教育学校，其中分为：学前部，一至三年级学生家长部，四至八年级学生家长部，九至十年级学生家长部。在送自己孩子入学前的三年间，父母就开始在家长教育学校学习。他们每两周听一次课，由学校校长、主管教书育人工作的副校长、主管课外活动的副校长和三年后将教授一年级的教师讲课。下面是家长教育学校学前部1964~1967年的工作计划（这部分在此学习的家长的孩子于1967年秋季开始进入一年级学习）：

（1）4~7岁儿童的身心发育；

（2）如何预防儿童患病；

（3）儿童生活作息制度、饮食和体育锻炼；

（4）4~7岁儿童智育；

（5）父母如何关注儿童语言和智力发展；

（6）如何预防儿童神经症；

（7）4~7 岁儿童的劳动教育；

（8）如何教育儿童尊敬长者；

（9）学前儿童的大自然教育；

（10）学前儿童的需求和兴趣发展；

（11）学前儿童的现实认知和情感发展；

（12）如何培养儿童对人的感情；

（13）4~7 岁儿童的美学教育；

（14）4~7 岁儿童的创造；

（15）如何防止儿童冷酷无情；

（16）如何教导孩子学会克制自己的欲望；

（17）儿童对动植物的关爱是一种育人手段；

（18）学前儿童智育、德育、情感教育和美育中的游戏及其作用；

（19）母亲是儿童的第一位教育者和老师；

（20）家庭是学习人际关系的学校；

（21）父子；

（22）母女；

（23）儿童的入学心理准备；

（24）儿童道德修养的初步要素；

（25）我们如何看您的孩子以及您应如何看他；

（26）家长教育孩子时会犯什么错误以及如何避免这些错误；

（27）祖父母是教育者；

（28）学前阶段教孩子学什么和怎样教；

（29）如何使家庭中充满慈爱和谐的气氛；

（30）如何教育孩子待人温和；

（31）如何做到互相谦让；

（32）如何控制自己的情感冲动；

（33）如何培养儿童做好人的志向；

（34）如何防止儿童任性；

（35）什么是家长权威以及如何使用；

（36）如何不用惩罚进行教育；

（37）惩罚的利弊；

（38）对孩子可以要求什么和不可以要求什么；

（39）教育孩子是父母最重要的一项社会义务。

由于您作为教师必须准备和讲授这些题目，我想对这件不太容易的事情提出几条建议。要教家长认识到教育孩子是最崇高的、人道的和高尚的创造，是履行崇高的社会义务。我们有很多优秀的班主任，善于将创造人的思想，如同一条红线贯穿于面向家长的授课和谈话中，唤醒父母为创造地球上最美好、最崇高的事物而自豪的感情。他们把家长教育学阐释为劳动、科学、技巧和创造。

这些班主任从不以“修理”的角度对教育中犯错的家长进行授课和谈话。我年轻的朋友，我建议您也不要这样做。个别家庭的生活中还有不良现象，但是如果您开始“揭人伤疤”，把人家的不幸（不善于教育首先就是不幸）置于众目睽睽之下，那么来听您课的家长就会越来越少，您让他们与学校疏远，而且特别危险的是，他们会不求进取：无论我做什么都不会成为一个好父亲，别人的孩子都是好的，我的孩子注定是坏的。永远都不要忘记，您和家长谈孩子的时候，您好像在迫使他们照镜子。如果您对一个人说：瞧，您多丑……那他会怎样对待您说的话呢。

这条建议绝不意味着对教育中尖锐的问题要回避和缓和。相反，一些人的失败可能是另一些人的教训。没有什么比家校协同教育更复杂和更矛盾的了，其中充满了成千上万个冲突，需要足智多谋、讲求分寸、不动声色和不慌不忙地解决。坏的方面也要说，不过此时不要侮辱和贬低人家。我们必须在大庭广众面前讲家长的过错时，通常不说他们的姓名。

为了让家长深刻思考过错，为了开诚布公地谈论某个家庭具体条件下的教育，还有另一种工作形式，即与家长个别谈话，特别是女教师与母亲谈话和男教师与父亲谈话。决定家长一般精神修养和教育素养的条件和前提，没有两个家庭是绝对一样的。每个家庭都有自己的特点。因此，与父母的个别谈话，即儿童不在场的谈话，是我们家长教育学校工作的一个有机组成部分。我专门强调一下：请在儿童不在场时谈话。任何情况下都不要告诉孩子教育中的困难和烦恼、成功和过错，这样做只会带来害处。在良好的家庭中，父母善良和睦、互敬互爱和互相谦让是教育影响的主要力量，孩子也不怀疑，正是良好的家庭教育了他们。

我们已经使学前儿童在家庭中上了一种特殊的母育学校。这是无可替代的德育、智育、情感教育和美育学校。任何幼儿园，甚至最理想的幼儿园，都不可能取代母育学校，或者弥补父母在儿童的精神生活中最细腻的领域，即个性教育中，因疏忽而犯下的错误。我们非常重视在母育学校中培养儿童的人的感情。在有关这个问题的讲课中以及与父母的个别谈话中，我们用具体的例子来展示，如何培养儿童复杂的自我控制能力：总是感受到自己生活在群体之中，善于限制自己的欲望，考虑他人的利益。在我们的家长教育学校里，我们逐步突出这个极其复杂的问题，即生活在群体之中的能力。

母亲教育修养的重要性是难以估量的。我们教师集体坚信，家长教育学就是共产主义教育学的第一篇章。我们致力于让母亲成为细心聪慧、精神美好、受道德之美的崇高理念所鼓舞的雕塑家，归根结底就是关心儿童细腻敏感的心灵，让他们内心深处对善与美永远有所回应。

## 53. 如何使教育者之言入受教育者之心

我们力求在母育学校培养儿童细腻温柔、反应灵敏、富于同情的心灵。要使儿童不仅用头脑和理智而且用心灵认知周围世界。要使儿童十分关心：有人折了树枝，雏鸟从窝里掉出来在草地上无助地挣扎，花园里出现了不知谁抛弃的无主的小猫。我们用不少时间给家长讲述，如何为孩子的这种自我管理创造实际条件，使其在被人需要时总是能表现出自己的同情心：怜悯某人，爱抚某人，保护某人，关心某人，为某事而激动不安，为某事而难过悲伤。我年轻的朋友，这里说的是父母这些雕塑巧匠的最精细的刻刀，是他们最精巧的动作。我在学校工作了 30 多年，我确信，若等到儿童已经上学后，才开始培养感情，才由我这个教师去触碰父母都没碰过的大理石，那为时已晚。如果儿童在家里没有接受情感教育，那么他就不可能用心灵去认知世界和接受教育者的话。他能理解的是他听到和读到的东西的逻辑意义，而情感和心灵的潜台词他是不能理解的。

这是家校协同教育中最复杂的问题之一。为何经常是这样，学校生活开始已有几天，而儿童对教师的良言还没有反应呢？为何教师不得不大声吆喝和用拳头敲桌子呢？为何学习开始一个月后，儿童就被罚站墙角、受处分，而又无济于事呢？祸根在于缺少情感教育。

我年轻的朋友，如果您力求使您未来的学生敏锐地倾听您的每句话，理解您的话，您就关注他的家庭情感关系是否丰富的问题吧。心灵孤独对于道德而言是危险的，正像无人之境之于思想。要关注让儿童通过相互尽义务、互爱互敬、相互关心而与别人联系在一起。您未来学生的道德，在很大程度上取决于他是把自己心灵的一小部分献给了别人，还是封闭在自己的世界里，过着只关心自己和自己狭隘利益的生活。个人主义始于缺少情感教育。

到您未来学生的家里去看看（三年间可以去每个儿童的家庭哪怕两三次），感受一下，什么给儿童带来快乐：是大人给了他什么，还是他用自己的小手为别人做了什么。如果他快乐的唯一源泉是享受父母创造的幸福，这很糟糕；您这个学生在学校将会是个冷漠无情的人。和父母双方都谈一谈，一起想一想如何发掘小男孩或小女孩的其他快乐源泉：在花园里种植的树木或玫瑰，供人游玩的小葡萄园，建造的鱼缸、小图书室以及父母可以休息的优美角落。要知道，您关心这件事，就是在让儿童的心灵高尚起来，为上学时期的德育、智育、美育和情感教育打基础。

要关心在学前阶段的道德情感教育时，不可对儿童采取体罚措施。没有什么比“强力”和强迫的手段更为有害和可怕的了。用小皮带打后脑勺，而不用智慧温和的良言善语，这就像用生锈的斧头去砍凿，而不用雕塑家纤细的锐利刻刀去雕刻。体罚对人的身心都是摧残，皮带不仅使脊背失去知觉，也会使心灵和情感变得麻木。学生在家习惯了被皮带打后脑勺，在学校对良言善语也会置若罔闻。我认识一些因挨打而变得冷酷无情的孩子。挨打的人自己也控制不住想打人；小时候想打人的人，成年之后就想杀人，犯罪、杀人、暴行都根源于童年。我在家长教育学校的学前部上课已有十年。从事这项十分必要的教育工作使我确信，向父母的意识和内心灌输下述真理非常重要：童年早期在人的心灵种下的一颗小小种子，成年时会长成一棵粗壮繁茂的大树。一切都取决于种下了什么种子以及种到了什么土壤中。如果在儿童入学前三年里我没能做到使其心灵变得敏感温柔、对邪恶和谎言毫不妥协，不仅爱善良，而且憎恨邪恶，我是无权被称作人民教师的。

与此同时，如果您想使您的每个学生都成为真正的人，那就教家长从儿童五岁（或四岁）起就对其进行劳动教育吧。儿童从能用手拿勺子并自己将其送到嘴边时，就应该开始劳动。充满智慧的人民教育学教导我们这样做，我们要在自己的教育工作中运用这个古老的智慧。不要害怕这样做是强迫儿童过早劳动。谁如果害怕，说："啊，太早了！"谁有朝一日就会痛心地确信：为时已晚。我们认为自己的神圣职责是，鼓励父母去让自己五六岁的孩子在春季种下母亲苹果树、母亲葡萄树、父亲苹果树、父亲葡萄树、祖母苹果树、祖母葡萄树、祖父苹果树、祖父葡萄树。当然，如果有哥哥姐姐的帮助，小孩子能出色地完成这项工作。然后孩子们会细心照料苹果树和葡萄树，他们的梦想是带给父母和祖父母快乐，用果实招待他们。

形象地说，这一切就是按教师的话对土壤进行情感耕耘。对于入学前体验到给母亲送上自己亲手栽培的葡萄时那种无与伦比的感情的人来说，妈妈一词听起来，完全不同于那种只知道享受快乐的人。我年轻的朋友，要知道，只有体验到创造快乐的孩子，才能用温柔和善良来教育，而不用叫喊和惩罚来教育。

读者在这里可能会产生疑问：教师能做到这一切吗？他能做好日常的学生教育工作又能兼顾目前四至六岁孩子的学前准备工作吗？

我的答案是：我们在自己的工作中不做任何没有实效的事情，即，不做最终不能减轻我们工作诸多困难的事情。而且事实是，所有这些对学前儿童教育的关心会得到加倍的回报。正是因为这种关心，我们工作起来更轻松，我们没有遇到其他学校的许多困难，据我所知，这些学校简直无法组织正常的教书育人工作。我们没有诸如学生不守纪律、不想学习的问题。我们实际上没有其他学校采取的惩罚措施。这些成绩源于家校协同工作。这种工作发挥着极其重要的作用。我们不强迫家庭，命令说：要这样做，要无条件完成我们的要求。关键在于，我们就像两个并肩工作的雕塑家，有着相同的理想观念和一致的行动方向。要知道，在创造人的工作中，尤其重要的是，两个雕塑家没有相互对立的立场。

## 54. 如何让作为教育者的父母行动一致

我们应该让父母对自己与学校一起教育孩子有统一的看法，进而有一致的要求，首先就是父母对自己的要求一致。要使父母作为教育者保持行动一致，意味着教会他们明智的父母之爱、严慈相济、刚柔并济。我们做得极有分寸，不触及个人隐私，尤其是敏感痛心之处，力求防止家长在这个最细腻的精神生活领域犯错。家长没有教育智慧，父母之爱就会使孩子畸形发展。我们用具体的例子来展示溺爱、专制之爱、买办之爱会给孩子带来多大的危害。

溺爱是在亲子关系中可以想象得到的最为可悲的东西。这是一种不理智的本能之爱，有时可以说是母鸡的爱。父母高兴于孩子的每一个举动，但不思考这是怎样的举动，又会有什么结果。在溺爱中培养的儿童不知道人类的共同生活中有“可以”“不能”“应该”等概念。他觉得自己干什么都可以。他长成了一个任性的、往往是病态的人，对于他而言，生活中的一丁点儿困难都会成为无力承担的重担。溺爱中培养出来的人是自私到透顶的人。他不知道自己对父母的义务，不会也不想劳动，因为他目中无人，内心感受不到他周围的人——首先是父母和祖父母——也有自己的愿望、需求和精神世界。他觉得，他活在世上，他的存在，就已经给父母带来了快乐和幸福。

只有您和父母同时谈话才能防止他们溺爱孩子。这里说的是父母情感教育的问题，而情感是非常细腻的东西。为了培养年轻父母的情感教育能力，我们教师要请学前儿童——我们未来的学生——的父母不仅来家长教育学校上课，而且参加特殊的实习课。在低年级（特别是一、二年级）学生进行社会公益活动的日子里，年轻的父母就来帮助我们。他们和我们一起指挥劳动，教孩子们控制自己的愿望，服从劳动要求、纪律和集体的意志。教导孩子的同时，家长自己也作为教育者进行学习。

还要提醒家长防备另外一种不理智的本能之爱，这就是专制之爱。这种爱的根源是一些家长既自私又无修养。他们对待自己的孩子像对待物品一样：我的桌子，我想放哪里就放哪里；我的女儿，我想说什么就说什么，脑子里想什么就要求什么。我认识一位父亲，他已经到了这种地步：给15岁的女儿，一个上八年级的女孩，买了一双时髦的皮鞋和一件漂亮的连衣裙。他吩咐把皮鞋放在这个姑娘做功课的桌旁，连衣裙也挂那里。他警告说：学季末每门课都不低于4分，你才能穿裙子和皮鞋，哪怕得一个3分，就别碰新衣新鞋。

我年轻的朋友，我们社会中还有人像暴君一样陶醉于控制他人并以此为乐。要知道，同这种现象做斗争困难重重。而与其做斗争的首先应该是我们教师。

不要让哪怕一个家庭出现吹毛求疵、批评、歇斯底里的抱怨和指责等情况，在这种氛围中，小孩子会变得冷酷无情，而且在我看来，这还是对少年心灵的一种可怕的打击。在讲课和谈话时要讲明，气量狭小会把善良的人变成刚愎自用的人，而刚愎自用则会泯灭正常家庭中儿童的善良，以及理智的克制和谦让所产生的内心感动。这种内心感动就是温柔。童年时期未被温柔以待的人在少年和青年早期会成为粗鲁无礼、冷酷无情的人。

或许，您听到过家长的焦虑：儿子小时候善良、温顺、听话，长大一些后，变得粗鲁、任性。为什么会发生这种现象呢？如何向家长解释，给他们什么建议呢？我无数次证实，出现这一现象的原因是不善使用家长权威。在这里和父母一同谈话尤其重要，因为家长权威也是父母智慧的结合，是其意志、情感和愿望的一致。如果热爱自己创造物的两个成年人没有将智慧结合起来，家长的权威就会变成专横。如果孩子感受到父母对可以、不能、应该等概念有不同看法，最合理的要求他也觉得是暴力、强制，是对其自由的践踏。到那时父母就不得不感到惊讶：为什么不用巴掌、不用打后脑勺、不用皮带和棍棒就无法教会这孩子生活呢？这是因为孩子把合乎道理的必要要求也看作并感到是压迫其意志的恶势力。

还要提醒家长防止另一种不理智的爱——买办之爱。有的父母真诚地确信，他们保证孩子的一切物质需求就是履行自己做家长的义务。孩子有衣穿，有鞋穿，吃得饱，长得壮，有整套教科书和直观教具，还需要什么呢？这样的家长认为，物质消费可以衡量父母的爱。在这种情况下，学校就会遇到少数患有道德情感冷漠症的父亲。事实上，他们不知道什么是父亲之爱。在母亲当中，如果她们与孩子有日常的精神纽带联系，就不会有这样的人。道德情感冷漠，对自己的子女冷酷无情，并不一定总是父亲教育水平低导致的。这是把儿童教育看作与社会责任相隔一堵石墙而完全独立的某种事务的结果。

要预防产生这种恶果，需要在向家长，特别是向父亲提出的儿童教育建议中，贯穿一条思想红线，即教育自己的孩子是父母的社会责任，是对孩子的未来负责。

如果一个家庭中父亲把自己的责任仅理解为保证孩子的物质需求，而母亲又没成为孩子精神生活的中心，那么孩子就会处于精神空虚和贫乏的状态。孩子与人生活在一起却不了解人，这是最为可怕的。儿童的心灵不了解也感受不到细腻的人类情感，其中首先是温柔、体贴、同情和仁慈，他们可能成为对情感无知的人。对于这样的孩子，学校的教育义务尤其重大：他们应该在教育机构内接受专门的情感教育训练。这是理论教育学和实践教育学的共同问题。遗憾的是，教育理论学实质上没有这一章节：没有人专门研究如何培养情感，特别是如何教育那些由于家庭环境而导致的道德情感世界陷于空虚、缺乏个性的儿童。

## 55. 情感教育究竟是怎样的

这里要讲的全部内容都是教师和家长的协同工作。因此，我们不仅要谈那些在家里没有得到用心关切和亲切对待的儿童的教育，还要谈所有儿童的道德情感教育。

教孩子用心灵观察、理解和感受人们，这是教育花园里最为清香的一朵花，其名称就是情感教育。我们对儿童的爱应该能唤醒他敏感的心灵去关心周围世界，关心人创造的一切，关心服务于人的一切。当然，首先是关心人自身。我坚信，在儿童心灵中培养人的高尚情感要从他对别人的态度人道化开始，从充满高尚纯洁的尊重开始，而首先就是尊重父母。

儿童一跨进学校的门槛就是学生了。在学校生活的最初几年，学校同家长，我强调一下是同两位家长，也就是同父母双方都有联系，具有特别重要的意义。教师和校长同父母的个别谈话、种种考虑、各种建议，都因为这是我们共同的教育实验。我们一同思考，儿童应该做什么，从事什么积极活动，才能让他用心灵感受到自己活在群体之中。

我们和家长一起，努力使儿童在学生时代，特别是在低年级学习阶段，接受亲切待人的训练。这种训练中最有价值的课程是创造美和关心人所具有的美。一切带给孩子美感享受、快乐和满足的东西都具有神奇的教育力量。孩子们为家庭、父母和别人创造着美。

秋天，我们过玫瑰节。这既是家庭节日也是学校节日，但首先是家庭节日。儿童不集体聚在一起，没有那种隆重的气氛，很遗憾，隆重的气氛中，真诚纯朴的儿童情感很少，而非儿童本性的人为成分却很多。我们的儿童节日主要在家里过，但为儿童做过节准备的是学校。

秋季玫瑰节这一天，每个儿童都在家长宅院旁的地里种植几株玫瑰。我们给孩子一些花秧，说：拿回去种上吧，好好照料，创造美，给父母和祖父母带来快乐。

儿童种上玫瑰，要经常提醒他：松土，浇水，防冻。他不习惯于操心和做日常劳动。距离劳动成为他的乐趣还很远。唉，真的很远。我们对儿童说，种玫瑰的结果是开出芬芳的花朵，但在他的观念里，这是无法想象的遥远未来。儿童还不善于耐心等待和坚持到底，要教他这样做，而且要通过劳动来教。

但是，冒出了第一个花蕾，接着又有了第二个、第三个。花蕾绽放开来，阳光下闪耀着鲜红的、粉红的、蓝色的、淡蓝的花瓣。此时儿童眼神中的快乐无与伦比。这不是那种儿童收到家长某个礼物而感受到的快乐，不是闲暇休息的快乐，不是想象旅行游玩的快乐。这是为自己最亲最爱的人——父母、祖父母创造善意而带来的快乐。儿童的心灵之所以为这种善意而感动、激动和快乐，恰恰是因为这种善意就是美。

看到儿童摘下一朵玫瑰花拿给母亲的一瞬间眼睛里闪烁着光芒，对我来说，这是再幸福不过的事。儿童的眼睛在这一瞬间充满纯洁的人性光芒，因为内心深处的快乐而散发光彩。

这是最需要的和最重要的情感教育课之一。儿童初次体验到为别人创造美所带来的快乐，对美获得了新的认识。他把鲜花盛开的苹果枝条、一串串成熟的葡萄、若有所思般的菊花，看作劳动、关心和担心的体现。他不会抬手随便折断枝条、摘掉花朵。

当然，我年轻的朋友，我不是用某种抽象的说法把美和美本身理想化。只有当美充满崇高理想和共产主义人性光辉——对劳动人民的热爱和对阶级敌人、社会不公、人剥削人充满憎恨、毫不妥协、势不两立时，美才能成为强大的教育力量。

儿童度过第一年学校生活，即将升入二年级时，我们和他们一起建立一个敬老园。这是为那些在大地上工作过40年、50年、60年、70年，而有的可能工作过80年、90年的老人建立的果园。我们通常找一块荒芜贫瘠的土地来做敬老园，然后将这块荒芜贫瘠的土地变成非常肥沃的土地，种上葡萄、苹果树、梨树、李子树。这不是一项轻松的劳动，往往需要运来几十吨肥沃的淤泥，才能使土地焕发生机。但这项劳动充满崇高的目的：我们给人们带来快乐。这项劳动的快乐无可比拟。

敬老园的第一批果实成熟了，孩子们邀请自己尊敬的同村人——爷爷和老爷爷们来到果园。对老人的尊敬最为鲜明地体现了对人的尊敬。对老年人不尊敬甚至漠不关心是一种对社会的激烈报复行为，它会使人冷酷无情、邪恶、内心空虚、犯罪。

我亲爱的年轻朋友，指引自己的学生沿着道德发展的小路往前走吧，这条路上的劳动充满崇高精神，您会看到，他在敬老园摘下果实献给在大地上劳动了半个世纪的人，这个瞬间会在他的心灵里留下不可磨灭的痕迹，他好像登上了自己道德发展的第一座高峰。

儿童体会到创造善意的无私之乐，便获得了宝贵的精神财富：他用心灵感觉到，无论何时何地都要帮助一起生活的同学、朋友以及所有人。孩子感受到行善的需要，感受到对别人的需要（马克思提及这个需要，认为这是一个自由人的最伟大的精神财富[1]），就会变得对周围世界、对人们、对各种行为和事件、对人与人之间的相互关系非常敏感和易于接受。

---

[1] 卡尔·马克思在《1844年经济学哲学手稿》中描述共产主义社会并特别强调共产主义和人道主义的一致性，他写道：“我们看到，富人和富人的需要代替了国民经济学上的富有和贫穷。富人同时就是充分表现人的生命的人，他自身的实现作为内在需要、作为需求而存在。在社会主义条件下，不仅是人的富有，而且人的贫困，都同样获得了人的因而是社会的意义。贫困是消极的联系，迫使人感受到对最大财富即他人的需要。”

## 56. 如何做才能让儿童想要好好学习

我坚信，促使儿童自觉勤奋地进行脑力劳动的最有力、最强大的动力是将其脑力劳动人道化，使这种劳动由于他想要给自己亲爱的爸爸和妈妈带来快乐而高尚起来。待人真挚、富有同情心的儿童，会在乍看起来好似不是不良行为的事情上，感觉到做得不好。有一次，四年级学生科利亚对我说："我应该好好学习，我妈妈有心脏病。"孩子感觉到，如果他的成绩单上出现了不及格的分数，母亲会伤心。他想让母亲安心。他知道依靠自己的劳动可以让母亲放心，不会让她担心。

如果你想让儿童愿意好好学习并由此尽力带给父母快乐，那就珍惜、爱护和发展他的这种劳动的自豪感吧。这意味着，儿童应该看到和体验到自己的学习成就。不可让儿童由于落后、某次不及格而感受到无尽的痛苦。儿童的乐观主义，对自己的能力有信心，这是连接学校和家庭的一条结实的纽带，是吸引父母心向学校的一块磁铁。如果儿童的乐观主义世界观遭到破坏，就意味着在学校和家庭之间竖起了一道石墙。

为了保存这个乐观主义的火花，非常重要的是，要让父母，形象地说，站在儿童知识的摇篮旁，直接参与孩子的教学，孩子取得成绩时与其同乐，对孩子的成功和痛苦表示真诚的关切。母亲教育学，不仅是对儿童进行教育，而且要进行教学。儿童入学前两年，我们就开始和家长一起进行有针对性的和计划周密的协同工作，其目的是教给儿童基本的识字和算术知识。未来的学生每周来学校一次（入学前的半年内则是每周两次）。与孩子们一起学习的是将在低年级教他们的教师。孩子们学字母、学阅读和解算术题。当然，如果在家里不继续学习，每周一小时的学校学习是毫无效果的。在父母教育学校课堂上，我们教父母和祖父母如何教孩子识字和算术。我们制定了有趣的家庭母亲教育方法，这些方法的基础是：孩子对知识和书籍有浓厚的兴趣，游戏和针对性脑力劳动相结合，孩子与家长经常进行思想交流。高年级学生帮识字和算术教学制作了专门的直观教具。我们的孩子刚上一年级就会读会算，这在很大程度上减轻了随后的学习负担，使脑力劳动变得有趣。但它的作用还不止于此。为上学做准备拉近了孩子和家长的思想距离。父母真诚关切孩子的成败，懂得了一门细致的学问，即尊重孩子要做好孩子的愿望。与此同时，学前教育防止家长产生不正确的想法，以为如果“使劲儿压一下”，孩子就会得“5 分”或“4 分”。我们努力让父母明白：成绩评分不能体现道德评分。违背这一点会给孩子带来深深的伤害，有时甚至会残害其心灵。把课程评分和精神面貌评分混为一谈就是不加思考地追求表面上满意的指标——分数。我们认为不可把一切都归结为一个单一的结论：分数好，孩子就好；分数“不达标”，就等于孩子“不达标”。这种奇怪无知的教育观点，没有把人看成是多种特点、品质、能力和习惯的和谐统一体。

遗憾的是，这种观点渗透于许多家庭和社会生活中。我听到很多言论和读到的大量文章里，贯穿着一个思想：“3 分”就是知识不达标、毫无用处。对此，我不能不气愤。尊敬的教师同志们，该坚定地告诉自己了，“3 分”就是知识完全达标。顺便提一下，如果所有教师对此都有正确的看法，欺骗就会消失——不及格的知识不会评为“3 分”，遗憾的是，很多场合还是如此。除此之外，家长也不会要求自己的孩子勉为其难，要知道，不是所有孩子都有同样的能力，一个孩子可以轻松得到“5 分”或“4 分”，而另一个得“3 分”就是很大的成就。现在我们处于实现普及中等教育的前夜，记住这一点特别重要。

# 57. 如何随着儿童的成长和发展加深对家长的教育工作

在我们学校，对家长的所有工作中都贯穿着一系列教育思想。我们认为，儿童的家庭精神生活和学校教学有统一的思想，具有特别重大的意义。教师集体尽力让父母确信，家庭中应充满尊重科学、文化和书籍的精神。我们与家庭一起举办图书节，其意义在于父母为家庭图书室购买文学书籍。我们在家长教育学校各部讲课和进行个别谈话时，都要谈及家庭图书和家庭集体精神生活的问题。我们力图培养儿童具有多方面的精神兴趣和需求，其中占据首位的应该是对书籍的需求。我们做到了让很多家庭把傍晚前一小时变成读书时间：儿童和少年阅读自己家庭图书室或学校图书馆的书。

鉴于此，我们还非常重视另一个十分重要的教育思想：没有家庭和书籍，儿童和青少年的自我教育是不可想象的。我们努力使正在成长的人善于利用空余时间，珍惜空余时间，深思如何用发展精神需求所必需的活动来充实空余时间。

我们跟父母讲，从儿童刚懂事起就应该让他们在心灵中形成、铭记和夯实公民品质。公民意识和公民情感发源于童年时期；播在儿童心灵中的一粒小小的种子发出茁壮的幼芽，长出深根。我们认为具有重大意义的一件事是：怎样埋下这些公民种子，公民意识如何生长出来。我们告诉家长，非常重要的是，在家庭集体中，也要使孩子的精神生活中反映出社会利益。要这样培养儿童：使公共利益、关心他人福利成为未来公民个人切身之事，使其思想情感世界不局限于物质财富和精神财富的消费。在这里必须再次提醒一下：人的道德面貌在很大程度上取决于其儿童时期感受到的快乐的源泉所在。生活中有很多机会使儿童特别留心乍看起来与之不相关的东西。我们帮助家长看见并感知到这种机会时，告诉他们教育就是创造。比如，在您院子前面的街上长着一棵枯萎的小树，不知是何人何时栽的。如果不关心它，它就会枯死。提醒您二年级的儿子注意这个他至今未看见的东西，而且如果不唤醒他心灵中的公民情感，他永远也不会看到。让他照料这棵枯萎的小树，给它浇水，防治虫害。帮他再种三棵小树，让他体验为人们做一件事而第一次产生的自豪感。儿童年龄越大，越能体会到所做之事的意义，这些事情是构成公民情感、产生担忧和关心的生活基础。

我们在对家长进行的一系列工作中，还非常重视青少年的社会成熟性问题。在这个同样也十分细致而难以捉摸的精神生活领域中，家校共同努力具有特别重要的意义。在这方面，没有家庭的参与将一事无成，脱离母亲教育学去研究社会成熟性也是白白浪费时间。青少年社会成熟性最主要的根源是对家庭开支的劳动贡献。我们认为，男女青年在从学校毕业前如果只是物质财富的消费者，那是绝对不行的。那是部分青年患幼稚病的根本原因。我们和家庭一起关心中高年级学生的社会成熟性，力求使每个男女青年都参与社会生产，真正进行劳动——不是为了学校通常提出的教育目的，而是为了物质目的，即为了创造物质财富。正是提出了这个更切合实际生活需要的目的，才把劳动从某种学究服役式的活动变成了生活本身的事业。在劳动中，学校教育的意味越少，确切而言，学究式教育的意味越少，劳动的真正教育意义就越深刻。由于学校和家庭的理想一致，对青少年劳动生活的要求一致，我们就形成了一个传统：

12～14 岁时期，少年要挣得购买冬季衣鞋所需的费用；

14～17 岁时期，男女青年要挣得全年衣鞋所需的费用；

教科书和教辅资料通常是学生从 10 岁开始用劳动所得购买。

一个人如何劳动，他做什么，有何目的，决定了他如何思考。如果学生时代的劳动成了教育的某种装饰物，那么，他就不会有任何自觉的未来计划和任何重大的职业方向。如果少年和男女青年的劳动不是十分认真的、像大人那样做事，我们就不可能开始与家长谈论他们孩子的思维成熟性、做功课的独立性、公民责任感、男女青年建立自己家庭的精神道德准备等问题。

## 58. 如何与家庭一起指导儿童劳动

我再次强调，儿童和青少年的劳动应纳入家庭经济和物质生活，并成为其必不可少的有机组成部分，父母将此看作是孩子的神圣义务，这一点是极其重要的。如果离开这一点，学校的任何教育妙招都绝不会产生效果。如果家庭不需要孩子劳动，如果父母自身就常常千方百计减轻孩子的生活负担，避免他们劳动，学校组织的任何为期一周、两周、一个月的劳动实践对于孩子来说都不会成为劳动，只是游戏而且只能是游戏——真的，是令人腻烦且沉重的游戏，让人想快点逃离。只有劳动成为经济需要时，才会获得教育力量。如果是这样，那时其他一切都会随之而来了：学习也成了劳动，父亲患病不能工作这件事也就会引发少年像成年人那样认真的思考。

乡村学校很容易解决儿童劳动的组织教育问题。是的，我再重复一遍，这里说的正是儿童劳动问题。生而为人，只有当劳动对于他来说不是抽象的教育练习，而是离开它就无衣穿无鞋穿的事情时，他才能成为真正的劳动者，从而成为一个真正的人。我们和家长一起致力于给孩子们找到他们力所能及同时生产效率又较高的劳动。7～8 岁的孩子与母亲和姐姐、哥哥在养蚕小组劳动：采摘桑树枝条，送到蚕架这里，分送到蚕架上，清扫垃圾。9～10 岁的男孩和女孩，除养蚕小组的劳动外，还挑选留种子用的玉米棒子，采集菜种，收集农家肥并到菜地施肥。11～12 岁的孩子晾晒干草，采摘蔬菜水果，放牧牛羊。

少年在畜牧场照料牛，青贮饲料作物，净选种子，个别 12～14 岁的男孩开菜园用的拖拉机。男女青年驾驶各种农业机器，耕地，给经济作物和蔬菜松土，播种，收割庄稼。

我年轻的朋友，或许您觉得早早引导儿童参加真正的生产劳动是不正常的。我知道，我们的劳动教育制度让个别教师产生顾虑：儿童有休息时间吗？他们的负担不会过重吗？我们没有这些顾虑。这个制度不是我们臆想出来的。这是人民教育学的悠久传统：儿童帮助父母劳动，父母在自己的劳动中离不开儿童；儿童只要学会了用手把勺子从盘子里送到嘴边，他就是在劳动。这不是为了练习劳动，而是因为儿童周围的任何人离开劳动都无法生活。

人民教育学知道，儿童能胜任什么事和不能胜任什么事。因为它把生活智慧和父母之爱有机结合起来了。人民教育学不怕劳动导致疲劳，它知道，劳动不可能不流汗、不长茧。

人民教育学知道劳动的神奇力量，为我们开辟了书本教育理论中没有的教育智慧的新源泉。我们确信，只有依靠流汗水、长茧子和有疲劳感的劳动，人的心灵才会变得敏感柔和。通过劳动，人获得了用心灵认知周围世界的能力。劳动的儿童、少年和没有真正劳动过的人对人的看法是完全不同的。

## 59. 如何通过劳动培养高尚的心灵和人性

我记得一个叫卓娅的小女孩。母亲宠爱女儿，纵容她所有任性的要求。有一次母亲病了，是长期虚弱病，时而好转又时而突然恶化。卓娅所在的三年级打算去第聂伯河进行一次有趣的旅游，为期 5 天。卓娅的母亲来学校商量如何为女儿出游做准备。母亲感觉很不舒服，但是她努力不表露疾病的折磨。我好不容易劝服母亲，卓娅不能去：难道可以丢下母亲这个样子在家吗？我把小女孩从课堂上叫来对她说，她不去了。卓娅大哭起来。

“难道你没看到妈妈什么状况吗？”我问她，“要知道她病得很严重。她要费多大力气装作没病的样子，难道这不让你担心吗？”

小女孩莫名其妙地看着我。

“我哪里会知道这个呢？”卓娅漠不关心地说，“母亲没说她病了还是没病。”

小女孩对不能和同学们一起去旅游，显然不满意。理智提醒她不能丢下母亲，但是心灵没什么反应，这就是不幸。

我不得不用了不止一年的时间来唤醒这个小女孩的心灵。我在教育上首先关注的是让卓娅体会到为母亲和自己同班同学劳动的自豪感。我看到她眼睛里闪烁着作为人的自豪时，我就能说：现在这个人身上产生了人性。

如今卓娅长大成人了，是两个孩子的母亲。她的大儿子是学龄前儿童，我们已经和她一起教育孩子了。

学校培养共产主义的人。在我们建立的社会里，人与人应该是朋友、同志、兄弟。只有当一个人为了他人的幸福而贡献自己的一份真心时，才能培养出这种崇高品质。只有献出精神财富，才能获得精神财富。人与人的关系在劳动中体现得最为鲜明，这时一个人为另一个人而有所创造。劳动是一个没有穷尽的概念，因为这是人类的概念。劳动不仅表现在人种粮食和栽树木的地方。最细致、最复杂的劳动还表现在这种时候：一个人来找另一个人，在他眼睛里看到、在他的话里“行间”听到救助的呼喊。这种劳动是人类精神活动的最高阶段。但是为了登上顶峰，需要经过初级阶段：为家庭福利而劳动，为创造供人吃穿和住设施完善的住宅所需的物质财富而劳动。

## 60. 如何与家长一起培养未来的父母

是的，这件事只能和家长一起来做。学校培养的人不仅是公民和劳动者，而且是未来的父母，即自己孩子的教育者。我们全体教师要关心这件事：防止学生对婚姻、爱情、生儿育女持轻率、不严肃的态度。遗憾的是，这种态度在青年中还可以见到。我们学校和家长一起分担这份忧虑。在家长教育学校的课堂上，我们向父母讲，在孩子接近性成熟时，生活会在他们面前提出什么任务。我们力求就如何使性本能高尚的问题与父母取得一致的观点和看法。后来，当儿童成为男女青年时，我们与他们进行谈话，男老师和父亲与男青年谈，女教师和母亲与女青年谈。多年的学校工作使我确信，这是非常必要的。可以说，这是对青年心灵的最温柔、最细腻、小心而又必要的触碰。我们教男女青年生活，教他们成为真正的人。这个使命只能托付给最富有同情心和人性的教师。

“没有什么专门的爱情‘科学’。”我们告诉青年，也告诉家长，“只有人性科学，谁掌握了它，谁就能建立崇高的精神心理和道德审美，就能创造新人。爱情是最严格的人性考验。一个人在童年时期和少年时期把自己的一点精神力量贡献给别人时，就是在进行这门课的最初考试。”

我年轻的朋友，我想建议您：培养人去进行最明智的创造，即创造人的时候，将其智慧、意志和情感置于紧密联系和相互依存的关系中进行培养。在这一精神生活领域里，智慧和意志应该成为情感——性欲的特殊警卫。不要相信某些作家和评论家的论断，他们认为不能命令情感，说：人无力支配自己的欲望。这是一块柔软的遮羞布，企图用来掩盖放荡的“爱情自由”。这是弗·伊·列宁所激烈反对的。

我年轻的朋友，把人类伟大的真理交给站在生活门槛上的青年吧：爱情首先是为所爱之人的命运负责。在爱情里只是寻欢作乐的人是好色之徒和恶棍。爱，首先意味着献出，为所爱之人献出自己灵魂的力量，为所爱之人创造幸福。

让您的学生终生牢记：男女婚前关系的性质如何，这种关系中精神心理和道德审美因素所占优势多大，决定了他们一生的道德纯洁性如何。

不要怕给男女青年讲什么是家庭生活，讲其中精神和物质方面的东西如何交织在一起。我们告诫男女青年，不要让情感排挤了对未来家庭物质条件的理智、清醒的认知。古语说：心爱之人在身旁，窝棚也会变天堂。在当今这话就失效了。如果没有生活必需品，那就不是天堂，而只是痛苦。我们告诉男女青年，在打算组建家庭之前，要掌握一门专业技能，挣工资，能独立生活。

语言在教育中起着重大作用。但是，要使教导抵达青年的心灵，还需要很多条件。我要再重复一遍，只有劳动并把为人们行善的愿望融入自己劳动的人，只有体验到为人们创造幸福和快乐的人，心灵里才会有对语言的敏感。一个人只有在进入青年时代之前，即在少年时代，就有了丰富的劳动道德体验，语言才能抵达他的心灵深处。开始先唤醒心灵，让他感受为人们创造幸福的快乐，然后再用激动振奋的语言激励他，这是教师用教育对青年心灵产生影响的逻辑。在这种影响中，积极的精神活动与语言有机融合在一起。在谈及未来的夫妻问题和父母教育问题时，这种融合尤其重要。在这一人类生活领域，受教育者的积极精神活动和教师的语言融合发源于世界上最干净的一条小溪，这条小溪叫作尊重妇女。离开学校和家长的协同工作，这条小溪很快就会干涸，为其供水的源泉也会枯竭。

## 61. 如何培养对女性的尊重

我年轻的朋友，要善于让自己的学生从心灵上和理智上认识一条真理：神圣的爱国主义情感来自母亲。要善于教自己的学生观察生活，而生活中有很多极为复杂的人际关系，这些关系会直接告诉青年，有时甚至是大声疾呼：不要错过，要参与你们眼之所见。

一月份一个严寒的日子，我八年级的学生好不容易来到学校，路上到处都是雪堆。他们聚集在学校温暖的走廊里，抖掉身上的雪。有人想起来：我们教学楼旁边住着一位老太太，她现在怎么样？雪下了一天多了。咱们去看看她吧，难道我们可以安坐在温暖的教室里而忘了冰雪覆盖了一个有人住的小房子吗？可能连给老太太送水的人都没有。

我们越过雪堆好不容易到了小房子。打开门一看，老太太在发烧。怎么办？我们给医院打了电话。

要把病人送到医院。集体农庄派了汽车，但是车连院子都出不去，而老太太在呻吟，难受得翻来覆去。青年人的眼里急得冒火，我还从未见过这样的情景。他们表现得既有勇气，又有助人的决心。我们做了一副担架，给病人裹上大衣，6 个人抬起来。6 个人抬着走，12 个人在前面开路。每走 200 米轮换一次。我们轮换的记号就是一批人抬到一个雪堆，另一批人再抬到另一个雪堆。雪花纷纷洒落在眼睛上，外面是零下二十摄氏度的严寒，我们却浑身冒热汗，不觉得冷，也不觉得累。我们用了 5 个小时好不容易到了医院，直到傍晚时分才终于把病人放在了病床上。

在这一天里诞生了一群男子汉。14 岁的少年登上了勇敢的第一级台阶。这一天他们永远都不会忘记。现在他们打开了心扉，如饥似渴地接受我关于女性、母亲、姑娘，关于美和勇气的讲述。我和他们连续几天在寂静的傍晚时分聚集在我们称之为“思想室”的房间里。我感觉到，高尚的行为翻动了灵魂，为语言开垦了土地，语言在有些情况下是强大的教育力量，而在有些情况下则是空洞的声音，尽管是同样的语言、同样的内容……为使关于女性的语言让青年的心跳得更快，把少年提升到勇敢的第一级台阶上来吧。让他们为女性做出高尚的行为。

我给少年讲如何对待作为母亲的女性，说：孩子，永远不要忘记，她是生命的创造者。她给了你生命，养育了你，在你面前打开了世界和母语之美，在你的心灵注入有关善恶和荣辱的初步概念。孩子们，要记住，母亲所有的想法、关切和忧虑都与孩子及其命运有关。孩子们的心地和行为如果善良，就是她的幸福，如果邪恶，就是她的痛苦。每个女性都是母亲或未来的母亲。她以独特的方式深刻而完美地担负着自己为全人类承担的责任。母性使女性变得美好而智慧。从女性成为母亲的时候起，她的情感就具有了除她之外无人能懂的崇高意义。

## 62. 教师作为教育者应该具备什么品质

只要学校还存在，康·德·乌申斯基的一段话就是颠扑不破的真理："在教育中一切都应该以教育者的个性为基础，因为教育力量只会来自人的个性这个活的源泉。任何规章和纲领，任何人为的组织机构，不管它构想得如何巧妙，都不可能取代教育事业中的个性……没有教育者个人对受教育者的直接影响，就不可能有深入性格的教育。只有个性才能影响个性的发展和养成，只有性格可以形成性格。"[1]

生活使我们相信，受教育者是教育者的一面镜子。教育的艺术和技巧在于，要善于在受教育者的形象中看见自己，通过我们从小培养的会思考、会感受、会体验的人看见自己。"有教养的人，是人的形象在其身上占据主导地位的人。"[2]阿·瓦·卢那察尔斯基的这句名言使我们不得不深入思考教师的真正作用。一个人的教养，不仅是他的知识，而且还是他这个人多方面的整体形象。教师个性的教育力量在于并且取决于在他身上教书和育人两者的有机结合程度如何。如果我们说，学校用知识来进行教育，那么知识的教育力量首先隐含在教师的个性中。

我年轻的朋友，要知道，对我们的学生进行言传身教，不是机械地把知识从自己的头脑中搬到我们所教的人的头脑中去。时刻不要忘记，我们帮助别人认识周围世界时，我们自己也作为最为重要的因素呈现于

[1] 引自康·德·乌申斯基《学校的三个因素》译文。
[2] 参见阿·瓦·卢那察尔斯基的《什么是教育？》一文。

他的智慧和心灵面前。学生认识世界时，不可能不认识我们。我们传授给他的知识不是什么独立于人的个性的东西。这些知识与人的感觉和认知世界融为一体。在这种融合中隐藏着一个“秘密”，即我认为在教育和教学工作中，这种融合是形成人的过程，是把知识变成信念的过程中最难捉摸的因素之一。问题在于，我们的受教育者在学校获得的对待知识的态度，很大程度上取决于受教育者如何对待教师这盏知识的明灯。教师热爱自己的学科，其学生也充满热爱知识、科学、书籍的情感。教师的语言不仅包含学科的内容和意义，而且还有思想情感色彩；只有一个热爱自己学科的教师站在学生面前，才能唤醒学生的情感和情绪。

怎样是热爱一门学科呢？其根源是什么？如何培养对科学的热爱？我坚信，这首先是教师的智力财富无穷无尽。课堂讲授只用自己所知内容的 1% 就足够了的教师，才会真正热爱自己的学科。教师的知识越丰富，他对知识、科学、书籍、脑力劳动、智力生活的个人态度就表现得越鲜明。这种智力财富就是教师对自己学科，对科学、学校和教育学的热爱。

热爱自己学科的教师，具有一种特别宝贵的品质。他不仅向自己的学生传授实际知识，而且唤醒他们的求知欲。所有努力通过知识和对学科的爱来进行教育的教师都力求做到这一点。他认为自己的个性对学生的影响是一个人把自己的智慧、清晰的思路、强烈的求知欲和需求传给另一个人。课堂上，在必要知识和超纲知识之间好像架起了一座小桥，教育者带领自己的学生在这座小桥上行走，只有在这种情况下，教育者的个性对受教育者的个性的教育影响才大。我把课堂上传授给学生的基本知识看作一粒种子，这粒种子会发出茁壮的思想幼芽，产出硕果，即求知欲，渴求成为头脑更聪明、思想更成熟、精神更丰富的人。如果没有这种求知欲，学习就变成死记硬背，上课变成检查背诵，学生变成听话的背诵知识的机器。我认为，只有受教育者产生想要比课堂上获得更多知识的愿望，而且这个愿望成为推动他学习和掌握知识的一个主要动力，教师才能成为知识的明灯，才能成为教育者。

我力求做到，在翻耕得很好的土壤中，撒下知识的种子，在课下开展丰富的智力生活，让我的学生在其中从知识江河驶向知识海洋。如果学习局限于课堂、教科书、从第几页到第几页的家庭作业等，那么我就成不了一个教育者，知识也起不到教育作用。只有课后受教育者身上燃起无数热烈求知的思想火花时，知识的种子才会破土而出并长出茁壮的思想幼芽。

求知的思想火花首先来自在书的世界里进行个人阅读和精神的充实（我们还会回到这个问题上来）。其次非常重要的思想火花来自学习小组，正是这个小组，使教师成为教育者，让学生成为受教育者。我坚信，没有这个精神生活发源地，课堂也会变成从教师头脑到学生头脑进行枯燥无味的知识迁移的场所。我们所有人，不论教师还是学生，都是知识海洋中的旅游者。我们一直在准备有关最新科学成就的报告和报道，评介科学杂志中的文章。

我年轻的朋友，我想向您建议：您的知识、您的求知欲和阅读爱好，都是您个性教育力量的强大源泉。您自己要善于走近这个源泉并带领自己的学生走近这个源泉。要做自己教学科目的主人。让教学大纲和教科书成为您的基本知识，如同字母之于掌握修辞学奥妙的人一样。要孜孜不倦地经常充实自己的科学知识。您应该有很多您讲授基础知识的那门学科方面的私人藏书，多到您能在 4~5 年中给自己的学生每人每月（有的学生也可能是每周）提供一本新书。去发现和培养自己的学生吧。培养与您相似的青年人，即爱好、志向、才能与您相似的青年人。让每个班级都涌现出热爱您的知识领域的学生。让每个教师都有自己的学生：语文教师有自己的学生，历史教师有自己的学生，地理教师、生物教师、数学教师也都有自己的学生。

您的学生越是深爱您教授的科目，您这个教师就越优秀，教书和育人也就越有机地结合在您的个性中。没有教师个性对学生个性的影响，能力、志向、才能的培养问题是不可能解决的。能力只能通过能力培养，志向只能通过志向培养，才能也只能通过才能来培养。

这里稍微有点离题。应该说，优秀的教师是从课桌旁当学生时开始培养的；能够点燃热爱教师职业火花的人，只能是那些热爱孩子、具有最高的教育智慧的人。这种教育智慧是善于不断唤醒青年心灵中做好人的愿望、想今天比昨天好的愿望和自尊感。

我想象的理想学校是每个教师都有我上述所言的自己的学生。您可能会产生疑问：每个教师都力求为自己的学生建立一个独立的智力世界，这会不会弱化基层集体和全校集体的作用呢？这不仅没有任何危险，而且正相反，如果每个教师都有自己的学生，即可以留传自己智慧的人，只有这时才可能出现作为教育力量的真正集体。

## 63. 谈谈教师如何进行班集体建设

集体，包括儿童集体、少年集体、青年集体，是非常复杂的统一体。这是千万条溪流汇集而成的大河。集体是一步步逐渐建立的。我对一年级学生的生活观察了 32 年，教过不止一代的一至四年级儿童，我想我有资格说，从儿童迈过学校门槛以后的一段时期内，班级还不是也不可能是我们集体概念意义上的集体。集体是逐步产生的。我认为这种看法很幼稚：维持集体主要依靠的是严格要求和制定从属制度。严格要求、责任感、服从和领导都是集体赖以维持的重要基础，但是没有其他那些同样重要的基础，不会也不可能有集体。有些教师认为从学生中选出领导者，分配好责任，提出要求，集体就可以建立起来，这种想法在实践中是不会有结果的。一般来说，在学校集体这种极其复杂的精神共同体中，把某一因素绝对化是不可行的。不能一概而论和断然认定：这样就只会是好的，而那样就只会是不好的。集体不是一种不知来自何处的东西，而是教师的创造。如同在一滴水中反映出世界一样，在集体中也反映出教师的教育理想及世界观。

我认为，形象地说，集体是建立在几块基石之上的，包括思想共同体、智力共同体、情感共同体、组织共同体。

集体的形成和这些基石的奠定都取决于教师。在一些情况下，集体的因素在儿童学校生活的第一年就已出现，在另一些情况下则会晚些。一块基石的稳定和牢固依赖于其他基石的稳定和牢固。例如，组织共同体，即严格要求、服从、领导、管理、从属制度，取决于思想、智力和情感共同体的统一。所以不用急于建立某个组织依附机构实现领导和服从。不要指望您的班级选举了学生领导机构，分配了职责，一切就会自动运行。

我认为，集体的建立始于思想的统一，这是被称作组织统一的这块基石所依靠的基础。我总是从儿童对于善恶，换言之，对于“什么是好和什么是坏”有一致的，共同的概念、看法和观念时，才开始建立集体。对于奠定集体的最初基础来说，极其重要的是让儿童努力做好事，为善良而斗争，通过集体活动坚定善良的信念，同时又让他们不向邪恶妥协，与之势不两立，憎恨邪恶，以他们的决心和意志力反对邪恶。您能在儿童的思想和心灵中建立有关善良之美和不容邪恶的概念，您就能成为他们的教育者。我力求做到，使每个孩子理解和感受到只有在集体中才能成为真正护卫善良的斗士；集体斗争带来极大的乐趣，帮助一个人感受到自己的力量，感受到自己的美；在共同斗争的同志关系中，一个人认识另一个人，他会产生最重要的精神需要，即需要他人，需要他人的支持，需要他人的帮助。一个人在管（领导）别人之前，要学会管自己，迫使自己做自己良心吩咐做的事情。要对良心的声音敏感，就要对善恶敏感。这种敏感的获得只在此时：一个人，哪怕他很小，但已经是一个人（这一点永远不要忘记），已有为善良而斗争的经验，并感受、认识到这种斗争的快乐，而这种快乐在初期仅是来自共同创造美好和善良。没有这一点就无法建立集体。

学生年龄越大，他支持善良、反对邪恶的斗争就越有意义。我们教师集体认为非常重要的是，每个人在儿童时代和少年时代都要经历这种斗争的锻炼。这首先是用自己的双手劳动，创造和确立善良。在集体教育中，没有什么比“口头热情”、口头不容邪恶而实际上无所作为更糟的了。要知道，我们生活中的邪恶首先是懒惰、懈怠、对社会主义财产漠不关心、自私自利、市侩。我们努力使儿童时代、少年时代和青年时代早期的集体成员由为人们创造物质价值和精神价值的想法和体验而团结起来。在甚至杂草都不生的土地上种出一片小橡树林，把贫瘠的不毛之地变成肥沃的高产之地，这种劳动只有集体才能完成，其巨大的教育作用也正在于此。正是这种劳动，以统一的信念和统一的情感把人们团结在一起。正是在这种劳动中，奠定了思想共同体和情感共同体这些集体的基石。学生们把自己点点滴滴的力量聚集起来时，才会感受和意识到集体是一股强大的力量，只有在集体中才能真正认识人的美。

我年轻的朋友，要善于通过劳动把自己的学生团结起来，在劳动中鲜明地体现出为大家服务、为人们贡献力量的思想。从事这种劳动的机会在我们周围随处可见。比如，您学生面前有一块空地，他们对此习以为常，对路边这块已经变成垃圾场的空地视而不见。要让他们看见这块空地，让他们想在这里造出一片绿叶成荫的小树林，为炎夏酷暑时疲倦的行人提供一个休息的地方。要记住，为人们的幸福而进行的集体劳动是真正思想教育的起步，在这种劳动中，集体的思想基石和情感基石合而为一。但是在任何情况下，都不可让您的学生开始了某件事又半途而废、前功尽弃，这会使人变坏。还不可让您的学生只是说这不好，那也不好，别人那里好，我们这里不好，但去做好事却连手指都懒得动一下。说空话是起不了教育作用的。集体是在实践活动、斗争和劳动中产生和巩固起来的。

集体的基石之一是智力共同体。这并不是说，所有人都在认知领域被具体的共同兴趣所吸引。相反，成功的秘诀在于要让集体成员有不同的兴趣爱好，让他们读不同的书。智力一致，指的是大家都渴求知识，尊重科学思想和书籍，尊重聪明和有教养的人。我是这样想象真正的集体智力共同体的，比如，七年级或者八年级有 35 名学生，其中 8 人酷爱数学，热爱数学老师，7 人喜欢物理，8 人喜欢文学，9 人喜爱生物、土壤学、植物栽培学，等等。这就是真正的智力共同体。每个人都有自己的爱好，每个人都有自己的干劲儿，每个人都用自己的东西充实着集体。有了这些多种多样的爱好，集体的智力生活就非常丰富多彩。少年们课前聚在一起，或者课后回家的路上一起争论，畅想未来的科技。有趣的是，他们不仅谈论教学大纲内的材料，不仅谈论教科书，课堂上没学过的知识也让他们的思维活跃不已。集体因为渴求不断丰富知识而存在，这一点非常重要。这种渴求完全取决于历史、地理、数学、物理、生物、文学教师在多大程度上成为教育者，他们在多大程度上以自己的学科的智力财富赢得了学生的头脑和心灵。这种集体教育首先就是教师为赢得学生心灵而进行的富有智慧、恰如其分的斗争。实质上，这是在学校创建若干以聪慧而热爱自己学科的教师为首的智力生活基地或中心。每个中心都有自己的组织形式，例如，在我们学校就是学科小组，但也可以有其他组织形式。

## 64. 集体如何成为全面发展个性的手段

人是不可分割的整体（包括道德、智力、情感、审美、创造），在一个集体中找到所有能揭示、表现和发展这个整体的形式，是不可能的，因为这个集体的成员关系组织具有局限性。例如，基层班集体不可能成为完成全面发展个性任务的唯一组织形式。一个学生对研究数学感兴趣，另一个酷爱生物，第三个爱好文学，第四个则爱好技术创造。此外，每个人还有一种或几种爱好：音乐、绘画、木刻等。随着不断接近成年，个别学生正在发展的兴趣需要完全不同于他人的活动。所有这些复杂多样的兴趣、爱好和活动是不可能纳入基层集体工作的组织形式的。上面已经讲过，如果教师要成为教育者，他必须是有共同智力兴趣的青少年集体的核心。学科小组是保证个性全面发展最必要的集体形式之一。这种小组可以由六、七年级的学生建立，而在个别学校——在智力生活"沸腾"的地方，可以让四、五年级的学生加入。一般而言，这种集体里应该都是同龄人，但并不排除七、八年级的学生或八、九年级的学生在同一个学科小组里共同工作的可能性。

除了对知识、科学、书籍的兴趣，学生还应有其他兴趣，如劳动兴趣、创造兴趣。劳动和通过劳动而创造，是发展个人兴趣、能力和培养使命感的非常重要的手段。我们学校有劳动创造小组，如技术小组、农业小组。这些小组也是按年龄建立的，例如，有三、四年级的少年机械师小组，五、六年级的少年机械师小组，六、七年级的少年无线电技师小组，一、二年级的少年园艺家小组，五至七年级的少年育种家小组，八至十年级的少年机械师小组，等等。每个小组的学生从8～10人到15～20人不等。这是非常稳定的组织。有些学校小组已有20多年的历史，一些学生在一个小组活动两三年之后转入年龄较大的小组，另一些学生来接替他们。劳动创造就像智力共同体一样，也是联合学生的强大因素。

不论是学科小组还是劳动创造小组，都有自己的物质基础。学科小组有“思想室”（或图书室），在这里，学生度过精神生活最丰富、最充实的时刻，即与书交流的时刻，马克思称之为“智力活动”[1]的时刻。劳动创造小组有工作室、实验室和活动室，在这里，少年们完成劳动任务（设计、安装）。学科小组的领导人是教师，劳动创造小组的领导人既有教师也有高年级学生。这是保证业余活动原则的重要因素之一。

还有一种小组——业余艺术活动小组、文学创作小组、音乐小组、戏剧小组、文艺作品阅读小组。在这里各种兴趣表现和发展起来，不仅在审美方面，而且在道德、情感、智力等方面都丰富着个体的精神生活。我们教师集体坚信这一点：这些小组对学生的心灵和智慧做了一种敏锐而温柔的触碰，没有这种触碰，就不可能有基层集体作为精神统一体的生活。如果学生在这种集体中表现不积极，这会让我们非常担心。

我们把这种集体叫作“艺术文化集体”。我们觉得，这个名称最为充分地反映了这种集体活动的本质。艺术文化集体甚至吸收年龄最小的学生。我们有两个童话小组，每个小组有15～20名一年级小学生，小组领导人是高年级学生。低年级学生来到“童话室”，高年级学生给他们阅读和讲述有趣的童话。学生们改编排演个别民间童话。在这个小组学生们最感兴趣的活动形式是编新童话。

---

[1] 卡尔·马克思在《资本论》第1卷写到劳动过程中的体力和智力活动，其中有这样一段话：“除从事劳动的那些器官紧张外，在整个劳动期间还需要表现为注意力的合乎目的的意志，而且，劳动的内容和方法越不能吸引工人，那么，工人就越不能把劳动作为体力和智力活动来享受，就尤其需要这种意志。”

在艺术文化集体中，我们认为儿童木偶剧具有特别重大的价值。参加这个集体的有 40 多个低年级学生（分为 3 个小组）。这个集体的领导人是高年级学生，即共青团员。

## 65. 如何让学生学会服从和领导

如果学生在多个集体（我所讲到的还远不是一切集体）中得到全面发展，那么就会形成这样一种情况，即每个高年级学生都会成为领导者、教育者，很多少先队员也会获得领导经验。同时，领导是活动派生出来的，也可能是在活动过程中产生的。更常见的情况是，一个人已经表现为行家里手时，他才会被选为领导者。孩子们乐意服从这样的领导者，因为在这种情况下服从相当于愿意今天比昨天好。在学校里如果没有一致目标来鼓舞整个集体从事积极活动，服从和领导是不可能实现的。同时，非常重要的是，您用高标准要求来进行集体教育的活动，应该具有鲜明的社会、公民意义。

服从首先是给自己下命令。这种意志上的行为需要高度的自觉性。一个人在青年时代、少年时代尤其是在儿童时代，只有在他既了解活动的意义又了解其隐含的情感意义时，他才能懂得活动的崇高目标（社会目标、公民目标永远是崇高的）。只有儿童、少年具有情感上的自我服从行为时，简言之，只有他服从自己的心灵时，他才可能有意志上的服从行为。在这一细致的事情中，尤其重要的是，领导者要号召集体从事本质上是为人民、为社会服务的活动。这里，我们看到集体的所有基石——思想、智力、情感和组织共同体——之间的密切联系。如果学生把将要从事的活动看作激发其心灵、高尚其精神的事，他就不可能容许有不服从领导者意志——命令、要求的想法。因此，我向年轻教师建议：

通过富有道德和思想的劳动引导自己的学生懂得服从。让领导者的要求和命令与学生自己的心声融合在一起。让明天的公民在今天的劳动中就能感受到自己的公民性质，让他通过自己同龄人和年长同学的眼光看自己，让集体在规则、规范和要求中表现社会理想——我国全体劳动者社会主义大集体的理想。

一旦我的小学生集体分成一定的组织（大组、小组），能够独立从事社会公益劳动，我就力求使这种劳动具有鲜明的思想中心，让每个孩子不仅懂得而且感受到自己劳动的崇高性质。

## 66. 教师如何在少先队组织生活中起到作用

从儿童加入少先队组织时起，他们就开始了社会政治生活的新阶段。多年经验使我确信，教师作为基层集体教育者的主要任务是，用崇高的公民理想激励少先队。少先队是儿童和少年公民生活、社会政治生活最重要的组织形式。少先队集体的生活应是这样的：用比个人的志趣和能力、对劳动和创造的爱好和兴趣重要得多的东西激励儿童和少年，丰富其精神，将其团结起来。

我们教师集体认为，少先队组织是培养公民觉悟的学校，是苏联爱国者社会政治关系的学校。我们认为，无论少先队，还是共青团的主要教育任务都是使青少年的心灵变得高尚，为青少年的内心注入一种思想：每个苏联人最宝贵和最神圣的东西是我们伟大的祖国、社会主义制度、革命成果、为建成共产主义而进行的斗争。要帮助少先队员建立好自己的组织生活，在其心灵中确立这些最珍贵的东西。

如何真正实现这一点呢？首先，儿童和少年的活动应具有丰富的社会政治内容和思想内容。祖国、乡土、革命成果、共产党、伟大卫国战争的宝贵财富，所有这一切都应该作为最宝贵的、攸关个人的、令人激动的东西而进入少年的心灵，而只有使事情、行为、相互关系、社会活动中充满思想时，才有可能做到这一点。

我们学校的优秀教师一直注意，不让无数的实际事物排挤少先队员意识和情感中伟大的、神圣的、崇高的东西。在少先队组织生活的整个时期（5年），我们经常给少先队员讲述这些思想：老一辈传给我们的一切物质财富和精神财富都是用巨大的代价换来的，每一寸苏维埃土地都是我们的祖辈用大量血汗浇灌的；我们每个人如果没有祖国就微不足道；只有祖国强有力的双臂才是托举、提升我们每个人的神奇力量；如果没有两千万英雄为争取我们祖国自由和独立在反法西斯战争中流血牺牲，我们就不会享受到安定的童年时代和少年时代的幸福；我们的神圣义务是为伟大苏维埃祖国的尊严和强大而斗争，了解并珍视无与伦比的最神圣的祖国。

我们认为，少先队组织最重要的任务之一是认识祖国，要用全身心来认识。要让每一个明天的公民在认识最宝贵和最神圣的祖国时，都惊异和振奋于祖国的伟大、富饶和强盛；要使每个少年的心灵中不断强化一种感觉：我为祖国变得更伟大、富饶和强盛做了什么呢？我们力求把从理智和心灵上认识祖国与积极的活动融合在一起。

我们每个少先队中队都举办“祖国漫游”活动。这是关于我国自然资源和各族人民的有趣的、激动人心的讲述。少先队员面前铺开一张地图。每一次讲述都介绍我们祖国的一个角落。儿童从自己故乡的村庄向东部越来越远的地方进行思想上的旅行。我们给他们放映有关苏联人生活和劳动的电影和幻灯片，在少年的心灵面前呈现出各族人民团结友爱的奇妙世界。这项活动持续若干年：儿童变成少年，准备加入共青团，活动仍然继续。这加深了他们对我们祖国伟大和强盛的印象。

“祖国漫游”，不仅让儿童全面认识到现在有什么，还能回顾过去。我们给儿童讲述各族人民反对社会压迫和外来侵略者的斗争。统一大家庭的情感，各族人民友好的情感，是最复杂深厚的情感之一；各族人民为摆脱剥削与外国的奴役和占领而进行共同斗争，表现出团结和民族兄弟友爱的精神，如果一个人对这种精神的伟大和美好没有信念，就不可能有这种最复杂深厚的情感。

为了培养这种情感，需要进行思想激励活动。我们的少先队员与我国各兄弟民族的儿童广交朋友。他们与俄罗斯、白俄罗斯的少先队员之间的友谊尤其深厚。我们的儿童与住在第聂伯河沿岸的斯摩棱斯克地区和白俄罗斯的少先队员交友已达15年以上。每年同一天的同一时间，乌克兰、白俄罗斯和俄罗斯的儿童来到这条大河的岸边种植友谊树。少先队员立下誓言：我们三所学校存在多少年，第聂伯河岸边就种下多少棵树。

在“友谊日”（我们这样命名这个节日）儿童感受到激动人心的兄弟友好感情。这种感情由于同各兄弟民族儿童亲自会面而不断加深。10年来，我们的少先队大队每年都派自己的代表进行令人激动的旅行：我们到白俄罗斯兄弟——戈梅利州科尔马寄宿学校的少先队员那里做客。白俄罗斯兄弟也每年来我们这儿一次。儿童由于这样的会面感受到的深厚情感难以言表。每个人都有自己的远方朋友。几天的会面活动很快过去了，分别时孩子们都眼含泪水。

我们教师集体确信，各族人民的友好情感是一种最细腻、最美好、最崇高的人与人之间的心灵感应；在这种感应中社会和个人有机地融合在一起。我们认为，尤其重要的是，男孩和女孩要把这种情感倾注到劳动中去；每个少先队员在“友谊日”种植一棵小橡树，来纪念与自己同龄人之间的永恒友谊。一年年过去，树木不断生长，像儿子关心母亲一样照料它，这也会使人的心灵高尚起来。

每个少先队都有用来纪念的神圣地方，这是国内战争或伟大卫国战争时期发生战斗的地方。在这种地方建立充满生机的“英雄纪念碑”：儿童种下采自200年树龄橡树的橡果。少先队员被一种思想鼓舞着：他们建立的充满生机的“纪念碑”会耸立500年以上，不仅提醒人们缅怀英雄，还给疲劳的行人带来快乐。

少先队员在离第聂伯河岸不远的地方考察历史事件，发现了一块埋在土里的大石头。从法西斯占领者手中解放乌克兰战斗的目击者讲，在这块大石头旁有两个苏军战士防守了一个多昼夜，他们在强渡第聂伯河时最先从左岸到达右岸。少先队员找到了很多被子弹打下来的石头碎片。他们在石头旁种下两棵橡树来纪念这两位为守卫国土献出生命的英雄。

经过长期找寻，少先队员找到了两位烈士的亲人，他们从遥远的西伯利亚来我们这儿做客。少先队员加入共青团时，像传递接力棒一样，把充满生机的“英雄纪念碑”传给下一代少先队员。

缅怀为苏维埃祖国的自由和独立而牺牲的烈士，成为少先队大队和每个中队生活中最重要的思想。少先队员用几年时间建立了一个永垂不朽纪念室。这里悬挂着在伟大卫国战争前线牺牲的同乡的照片。少先队员把陆海空战斗参加者的讲述作为人民荣誉的宝贵点滴悉心记录下来。谁都不会被忘记，什么都不会被忘记——这句话成为我们学生的座右铭。

## 67. 如何在青少年的心中种下共产主义的种子

古老的拉丁谚语说，语言教导人，榜样吸引人。我们教师集体认为自己最重要的教育目标之一，是通过体现最高人性之美的鲜明形象和榜样，向儿童的意识和心灵展现共产主义思想，这种人性之美是为人民幸福而斗争，以及在这一斗争中表现出的自我牺牲精神，对信仰的忠诚，克服困难时不折不挠的精神，对共产主义意识形态的敌人毫不妥协。我们力求使每个学生在儿童时代和少年时代，整个身心都受到真正为共产主义而斗争的人的鼓舞。儿童戴上红领巾并庄严宣誓后，我作为教师，每周和他们上一两次共产主义阅读课。我们学校每个教师都确信，这是他最重要的事情。这是教师与自己的学生之间无比亲密的精神交流，少先队员无比信赖地在您面前敞开心扉，在这种时刻不和学生在一起，就不能了解儿童心灵隐秘的角落，因而也不可能用自己温柔的刻刀在您塑造的那个人的雕像上进行精雕细琢。

共产主义阅读课既是读书课，又是鲜活生动、引人入胜的故事会。多年来形成了一套固定的读书和故事会主题。我们阅读和讲述关于杰出共产主义战士的故事，比如捷尔任斯基、斯维尔德洛夫、拉佐、台尔曼、季米特洛夫、卡莫、伏契克、尼古拉·奥斯特洛夫斯基、尼科斯·贝洛恩尼斯，以及有关伟大导师列宁的生平及其为人类幸福而斗争的故事。

在共产主义者的形象中，特别使儿童深受鼓舞和激励的是对信仰的忠诚、坚贞不屈、对敌人和思想意识形态上的敌人毫不妥协的精神。每当我向少先队员朗读和讲述共产党员——列宁主义者卡莫在监狱英勇地经受拷打，哪怕最残酷的折磨也不能让他呻吟一声、说出一句求饶的话时，我看见孩子们眼睛里闪烁着钦佩的目光。这种阅读越多，共产主义真理就越是深入少年的心灵。

我的朋友，像爱护无价之宝那样爱护青少年心中对共产主义思想的伟大力量和真理惊叹和钦佩的情感吧。要知道，通过理智和内心认识周围世界的真理时，年轻人的心灵力求了解神圣之物，力求看清前方的榜样、指路的明灯和光明的道路。不要熄灭年轻人心中永恒的火焰——信仰神圣的、颠扑不破的真理，信仰共产主义，信仰为共产主义思想而斗争，必要时甚至为此献出生命，这是人类最伟大的勇气、最高尚的美。

共产主义阅读课点燃了少年儿童对神圣的、不可动摇的事业的信仰，对思想勇气之美的信仰，只有在一个人努力用自己的言行表现共产主义者光辉灿烂、英勇豪迈的生活中使他惊叹、钦佩的美德时，这种信仰才会燃烧成明亮的火炬。不仅要使学生有所作为，而且要让他们用自己的行为、劳动来证明些什么，这是共产主义教育和自我教育的一条非常重要的原则。我们认为自己的教育任务是，用少年儿童通过理智和内心认识共产主义伟大真理的那些瞬间产生的崇高精神来鼓舞他们从事劳动。如果儿童生活中有了共产主义劳动，那么这种劳动就是明天的公民用来证明些什么的劳动，而因此他今天就成为一个公民。我们尽力使我们的学生用自己的劳动来证明：

在我们的社会中人与人是朋友、同志和兄弟；

自由的劳动者想在劳动中看见自己，想在自己双手的创造中留下个人之美；

社会主义社会的公民通过劳动且只能通过劳动才能确立自己的个人荣誉和尊严；

在任何最平凡的事情中，劳动都可以提升为创造，成为诗歌，成为鼓舞人心的新源泉；

每个公民通过自己的劳动加强我们祖国的实力，并使它更强盛；

要使劳动受这些愿望的激励，我认为，这也是青少年列宁主义者思想教育水平高的一个表现。

到底如何真正使劳动体现这种思想性呢?

生活中在这方面有无穷无尽的可能。我们少先中队在培育公共园林时，每个队员都种植一棵属于自己的树。劳动成为不声不响的竞赛。每个人都努力为这棵小树做出自己独特的贡献。

我确信，每个人看到自己的小树都很快乐，将其当作亲手创造的东西，看着它就产生了对劳动的热爱。每个人都在证明，他能用自己的双手创造美。

我坚信，如果一个人通过劳动确立崇高的思想，他就会成为一个自豪的、坚持原则不动摇的人。他珍爱神圣之物。社会生活中没有任何事物是与他无关的。这样的人会成为做实事而不哗众取宠的社会活动家。他在少年时代，道德上就已经渐渐成熟。

我的朋友，您可能会有疑问：作者开始谈的是如何在青少年的心中种下共产主义的种子，怎么转而谈起了劳动?要知道，我们这个时代是创造性劳动的时代。要教导年轻一代先在劳动中成为英勇的人。在我们这个时代，一个人的品质正是在为共产主义的胜利而进行的劳动中展现出来的。

## 68. 如何使青年珍惜共青团员的称号

作为一位年轻教师，您可能会做高年级学生的教育工作。我想根据自己的亲身实践向您提出建议。

结束了一天的工作，我回到家，打开记事本，想起我的少年朋友们，于是，眼前再次浮现出一双双聪明的、爱笑的、快乐的、顽皮的、沉思的和忧虑的眼睛。我建议您也经常与自己独处，爱上这种思考青年人命运的快乐又忧心的时刻。

要记住，共青团组织是志同道合者的组织，是思想、信念、世界观、生活态度、待人和待己态度都一致的兄弟姐妹的组织。共产主义教育的一条宝贵原则是努力用这样的思想和信念来激励、鼓舞和团结青年：我们作为志同道合者来到这座奇妙的宫殿，准备为了我们的思想和我们的信念献出一切，如有必要，甚至献出自己的生命。

这种思想一致到底指的是什么呢？如何确立并真正实现思想一致呢？

意识形态和思想上的一致也就是共青团员的心灵一致。每个怀揣共青团员证的人都应该觉得自己是共产主义战士。伟大、美好和高尚的思想起鼓舞作用始于我们的思想和我们对未来的观点：我们共青团员是为未来而奋斗的战士；我们平凡的日常工作被未来的光辉照耀，变得光彩夺目、引人入胜和富有豪情。意识形态的一致就是为未来而斗争，在这一斗争中，共青团的豪情激励着生机勃勃、怦怦跳动的心脏。让我们回忆一下列宁的党和列宁共青团英勇的历史篇章吧：什么引导我们这些饥寒交迫的人与武装到牙齿的外来侵略者进行殊死的战斗？什么鼓舞我们在最初几个五年计划期间夜以继日地突击劳动？什么帮助我们在垦荒运动初期忍受艰难困苦？是对未来的憧憬，是对最公正、最美好、最明智和最人道的制度——共产主义的向往。

但是，怎样把共产主义的远景确确实实地展现在每个人面前呢？不是每个人都有机会飞向太空，或者在22岁时就能通过博士论文答辩，或者成为举世闻名的歌唱家，或是破译学者多年绞尽脑汁而一无所获的文字。我们大部分人都不是宇航员和院士，而是农业劳动者和畜牧业工作者、泥瓦匠和车工。亲爱的朋友，让我们想一想，如何在平凡无奇的日常劳动中向年轻的心灵揭示伟大的理想，使每个人在自己的劳动中不仅看到起码的生活资料，而且发现某种更大的无可比拟的意义？

达到思想、意识形态一致的途径存在于劳动中，存在于那种普普通通、乍看起来毫不显眼的劳动中，这种劳动对于人们来说既能成为令人腻烦的沉重负担，也能成为一种美，成为使人精神高尚、为创造世界之美和自身之美而进行的斗争。在我看来，共产主义战士的思想一致在于走在时代的前面，成为未来的侦察兵，从自己的劳动中看到这一未来，在用自己的双手出力时感受到这一未来。

我记得，集体化初期村里第一个拖拉机手感到多么自豪。因为他跨入了全新的世界，打破了生产资料私有制世世代代对人的束缚：犁开地界，深耕土地，控制了机器这个不可思议的怪物。每年当我来到14~15岁的共青团员小组，告诉他们，我们老一辈建议他们做什么和从何做起的时候，我眼前就浮现出我们第一个拖拉机手神采奕奕的眼睛，热情如火的亚什卡——姑娘们这样称呼他，每个姑娘都悄悄地爱上了他。

我的朋友，我跟你们讲讲我们学校共青团组织刚刚成立时的情况。当时我们有25个人……我们所要从事的劳动，是我们的祖辈干过千万次的劳动：我们要播种1公顷小麦，培育种子交给集体农庄。可以再一次重复前人在我们土地上进行过的劳动，但是也可以前进一步，像未来共产主义社会的人们那样劳动。我们地区1公顷肥沃的土地在最好的丰收年也不过产出3500公斤，偶尔4000公斤。而我们提出的目标是产出7000公斤。这是前所未有的，但是大自然的力量和奥秘还远远未被人类揭开。如果让小麦的物性充分发挥出来，产量可能提高1倍。年轻的朋友，这将是不平凡的劳动，而且我们也会成为不平凡的人。在共产主义社会，我们的土地就会产出这样丰厚的财富，不只是限于1公顷土地，而是在广阔的田野上。我们今天就要获得这样的财富。

我们的劳动确实不平凡。这不仅是指劳动过程的性质方面——很多方面都不得不采取不同于大面积种植小麦的做法。我们的劳动之所以不平凡，是因为它包含了学生精神生活的各个方面。劳动成了为思想而进行的斗争，并且这种思想鼓舞和激励着我们，把我们团结起来成为一个志同道合的友好大家庭。男孩和女孩都感受到，他们不是普通人，不是为了谋食而劳动，而是要在此前无人踏足的地方开出第一条犁沟。

如果没有思想的一致，如果崇高的共产主义思想没有鼓舞所有人，集体中的任何组织联系都是无力的。我暂且设想：在我们用双手从沟渠里把沤肥挖出来装车运到田里去的时候，如果我们共青团员中有人拒绝来我们的肥料工厂，会发生什么事呢？如果发生了这种事，这个人就会被批评得体无完肤：同学们会骂他懒汉、瞌睡虫、娇生惯养、游手好闲。而做这一切都应是心怀坦荡的，没有任何“考前准备”，因为如果心灵受到崇高思想的鼓舞，就会对周围世界发生的一切非常敏感，会维持理智，会悄悄提示自己该做什么和说什么。年轻的朋友，要记住，这也是共青团教育中一条非常重要的原则——不要让心灵沉睡，而要时刻守卫良心……而我们那时候干活，男孩和女孩都说，就像拼了命似的。倒进沟渠的粪肥变成细碎的沤肥，我们运到田里，像撒种子一样撒在土地上，使每一窝苗都得到养分。我们在科学杂志上读到，对于小麦最好的肥料是塘泥。我们那些池塘里淤积了大约几百万吨塘泥，我们将其装上车也运到地里去。冬天下雪之后，我们来到地里，把雪收集到自己那1公顷地里铺满，使土地喝足水分。春天我们给庄稼追肥。夏天每个共青团员都忙活自己的工作：一些人在畜牧场，另一些人在蔬菜队，还有些人养蚕。种小麦是我们顺带的劳动，或清晨或傍晚，我们集合在一起干活。我们用小耙锄在田垄松几次土，以便保持土壤水分和促使小麦分蘖。茁壮的庄稼和沉甸甸的麦穗给我们带来喜悦，我们数了一个麦穗的粒数，收割前又称了一个麦穗的重量。庄稼收获日是我们大家的节日：我们穿着节日盛装来到田野，我们每个人心里都充满欢庆的喜悦。但我们也感到激动不安：我们这 1 公顷到底能产出多少呢？土地慷慨地报答了我们：1 公顷产出 7000 多公斤。

在这欢欣鼓舞的时刻，小伙子和姑娘们多么向往聚到一起啊！粮食颗粒收尽并称重之后，共青团员们晚上不约而同来到学校。我们愿意待在一起畅想未来。我们感觉自己是赢得战争的胜利者。我们仿佛登上了高峰，而我们面前又现出一座座新的高峰，在阳光下熠熠生辉。我们向往有一天我们的土地每公顷产出 8000 公斤、9000 公斤。农业技术一定会发生变化，新机器一定会开到田野上，粮食作物垄间也会像甜菜和玉米这类中耕作物那样进行耕种。粮食颗粒会增大 2 倍。我们由于自豪感和对未来的展望而心潮澎湃。

## 69. 如何培养青年人不断进取的精神

我见过小伙子和姑娘们笑脸相迎，仿佛在凝视彼此的眼睛。

伟大思想的鼓舞作用创造着我们的自身之美。我年轻的朋友，让我们一起思考，深入想一下我们共产主义教育学的这条真理：要这样培养青年，使每个人都感受到自己是美好的。要让道德美感滋养人的崇高的自豪感和公民尊严，要让每个人不仅审视周围的事物，而且审视自己。如果一个人不能对自身之美引以为豪，那么他就不可能感受到良心的谴责，他的内心永远不会接受长辈的循循善诱或批评。只有集体受到共同思想鼓舞时，自身的美感才会培养起来。

我们向未来迈出了一步，我们的劳动受到崇高的共产主义思想的鼓舞。但是金玉良言不能再三重复，否则就变成了陈词滥调，像懒散匠人的工具那样变钝了。如果一出现困难就动用这个工具，就会使伟大和神圣的事物庸俗化。例如，要拔草，要在烈日下干一天活，教师就会马上提醒学生：保尔·柯察金伐木时是在什么条件下？阿穆尔共青城的第一批建设者又经受了怎样的艰难困苦？不，不能这样进行教育。如此，锋利的工具最后会只剩下木把儿，就不能对年轻人的心灵产生作用了。要努力使共产主义思想的鼓舞作用成为每个人心中的道德内驱力，尽量少用最锋利的工具，只有这样，这些工具才能影响年轻人。

但是，一个人感受到自身道德之美并不意味着孤芳自赏。一个人体验到自豪感的同时也感受到对自己的不满意。他想不断进取，否则，就不可能有自身的道德尊严感。这是青年道德发展的一条很难捉摸的规律：只有当一个人今天变得比昨天好，只有当他在同志们身上和自己身上发现了某种全新的东西，并且想成为更优秀、更完美的人时，他才想不断进取。共产主义教育一条非常重要的原则是，使青年始终处于成长的过程中，不断发生变化，从不因循守旧。还有非常重要的一点是，要使一个人意识和感受到自己的成长。我年轻的朋友，要提防学生在道德发展过程中出现停滞，留心他们道德上的僵化。不可使一个人长时期地觉得，无论如何都不能纠正自己的某个缺点。

## 70. 如何激励青年人不断完善道德

这是一个非常有趣，而且依我看是青年教育工作领域中还较少被研究的问题。我们教师集体制定了一条可用下面这句话表述的原则：一个人要力求自身达到道德的美好和完善，他应该在自己周围——自己同学身上看见这种美好和完善。不学习如何对待他人和与他人相处，一个人就无法培养出独特的自我。正如马克思所说，为了培养自觉，“人起初是以别人来反映自己的。名叫彼得的人把自己当作人，只是由于他把名叫保罗的人看作是和自己相同的”[1]。学会待人如待己——这不是集体教育艺术的秘诀之一吗？遗憾的是，很多教育者无论如何都不能理解这一秘诀。

我们坚信，集体教育力量的源泉首先存在于集体劳动过程中，在丰富的集体精神生活中，一个人今天在同学身上看见自己昨天未曾发现的东西，他就发现了别人，并且因此，形象地说，他自己看见了自己，自己评价自己，并进行比较：我过去是谁，今天又是谁。这是集体精神生活中极其重要的一点。培养青年时，要努力使您的每个学生在集体劳动中通过自己同学的眼睛看见被崇高目标鼓舞的炯炯目光。要让甚至最消极、最冷漠的人，看见同学的眼睛时，就像照镜子一样，看见自己的思想和追求；让他惊奇地停下脚步，让他心中燃起为同学自豪的人性火花。要知道，只有做到这一点，您才能在自己学生的心灵里播撒下关于自我的思

[1] 参见《马克思恩格斯全集》。

想火种。

因此，使集体受到劳动的鼓舞在教育工作中具有多么重大的意义啊。要善于通过可以鼓舞人的活动来联络小伙子和姑娘们的思想感情。让每个小伙子和姑娘在同学身上看见真正的人性之美时都会自问：我达到这种美的高度了吗？我能获得这种美吗？我明天能比今天好吗？一个人精神面貌的好坏取决于他能否严格要求自己。青年的心灵能否达至公民应有的高尚与美德的境界也取决于此。

# 71. 如何培养青年的公民情感

这里谈的是青年人的神圣之物。每个青年共产主义者在自己的思想和心灵中都应有一种极其珍贵、无与伦比的神圣之物。心灵和思想中的神圣之物就是我们的苏维埃祖国，以及它的荣光和强盛。其他一切东西在这个神圣之物面前都会黯然失色、相形见绌。

培养爱国主义者和公民，是我们共青团教育的一项最主要且最复杂的任务。要使每个小伙子、每个姑娘都珍视神圣之物，爱惜地怀揣于心；使祖国成为每个人的明灯，照亮其他一切事物；使一个人在这盏明灯下看见整个周围世界，而主要的是看见自己。

这里，我们要谈的是，我心里一直称之为教育的神圣又神圣的任务，即培养公民情感。只有具有同情之心和勇敢之心的人才能成为爱国主义者和公民。爱国主义，形象地说，就是情感和思想的融合体，不仅要用理智，而且要先用心灵来理解神圣的祖国。这种理解始于一个人发现周围世界有某个人成了他无比珍贵的人，有某个他愿为之献出自己全部灵魂力量的人。爱国主义始于爱人。以爱国主义观察和感受世界，感受祖国，其基础在于对世界上最亲的人——亲生母亲的爱。别林斯基写道："自然界最伟大和最崇高的东西是人。"[1] 而这种伟大和崇高的顶点就是母亲。在世世代代人们的意识中，爱国主义概念本身就是从人性的这一

[1] 参见维·格·别林斯基《1847 年俄国文学一瞥》。

珍宝——生养和抚育我们的母亲的形象中结晶出来的，这不是偶然的。30多年的青年工作使我有资格表示坚信，培育对人性顶点——母亲的亲切真挚、温柔体贴的态度，这是共青团组织一项极其重要的思想和政治工作任务。对自己的母亲冷酷无情和铁石心肠与任何美德都是格格不入的，抛弃埋葬着母亲的国土而投奔异国他乡的人可能是卑鄙无耻的叛徒。飞廉草开不出玫瑰花。做不到对母亲亲切温柔、满怀热忱的人不可能成为爱国主义者。

我年轻的朋友，我们要懂得共青团教育的一个基本真理：人要爱人，要敏锐地感知周围的人并与之同甘共苦。这种对人的感知要从对待母亲开始。让我们想一想，义务劳动的星期六和星期日，活动周和活动月，抽查和远足，各种各样的活动举办了多少啊！但是，您能找到哪怕是一个组织的书记问共青团员："朋友们，你们最近为自己的母亲做了什么？"

我向做青少年工作的教育者建议：在我们极为丰富的语言中找出那些如露珠般晶莹纯洁的词语，这些词语像汩汩流淌的清泉潺潺作响，像童话中的生命之水，用这样的词语来歌颂人类忠诚的永恒之美——母亲，亲爱的母亲，敬爱的母亲。让每个小伙子、每个姑娘都把这种美带到自己的家园，把自己心灵的力量奉献给亲生母亲。

我对男孩和女孩们说："今天是一个隆重的日子——你们领到了共青团员证。你们要与母亲分享自己的快乐。给你们每个人一棵苹果树幼苗，拿着吧。这不是一般的品种：红得透明的苹果会映出柔和的朝霞和大风天来临前的深红色晚霞。我们给这种苹果取名叫母亲苹果。让我们精心培育这些小树苗，就像爱护母亲的名字那样爱护它们。"

这是最有思想性、最有政治性、最富有集体主义精神的教育。七月一个晴朗的傍晚，我的学生，我的青年朋友从母亲树上摘下果实献给母亲，此时，我为自己登上教育智慧的一个高峰而感到高兴。

爱别人，是为祖国服务的爱国主义花朵开放的沃土。为使这种喜悦的花朵争奇斗艳，每个男孩、每个女孩都应该从理智上和心灵上理解我们伟大的祖国。每个人都应该感觉到自己是祖国的儿女，体验到自豪感，因为他是祖国千年荣光和千年精神财富的继承人，是英雄祖国的今天的创造者。

青年工作教育者如何真正做到这一点呢？

要用热情洋溢、亮如火炬的语言向青少年阐明我们的祖国从古至今走过的艰难而光荣的道路，向其指明通向光明未来的并非坦途，让年轻的公民感觉到自己是千年历史中的一个行者，要对前辈交给他的一切负责，对他要传给未来的一担无价之宝负责，一路上不可遗失分毫，不可忘记在为我们伟大光荣的祖国而进行的斗争中所获得的任何一条英明的真理。

用这种热情洋溢的语言赞美我们祖国的儿女，他们的名字犹如永恒的星辰闪耀在祖国的天空，过去是，将来也永远是新一代人心灵的指路明灯。

或许，有人读了这段话会哑然失笑。有人可能会想：您是不是过分夸大了语言的力量，把愿望当成了现实？不，一切正是如此。语言就是率领人们冲锋陷阵的统帅，是拨动人们心弦的乐师。要知道拨动哪根弦才能奏出美妙动听的音乐。在交流谈心、论及伟大事物时，我拨动的琴弦叫作公民性、人性、荣誉、尊严。我直接触及每个人活生生的灵魂。我面对的不是什么抽象的受教育者，而是热情奋发、目光如炬的科利亚和柳芭、万尼亚和加丽娅、季娜和舒拉。教育者的语言，只有在不是以培养某种抽象的爱国主义者——这种人也根本不存在——为目的，而是要让科利亚和柳芭、万尼亚和加丽娅、季娜和舒拉的内心激情澎湃的时候，才能变得**热情如火**。

这也是我们共青团教育中的一条宝贵原则。

我有几十个关于我们**祖国英雄儿女**的鼓舞人心的故事。我讲述遥远的过去，也讲述不久前热火朝天的日子。我的青年朋友屏住呼吸，倾听查波罗什哥萨克的故事：他们被活活剥掉身上的皮，被烧红的烙铁烫伤口，要他们背叛祖国或者哪怕是默不作声地服从，而他们却骄傲地冲敌人说出一个如烈火一样的字："不！"倾听谢尔盖·拉佐的故事：坚决捍卫共产主义信念而被活活扔进火车头的锅炉里；倾听我们两个同乡——英雄少先队员的故事：法西斯分子动用非人的酷刑也未得到有关游击队秘密的一个字，就把他们活埋了。我看到，我的青少年朋友眼中燃烧着对敌人的刻骨仇恨之火。此时若对他们说：青少年朋友们，我们的苏维埃祖国在召唤我们为自由和独立、为荣光和强盛而投入战斗，那么，他们每个人都会高喊着祖国之名而进行殊死战斗。

只有痴呆和道德堕落才能堵塞语言通向人们心灵的道路。语言是为人类灵魂而战的坚强斗士。一切都取决于您这个教育者的语言内涵。有的语言像呆小病患者，瘦弱丑陋，有的语言像枯草的影子，毫无生机；有的语言则像永恒的星星，光辉灿烂，永不熄灭，为人指引道路。努力使您的语言成为指路的明星吧。

## 72. 如何使共青团员胸怀社会主义祖国

这里要谈的又是一个细致而复杂的问题，即如何让服务祖国这种伟大、美好、崇高的爱国主义精神鼓舞每个学生。这种鼓舞引人深思，使人白天激动不安而晚上夜不能寐。如果我那些14岁的学生科利亚和柳芭、万尼亚和加丽娅、季娜和舒拉不沉迷于思索人生的目标和意义，不通宵达旦地看书——阅读关于马克思、列宁、亚历山大·乌里扬诺夫、尼古拉·基巴利契奇、费力克斯·捷尔任斯基或尤利乌斯·伏契克的书籍，我无法想象共青团的教育工作如何展开。教师用炽热的语言讲述以爱国主义精神服务祖国，每个学生都深受鼓舞，都去寻找并找到了自己的书籍，都在祖国的天空发现了自己的灿烂明星。每个人心里都惊叹和着迷于忠诚祖国的榜样，在春天的夜晚伏案一页页翻读自己喜爱的书，激动得心潮澎湃。如果学生个人没有深入思考这些问题：我是谁？我是什么样的人？我以前是怎样生活的？我将来要怎样生活？我会为社会主义祖国做出什么贡献？真正的共青团教育就会成为空谈。

我年轻的朋友，如果您想成为共青团员的一名真正的教育工作者，请留心一下，青少年单独一人时，做什么，忙什么，读什么，想什么。他是否愿意独立思考？如果不愿意，那很糟糕，这意味着，没有个人的精神世界，没有个性，因而也就没有集体。

我们学校有个房间，我们称之为“思想室”。这里总是鸦雀无声。柜子里放着关于祖国英雄儿女的书籍，学生可以随便翻看，找一本自己喜欢的书，找到自己的明星和指路明灯。不让任何一个青少年对这样的书视而不见，我认为这是青少年教育者最重要的任务之一。每次结束有关爱国主义者的座谈之后，青少年内心深处的敏感心弦就会被触动，我看到，几个男孩和女孩会向“思想室”走去。青少年朋友们，祝你们成功！你们正在攀登自我教育中最艰难的一级台阶。我突然第一次看见蓝眼睛的大个子——同学们都这样称呼万尼亚——站在窗户旁，一旁是玫瑰花。他 14 岁，但已经高过父亲。万尼亚看待世界的看法太过幼稚，这让我很担心，我等啊等，等着成熟的思想能触动他的心灵和激发他的智慧。瞧，我终于看到他手里拿着一本关于尤利乌斯·伏契克的书……做个男子汉吧，万尼亚。把书带回家，边读边想，读个通宵，让成熟的思想打动你的心灵。

青少年的自我教育就是由此开始的，而这仅仅是个开始。要使青少年精神成熟，还需要付出不少的精力。

## 73. 青少年的精神究竟是如何成熟起来的

我们常听到有人争论：青春期是从什么时候开始的，14 岁还是 16 岁？从什么年龄开始吸收青少年加入共青团更好，从 14 岁还是从 15 岁？近年来学者们因儿童早熟问题而忧心，因为男女青年生理发育加快，而他们的社会发展、精神发展和道德发展却很滞后。

我们教师集体坚信，青春期开始于 12~13 岁。如果您想让儿童成为精神上成熟的人，那就帮他在公民舞台上迈出最初的几步。完全无忧无虑的童年和少年时代是精神幼稚病的根源。青少年生活中应该有操心的事。我指的是要为我们的人民、社会、祖国操心和不安。要让周围的一切在我们青少年的青春期初期就能触动、刺激和惊扰他们的心灵。生活中的任何事物，无论是相距咫尺的，还是远在天涯的，都不是与他们个人毫不相干的。使少年以公民视角看世界，这是教育智慧的一个顶峰。最主要的是让儿童关心和担忧社会，把社会的事情当作自己的事情。

如何真正做到这一点呢？

公民的成长伴随着这一思想而来：自己为他人做了一些什么，给了他人一些什么。这是青少年精神财富最重要的源泉。只有在 12~13 岁时就已获得自己的精神财富的人才能通过理智和心灵来理解祖国。如果他们没有获得这样的财富，您的话就毫无力量，不可能成为热情如火的语言鼓舞青少年的心灵，引发他们思考为何活在世上的问题，从而使其在想到谢尔盖·拉佐的功勋时联想到自己，意识到自己接触了伟大和神圣的事物时肃然起敬、心潮澎湃。也许，您听到过青年教育工作者的抱怨：你给他讲神圣的事物，讲英雄主义、英勇无畏、自我牺牲，但是不知为何，你的话就是到不了他的心坎里去……之所以这样，是因为他心里只有消费的乐趣，而实际上心灵却很贫乏空虚，缺乏为人们创造而感到快乐这种精神财富。

青少年的精神财富要一点一滴积累，要从童年时代和少年时代就开始积累。一个 12~13 岁的人回首过去时，应该看到自己曾经为别人做了些什么，并且感到自豪：瞧，这就是我的劳动成果。这种自豪就是共产主义思想的精神补给，是思想一致的基础。

在我们的青少年朋友 10 岁左右时，我们决定开辟一个大众葡萄园。我们面前是一片被烈日烤焦、毫无生机的向南的山坡，土壤贫瘠。但这里 1 公顷的土地可以收获几千公斤"阳光浆果"——葡萄。于是我们干起活来：清除山坡上的杂草，挖了几百个坑，在每个坑里施上塘泥和沤肥；另外，还根据老人的建议，在坑里填上能杀葡萄害虫的植物根部的土壤（这是一种民间"植物医学"）。我们搬运了几百吨土，因为要在每一棵葡萄藤周围垒起防护土埂以防水土流失。对于教师而言，这是最困难的时期，因为单调的体力劳动本身不可能是有趣的，也不能带来任何快乐。那么，究竟是什么促使学生从事这项劳动呢？是语言，是能够在青少年心灵中点燃服务人民的公民意识火花的炽热语言。我相信充满共产主义信念的语言的巨大力量。

葡萄藤新发的嫩芽变绿了，现在我们已经可以欣赏自己的劳动成果了。这时我已经不再担心繁重的体力劳动会损伤谁的精神力量，使其产生轻视劳动的情绪。我们的劳动才刚刚开始，还要给葡萄藤浇水，保护它们不被晒死和冻死。

一月月、一年年过去了，葡萄园逐渐成为我们每个人的牵挂。我们深深地依恋着这片土地。结出第一批果实后，我们公民情感迸发的日子也随之而来。小孩和老人来到我们这里，我们用葡萄招待他们。我们给病人送去亮晶晶的葡萄，当我们收到感谢和祝福时，心里激动万分。

让 13~14 岁的少年听到别人感谢他们的真诚、热情和人性，这就是教育智慧的一个高峰。很难找到一种力量比这些朴实的语言更具鼓舞作用的了。我的学生体验到了为别人做好事带来的前所未有的快乐。如今热情如火的语言已被他们铭记在心，对他们不断劳动的激励和鼓舞成为每个人内心的精神力量。我确信，如今每个人都不仅在集体中而且独处时也能表现出公民的忘我精神。

我年轻的朋友，要知道，当自己的良心不允许对他人漠不关心时，才能把社会的事情变成个人的事情。

我们种植的大众葡萄园的土地成了我的学生进行公民自我教育的场所。他们学会了以公民视角看世界。世界上没有和他们个人毫不相关的事情。艰苦的体力劳动锻炼了他们的精神。小伙子成长为真正的男子汉。我高兴地看到，当体力劳动特别紧张时，小伙子思考问题就有些不同了：他们想的是如何克服困难，而不是能否克服困难。

## 74. 如何培养青少年不怕困难的精神

在克服困难的过程中可以培养英勇无畏的精神和高尚美好的心灵，人就不会变得冷酷无情，而是恰恰相反，会变得对他人温柔，对善良关切，而对邪恶则绝不妥协纵容。

我们给自己的学生展现，生活并非坦途。年轻人，尤其是小伙子，要做好面对一切的准备，要准备经受最严酷的考验。要把小伙子培养成英勇无畏、坚忍不拔的人，使其在生活道路上遇到艰难困苦时——应该随时准备好应对这一切——不会手忙脚乱、软弱无能。顽强的精神与结实耐劳的身体相关。我年轻的朋友，请检查一下吧，您的学生，16 岁的小伙子，能否冒着酷寒待一整天，而且不是闲待着，是要劳动；他能否顶着烈日走 40 公里之后还能劳动几个小时；他能否半天不喝水还能顶得住。所有这些都不是以某种人为的练习来进行。在生活中，在日常劳动中，可能就存在这种艰难困苦。我们不会跟小伙子们说：练习吃苦耐劳吧。我们会交给他们同龄的集体农庄庄员所做的劳动任务：冒着一月份的严寒去田里，把干草装上拖拉机的拖车，运到畜牧场。小伙子们认识到这种劳动的目的并非做练习，而是让奶牛产奶，没有干草就不会有牛奶……

如果一个人在少年时代和青年早期学会了克服艰难困苦，他就会在自己的周围看见那些娇生惯养、无所事事、无精打采、弱不禁风的“妈宝儿”永远也看不见的事物。

## 75. 要保护青少年内心的激情

每当谈到青少年教育问题时，我就会一次次地提起公民焦急不安的心灵。这是我们整个共青团教育的核心。我年轻的朋友，要像防火一样提防冷漠无情的处世态度。这是最可怕的毒药，会使人变成凡事都漠不关心的庸人和小市民，他们遵循自私自利的卑鄙信条："事不关己，高高挂起。""我的事像公鸡打鸣，叫过就行，管它天亮不亮。"年轻人用自己的双手为别人做得越多，其心灵就越纯洁、越高尚。他感受得到别人的喜乐忧伤，忧心社会的灾难祸害。这个年轻公民看待周围世界的目光就会变得求知若渴，就会刨根问底，性格就变得不安于现状而奋发图强。高尚的心灵与邪恶、漠视公共利益和侮辱人的尊严的行为互不相容。年轻的心灵会不满、抗议、愤慨，这促使人做出高尚美好的、偶尔或许是激烈冒失的行为。

要记住，对邪恶做出的第一反应、良心发声提示的最初冲动，通常都是最高尚的。不要压制良心的声音。不要用逻辑思考和推理的羁绊束缚青少年高尚的冲动。成熟的智慧、明辨是非、善于三思而后行，这一切都会水到渠成。但是，当青少年对世界有了巨大发现，即通过心灵对善恶有了复杂而痛苦的认识，感到惊惶不安的时候，如果他内心没有波动，那么，他心里就永远不可能有被邪恶激发而产生的准备对抗邪恶的热烈激情。希望您那里不要有任何一个小伙子和姑娘像鱼那样心肠冰冷。评价优良行为时要英明睿智，避免轻率冒失。只要有一颗火热的心，就会有冷静的理性，不用担心。

有些情况下，生活中碰到的邪恶现象似乎没有罪魁祸首，好像注定不可避免地发展成了不幸。人们看到这种不幸时，有时会同情地摇摇头说“唉，有什么办法呢”，然后就扬长而去。这时，要避免青少年产生冷漠的态度，要把这种态度看作心灵最可耻的堕落。这种现象本身还潜藏着很大的危险。只要你有一两次对与你个人无关的不幸置之不理，你就会永远对人类的忧患漠然置之。

恰恰要在没有明显的苗头时在青少年心里唤起警觉和担忧。让青少年的心中燃起不熄的激情之火：我应该做些什么，如果置之不理，我就会成为一个可怜的利己主义者。这种激情的火花也不是凭空燃起的，受教育者对与己无关之事感受到道德上的关切和不安是这种激情之火的燃料。

集体农庄的羊群里有20只羊羔在暴风雨中走失了。可能是暴雨把它们驱赶到了灌木丛中或芦苇中去了，也可能是它们陷进暴雨过后形成的淤泥湖中了。这件不幸的事传到了我们学校。来吧，同学们，咱们出发去找吧！要知道它们都是那么小的小羊羔……我们带上够吃两三天的食物，动身去第聂伯河沿岸无边无际的河滩。我们救了一只又一只小羊羔，我们内心激动，充满喜悦和骄傲。回来时我们被蚊子咬得全身是伤，尽管我们一身疲惫，却感到心情愉快，大有长进。我把这种集体行动称为热心课。这种课能唤醒心灵对不幸、痛心和忧虑的同情与关切，如果没有这种课，这类事情则会引起无情的冷言冷语：没有我们也能应付。

我认为热心课不是什么孤立于周围世界的特殊事物。我年轻的朋友，这是公民的生活，这是别林斯基对未来命运心怀担忧而曾经写到的公共利益大世界。

## 76.如何教导青少年关心公共利益

有一次我听一位副校长做关于课外劳动的报告。他详细介绍了学校社会学办公室：墙上挂着什么招贴画和图片，房间布置如何具有艺术性，共产主义建设者道德守则写在一张大纸上，镶在漂亮的框里……但是关于马列科学的伟大真理应该如何进入青少年的心灵并让他们永远铭记在心，这个问题他却只字未提。当有人问他在这方面可以做什么时，这位副校长哑口无言。因为对于社会学办公室如何装饰有严格指示，而对于心灵塑造则没有任何指示。我认为，有些人带给教育领域的弊大于利，这种人只看得到领导指示，而不懂得，脱离灵魂和心灵，指示毫无用处。我认为，热心课在教育工作的所有阶段和所有形式中都非常重要。

有一天，我们整个和睦大家庭（我们这样称呼自己的共青团组织）挑拣玉米棒子：最好的给国家仓库运粮的汽车装上，差一些的送到仓库去做猪饲料。有人从一旁走近我们，偷偷向我们建议，说：你们把差点的玉米棒子扔到车厢底，上面盖上好的，仓库只检查上面的玉米，要知道我们得多交些，要完成计划啊……我看到，共青团员们面面相觑，面露羞愧。万尼亚满脸通红，而季娜低下头，眼睛看着地。那位管理人员走了，我的学生站着，我也站着，心里在想：我要看看你们怎么办，刚上的热心课教给了你们什么？

“这都什么乱七八糟的啊！”舒拉瓮声瓮气地说。

他们再也没有说什么，开始拼命卖力地向车厢里扔最好的玉米。那个建议我们耍滑头"完成计划"的人几次走近我们，皱着眉头看着共青团员干活，没敢说一句话……只要有一次受到良心提示而反对邪恶、欺骗、不公正，人就会对周围世界的现象变得非常敏感，把游手好闲和挥霍浪费看作是邪恶的，与谎言、欺骗势不两立。

要努力使一个人在青少年时代就关心集体和社会财富。农业生产有农忙时期，此时任何一个青少年都不应该将紧张的劳动和人们为之操心的事情置之度外。

春天，集体农庄播种了几千公顷的粮食作物、蔬菜和经济作物。如果不及时除草，收成会不好。农庄庄员一心想着如何把劳动组织得最好，如何充分利用劳动时间。您作为教师，要努力使学校集体也受到紧张劳动气氛和社会积极性的感染。让青少年到那些对公众福利和经济成就起重大决定作用的生产领域参加劳动。让学生的劳动不再是一种孤立于成年人的特殊劳动。要努力让自己的学生和成年劳动者形成这样的关系：使成年人焦急地期待学生创造的物质财富，使青少年把自己的儿童劳动、学生劳动看作成年人劳动。尽量减少学生集体劳动中的学究气和形式化，这是我们培养学生从小就关心公共利益所遵循的原则。

我们在教育工作中努力使学生的劳动热情和干劲成为社会生产大厦上一块不可或缺的砖头。比如，暑假期间，一、二年级的小学生在地里参加几天集体劳动，为牛犊准备最好、最有营养的、富含维生素的干草。劳动成果是几十吨高质量的饲料：学生把草收割下来晒干，堆成草垛。四、五年级的学生采集西红柿、洋白菜和黄瓜等蔬菜的种子。农庄里只有他们从事这项劳动。孩子们很明白，如果他们不给社会生产大厦添砖加瓦，这座大厦的建设就会延期。从劳动生活一开始，公共利益就被视作劳动的崇高目的。

年龄较大的少先队员和共青团员承担更加重要的劳动任务。农庄每年划拨给少先队和共青团 10~15 公顷土地，少先队成员和共青团成员培育小麦、玉米和其他作物的种子。从第一次翻耕土地到收割和归仓储存的整个农业劳动过程全都是由他们完成的。

他们觉得自己是和成年集体农庄庄员一样的劳动者。共青团委员会书记和少先队大队长像成年人生产队的队长一样，被邀请到农庄管理委员会会议上做汇报。生产和经济利益在学校集体的精神生活中占有重要地位。对物质财富的关心为学校集体内的相互关系、少先队员和共青团员的整个思维建构赋予了特殊意义。为培养青少年思想上的成熟和成年，我们要不仅关注学生与成年劳动者的经济和生产关系，而且也关注学校集体内部的这种关系。

## 77. 如何建立学校集体内部的劳动关系

我年轻的朋友，这里我要谈建立和培育集体方面一个特别重要的因素。我指的是物质关系问题，是诸如责任感、领导、服从、互助、合作、经验交流这些概念的物质表现形式问题。如果不对物质财富负起责任，一切关于责任感的谈论都是幼稚的。如果集体成员之间没有互助合作、友好交流思想与经验的精神，那就没有也不可能有任何集体。

我们学校少先队有一个小型机械队。机械队有一些机器和机械，在学校试验区劳动以及儿童综合技术小组中使用。机械队有一台由教师和高年级学生组装的拖拉机，少先队员用它在校园和果园里耕种。机械队还有两辆给低年级学生教学用的小型汽车、两辆播种机、一辆割草机、一辆脱粒机、一辆簸谷机，所有这些机械都是在学校制造的，并都用于学生劳动。

我们学校的共青团组织有一个青少年机械化生产队。从队员里选出一名队长、两名助手和两名机械师。队里拥有大人机械（少先队员和共青团员这么称呼）：一辆拖拉机、两辆汽车、一辆联合收割机、几辆播种机和几辆簸谷机。队长和他的助手由生产队授权，是各种机械和修理基地（包括充电设备和电焊装置）的负责人。他们在进行劳动任务期间任命青少年机械手。对机械化生产队来说，收到劳动任务是巨大的荣誉。队长在批准一个人开拖拉机之前，先要对有意参加劳动的学生进行一整套的考察（比如，学生在旋车车床上生产机器零件，参与新机械的设计和安装)。在春季和夏季田间劳动期间，生产队轮流安排机械手在田间(少先队负责的几公顷土地和集体农庄的田地)劳动。

少先队组织和共青团组织还有两个生产队：青少年农艺师生产队和青少年园艺师生产队。这些劳动集体有试验田、学校养蜂场、手工农艺和园艺用具。

生产和物质关系的经验使得共青团和少先队组织成为很多物质财富的主人。我们的少先队员和共青团员支配来自教学试验田、果园和菜园的学校内部经济收益。出售果蔬、树苗赚来的钱由学生入账并交到会计科。一年时间能积攒数目可观的一笔钱。共青团委员会和少先队大队委员会将这些钱用来购买乐器和组织游览活动。这丰富了共青团员和少先队员的生活经验。

与劳动密切相关的生产、物质和经济关系是把集体中不同年龄段的学生连在一起的一条线。

## 78. 如何建立创造性集体

当然，物质生产关系衍生出另一种关系，即精神关系。最能体现生产关系本质的劳动越有趣，不同年龄段学生之间的精神关系就可能越深厚。当同在一个集体劳动的儿童和青少年使用机器和机械、掌握复杂的实际操作能力和技巧、互相交流知识和经验时，劳动就会变得有趣，此时就产生了精神关系。没有劳动兴趣，没有对知识的渴求，没有用来掌握相对复杂能力和技巧的共同活动，不同年龄段集体就不可能成为教育的工具。但是如果您能够将不同年龄段学生的劳动生活和精神生活融为一体，那么您那里就会在集体影响个体方面出现非常强大的新源泉。

这种教育影响的本质在于，共同的能力、爱好、志趣使儿童和青少年互相吸引。与此同时，个体特点在具体活动中展现出来。不同年龄段集体的教育效果在于，在突出的积极事例影响下，儿童和青少年认识到他想成为什么样的人，他就产生了想要达到理想和榜样高度的愿望。离开产生于引人入胜的有趣劳动基础上的精神关系，想做这样的人的愿望基本上是不可能出现的，学生也不可能产生这样的想法。

不同年龄段的劳动集体，也可以称作创造性集体，应该是学生自主自愿加入的。这里不允许任何一个学生依附另一个学生。少先队员和共青团员非常敏锐地感受到一个人的能力、爱好和志趣，他们从不挑选对相应劳动不感兴趣的人进入机械师生产队或农艺师生产队。

还有另外一种类型的不同年龄段集体。暑假期间我们的学生一般哪里都不去，因为村庄里的休息条件非常好。每条街道，每个“小角落”（乌克兰说法），我们都有人民教育点（我们就是这样称谓小型人民教育学校的）。这里每一所学校的灵魂都是热爱儿童的人。他们或者是退休的生产老将，或者是年轻工人、农庄庄员和职员，对他们来说，与儿童交流就是精神生活的快乐和满足。我们在自己的集体中，把这种人称为人民教育的守护人。他们的教育影响很大：美只能靠美来创造，人只能由人来创造。

30 多年的学校工作使我确信，一个人在培养别人、关心别人时才能得到最好的自我教育。我们教师集体努力使每个学生在少年时代就能真诚地关心小孩子。对儿童的同情、关切和担心——这种情感是青少年集体高尚情感的基础。这种情感在活动中表现得越积极主动，男孩的心就会变得越刚柔并济，女孩的心则变得越温柔体贴。

## 79. 要努力使您的学生由受教育者变为教育者

我们的共青团组织为人们建立了一个“草原美丽角”之后，我们和睦大家庭的生活突然与小女孩娜塔莎的命运联系在了一起，共青团员亲切地称她为娜塔拉奇卡。小女孩住在村庄的边上，她和母亲相依为命。娜塔拉奇卡重病三年，不能走路了。春夏时节，妈妈让女儿坐进小推车，把她推到树枝浓密的苹果树下。长满绿草的院子、苹果树、两个蜂箱、一口井、棚子上的一窝鹳、小狗帕里玛以及它守护的几只兔子——这就是娜塔莎的整个世界。小女孩嗓门高、爱说话，但同时又因为自己的病很伤心，她请求我们给她带些她没见过的野花。我们每个人都觉得心痛：难道小女孩不能康复了吗？医生对她进行了治疗，但是不能保证很快康复，因为神经系统深度受损，小女孩的双腿不能活动。该怎么帮你呢，小娜塔拉奇卡？

我们为了她什么都做了！我们把她宽敞的房间建成了一个真正的花园：种植了小枞树和松树，从学校温室移栽了盛开的菊花。在窗下种植了玫瑰。一年后小女孩该上学了，我们就开始教她阅读和画画。整个冬天她的房间里都鲜花盛开。但是小女孩还是面色苍白、身体柔弱。我看到，季娜和加丽娅从娜塔拉奇卡那里离开时偷偷抹眼泪。我们盼望着春天快点来临。

春天，胡桃叶子刚刚发芽，草原上的花刚刚开放，我们就把娜塔拉奇卡放进小推车带她来到“美丽角”。小女孩惊异地发现了一个对于自己来说全新的世界，一切对她来说都是陌生的：草原冈丘上蒸腾的热气、云雀的歌声、蝈蝈的鸣叫……学生在“美丽角”搭了一个窝棚。暑假期间我们每天都待在这里。有益健康的草原空气、胡桃叶子的香味、通红的西红柿和多汁的西瓜、咬起来脆脆的苹果——或许，这一切对于娜塔拉奇卡都是最好的药物。她的脸颊泛起了红晕，眼睛里闪烁着喜悦。两年后小女孩站起来走路了。医生说，治疗不仅靠药物，还有快乐，尤其是娜塔拉奇卡的这类疾病。

两年半里，对生病小女孩的真切关爱是无与伦比的热心课。青少年学会了用心灵感受和认识那些用眼睛常常无法看到的不幸、担心和关切。我确信，如果集体关心儿童，那儿童之后同样会对最大的不幸——人的孤独——怀有同情。

# 80. 要教育学生关心他人

娜塔立奇卡还没站起来走路时，我的学生又被新的不幸震惊。有一天，我们从森林里回来时遇到一位妇女，她用若有所思、充满忧伤的眼神目送着我们。村子里，人们习惯和每个遇到的人打招呼，不管是熟人还是陌生人。我们对她说“晚上好”，她回之以“亲爱的孩子们，身体健康”，我们从她的嗓音里也听出了忧伤。

“为什么她有一双这样忧伤的眼睛？”一个小男孩问。

“她有巨大的痛苦……是什么痛苦呢？”

第二天我们了解到这个妇女的痛苦，我们震惊了。她的三个儿子、丈夫和两个兄弟都在伟大的卫国战争前线英勇牺牲了。不久前她的母亲去世了，她的母亲是她世上唯一的亲人。如今，这个妇女孑然一身。

玛丽娅奶奶的痛苦成为我们内心的痛苦。我们怎样才能帮助到您呢，我们的亲人？我们得知她沉重的命运之后，科斯佳说：“我们要把我们内心的温暖都献给您，只要您能笑一笑。”

有一天，玛丽娅奶奶终于冲着我们笑了。她回忆起自己的儿子，她笑了。我们来她这里种下六棵葡萄藤和六株玫瑰来纪念她的儿子、丈夫和兄弟，她笑了。她笑了，接着她眼睛里流出眼泪，我们也哭了……因为我们还没有见过世界上有这样一个母亲，经受着如此巨大的痛苦。

我们千方百计想要减轻她的痛苦。我们知道，不能丢下她一个人，孤独使她更加痛苦。内心还有个声音告诉我们，既不能安慰她，也不能劝她忘记自己的痛苦。这个痛苦会永远留在她的心里——直至她去世。

老奶奶看着这群男孩和女孩笑了。我们每天来老奶奶这儿，在她的美丽花园里劳动。一朵朵玫瑰花盛开了，一串串葡萄成熟了。我看着孩子们的眼睛，听着他们叽叽喳喳地说话。我发现他们内心深处似乎感觉到对不起老奶奶。因为他们愉快地生活，充满欢笑，对彼此、太阳和晴朗的天空笑脸相对，而她的儿子们却在战争中牺牲了，这就是孩子们的感受。我陷入思考：这是好还是不好呢？是的，这是好的。存在于这种无论如何都无法言说的复杂情感中的，是替为他们的幸福而牺牲的人担负起的崇高责任。

如果在成年时期才开始培养内心崇高的责任感、纯洁高尚的心灵激荡，您就永远不会获得这种财富。青少年时期就培养、创造这种财富吧。像保护珍宝一样保护这种财富吧。

我还是要反复提出这条建议，因为它是有益的：教自己的学生看见人。让每个学生学会像照镜子一样在别人身上看见自己。给每个青少年一面这样的镜子，教会他们照镜子，这是教育智慧的一个顶峰。如果您想成为真正的青少年教育者，那就学习在这面镜子中看到最细微、最隐秘、最意外的细节吧。

## 81. 教会自己的学生避免空谈

我专门提醒注意这一点，是因为空谈会腐化人的心灵，就像铁会生锈一样，空谈也会腐蚀集体。有空谈的地方，实质上就没有也不可能有集体思想的统一。空谈就是拿着武器不负责任地敲敲打打，是把武器变成玩具，是解除人的精神武装。

与此同时，要提防最卑鄙无耻的谎言和虚伪的毒害。要从儿童时代和少年时代就让真理融入青少年的血肉，成为他们的习惯：让实话实说的习惯变成性格，变成天性。要培养自己的学生对空话连篇、夸夸其谈、大吹大擂、装腔作势毫不妥协、绝不容忍。

如何在实践中信守这些金科玉律呢？这里我们要谈的是自我教育的问题。多年青少年教育的工作经验使我确信，如果语言能作用于人的心灵，如果语言没有变成一个空壳，它就会成为强大的自我教育的工具。教育孩子们不要信口开河，不要什么都说“不过如此”，不要说漂亮话。我告诫自己的学生：“如果你想做好这件事，但对此没有把握，那就永远都不要说：‘我保证，我能做好。’最好说：‘我想努力让自己做好这件事，我努力想让自己做好这件事。’那就努力让自己去做吧。不管有多难，都不断接近既定目标。哪怕反复做十遍，就是要做到无愧于心。”

不要忘记，自我教育的过程从来不会一帆风顺、畅通无阻。没有什么比战胜自身弱点更大的胜利了。青少年教育者，请您记住，真实首先是对人诚实，对自己、对自己的良心亦然。要诚实地评价自己：什么是我力所能及的，什么是我力所不能及的，我如何到达自我完善的顶峰，到达之后，我有权说：我是自己意志的主人。所有这些实事求是的评价是诚实正直的基石。

正确反映生活的诚实之镜是由劳动打磨的。要努力使思想和语言受到行动、劳动的激励。再强调一遍，在教育事业中，一切都是彼此联系的。诚实正直，对谎言和欺骗毫不妥协，都是源于劳动的伟大真理。难怪乌克兰古谚云："嘴里吐真言，手上磨老茧。"劳动者的内心讨厌谎言和欺骗，对此满怀愤慨。真理发端于为大众谋福利的劳动，发端于为他人进行创造的快乐，发端于克服困难的过程。生活轻松、一帆风顺、不从事紧张体力劳动的人，其思想也会像蝴蝶一样轻舞飘浮。而思想应该坚如橡树干，力如箭在弦，明如火光燃。永恒不变的真理、牢不可破的思想、明朗清晰的道理，是从名叫困难的源头涌出的活水。青少年应该知道何为困难，要通过自身经历去认识。认识困难的人就会珍惜话语并无法容忍空谈。

## 82. 如何教自己的学生进行自我教育

科学构建共产主义教育过程提出一个最尖锐、最迫切的问题，即关于集体和个体精神生活财富相互依存的问题。假如每个人都只是消费者，集体生活中何来精神的充实和精神财富呢？假如个体对此不能竭尽所能、严肃对待，难道能说集体是个体的教育者吗？充实集体精神财富源泉的溪流又从何而来呢？假如每个人与自己同学交往时做不到每天坦诚以对，一群人就会变成无组织的乌合之众。个体和集体，这是一个硬币的两面。没有个体教育，也就谈不上集体的教育力量；没有自我教育，个体教育也是不可完成的。广义而言，我认为教育的概念就是集体教育和个体教育的和谐，而在个体教育中起主导作用的一个因素是自我教育。

教育一个人就意味着教育他严于律己。对待一个人时，只有您不再总是引领，而是让他自己面对，使其自我负责，形成自己的人生立场，才能做到这一点。那实际上该如何做呢？

从小就教他认识自己并进行自我教育。伟大的思想家和艺术大师陀思妥耶夫斯基说："在自我中找到自我，臣服于自我，掌控自我。"[1] 这句话就是自我认识的箴言。培养情感，锻炼思想和意志的条理性，形成和稳定性格，一个人应该亲力亲为地做所有这一切，不断认识自我和

[1] 瓦·亚·苏霍姆林斯基简略复述了费·米·陀思妥耶夫斯基《卡拉马佐夫兄弟》中的一段话："受戒者自愿接受这种考验，接受这种可怕的试练，希望在长期的考验之后战胜自我、掌控自我，直至通过终生修炼最后能达到完全自由，即不受自身制约的境界，免蹈一辈子始终未能找到自我的那些人的覆辙。"

掌控自我。

自我教育需要非常重要和强大的动力——自尊感、自尊以及想要今天比昨天好的愿望。只有一个人的心灵敏锐地感觉到最细微、完全充满人性的影响方式，即善良的话语、建议、温柔的或者责备的眼神，才能实现自我教育。假如一个人对粗鲁无礼习以为常并且只对“强力”语言、喊叫和强迫有反应，那就不必谈自我教育。就实质而言，自我教育是人对人的信任，是对个体荣誉和尊严的关照。以自我教育为教育准则，首先就是师生之间有着对对方保有良好意愿的深层互信。

从多年经验出发，我敢于给教育者一条实际建议：学生的自我教育需要您的教育影响具有个性。您的集体应该充满宁静的氛围，而不应该有大喊大叫、焦躁不安。如果教师时不时就被某个学生激怒，而想要发泄这种不良感受，于是一时冲动对学生大声斥责，甚至愈演愈烈变成严厉呵斥，那自我教育就连想都不要想了。越对一个人吆喝、斥责和惩罚，他就越感受不到良言善语，也就越发展不了列夫·托尔斯泰称之为好好思考[1]的能力。

我坚信——而且这种坚信并不是书本上的推理结果，而是多年的实践总结——绝对正常的教育是没有惩罚的。教师同行们，需要做个说明：这里说的是儿童，是对儿童的惩罚。一切都以惩罚为基础的地方是没有自我教育的，而如果没有自我教育，那教育基本上也不可能是正常的。这种不可能是因为惩罚已经使教育者免受良心的折磨，而良心是自我教育的主要动力，良心熟睡的地方就谈不上自我教育。受到惩罚的人会想：我对自己的行为没什么可思考的了，我受到了应得的惩罚。

我们学校发生过这样一件事：三年级学生9岁的科斯佳用弹弓打麻雀。他打伤小鸟，抓住之后折磨它。老师惩罚了小男孩：三次不能和全班一起去森林玩。在第二次有趣的郊游前夕，孩子们全都迫不及待，只有科斯

[1] 此处所言指列夫·托尔斯泰《阅读范围》中的说法，该书由列夫·托尔斯泰挑选、搜集和按日期编排众多作家关于真理、人生和行为的思想汇编而成，其全文是：“好好思考吧，思想将会成熟起来变成善行。”

佳在课堂上郁郁寡欢，对老师的问题答非所问。全班一起去森林了，小男孩留在了学校。他在棚子的稻草顶上抓了几只还没长出羽毛、软弱无力的小麻雀，并把它们放进了教师桌子的抽屉里。一天后（森林郊游是在休息日前），老师打开抽屉，发现了小麻雀，这些小鸟几乎都要死了。

该怎样解释这种残酷呢？为什么孩子会因为惩罚变得凶狠？因为“强力”影响手段使孩子不再动脑和思索：他感受到的不是自己的不端行为，而是惩罚。其实他是忘记了自己的不良行为，而教育的逻辑在于，要使儿童对这种行为进行思考。而惩罚的结果是儿童没有好好思考。他觉得自己受了侮辱，心里积攒起了愤怒。另外，如果惩罚哪怕有一丁点儿不公平，那么，大量积累的愤怒就会使教师面临地动山摇、出人意料的雪崩之险。

我认为正常的教育是这样的：儿童没有严重的不端行为，只是犯了毫不起眼的小过失，他却耿耿于怀，特别在意，感受到良心的折磨，这是最主要的。教育的艺术在于预防严重错误行为的出现。该怎样预防呢？首先要与儿童进行个别谈话。

## 83. 要掌握与学生个别谈话的艺术

仔细观察儿童，深入思考一下，小孩子举止如何，他们如何对待彼此，如何对待父母，然后又如何对待作为教师的您，您就会发现，孩子在本质上有想要对您表露自己的情感和想法、敞开自己的心灵的精神需求。

但是要知道：只有您从不用发号施令来制止、管束他，孩子才可能对您坦诚地敞开心扉。比如说，如果您期望父母逼迫孩子变好，孩子也知道您的这一期望，或者您甚至有意让他们明白，您把自己的希望寄托在什么上面，那您就记着吧，就像俗话说的那样，全泡汤了。不仅自我教育，就连您班级的正常秩序都不会有了。需要找家长，需要与他们谈话，但是永远都不应该让孩子产生这样一种想法，觉得教师把最亲最爱的人变成了吓人的怪物。总的来说，教育中切忌让孩子把人看作可怕的丑八怪。教育孩子时，不能让他害怕父母和教师，而是让他爱他们，要使他总是有所爱之人。儿童发自内心的爱会给予能够消除他的不安、给他安慰和帮助他确立自信心的人，会给予能够保护他情感的人，首先就是保护他的自尊心的人，因为儿童的心灵易于受伤，对轻率粗暴的言行十分敏感。

我觉得，如果一个教师不受学生爱戴，他怎能指望得到学生的信任、坦率和真诚？这是奇怪和不可思议的。

我还想建议：不要回避所谓的学生的抱怨。不要觉得他们所有的抱怨都是说人坏话，也不要像我认识的一位老师所说的那样，认为所有抱怨的小孩子都是“爱哭诉的告密者”。并非如此。要善于倾听抱怨。总体来说，善于倾听孩子心声是一门伟大的教育艺术。没有这种艺术的地方没有也不可能有自我教育。

您做到了，学生就乐意来找您，向您敞开心扉。要知道，对学生心灵的触动应该是温柔的、最小心翼翼的，只有温柔和小心才能使您通过自己与儿童的交谈激发他的自我教育。要记住，如果学校里充满善意和相互信任，当学生内心有疑惑，他自己搞不清楚内心在发生什么，不知道真理在哪里，他该怎么做时，他就会来找您。要记住，在学生激动不安的讲述中您可能听不到问题，但是您要善于从字里行间读懂。要保守别人托付给您的秘密，这是涉及教育和自我教育的教育学基本规则之一。要知道，学生向您敞开心扉，他就可能把最复杂最困难的问题告诉您了。您可能听到学生的不道德行为，以及您学生之间的相互关系好像立即需要大人的介入。这种情况下，您要善于保持耐心，善于通过理性思考控制火热的内心的一时冲动，同时要用火热的情感鼓舞自己发挥思想的智慧。您与向您敞开心扉的学生的谈话的结果不应该是惩罚，一定要记住这一点。要知道，最能刺伤青少年心灵的一种惩罚是把他最隐私、最心爱的东西示于集体。

我再说一遍，如果受教育者感受到痛苦、不幸、伤心、委屈、不公和不安，他会努力向自己所尊敬、爱戴和信任的人倾吐自己的情感和想法。但在这种情况下，每个诚实谦虚的人都会觉得非常为难。要善于通过学生的眼睛看到他内心世界的细微变化。要善于做到与他单独相处。要斟字酌句，从无数词汇中找到最适当的用词，委婉、巧妙、有分寸地引导他向您吐露心声。

如果一个人向您说了心里话，这就是教育工作已经取得了很大成绩。但是接下来他怎么做，就在很大程度上取决于您的学生如何看待和感受您对其心灵的人性触动。

我拿脑袋担保：如果学生不把自己的欢乐和痛苦告诉教师，如果学生不对教师敞开心扉，谈论任何教育都是可笑的，不可能有教育，绝不可能。学生对喜爱的教师敞开心扉，这是互相提升情感和思想的过程。一个人通过语言表露自己的心灵创伤时，他首先就升华了情感：肤浅的情感被更加细腻、高尚的情感所取代。这种情况下，一个人就有了自制力，这恰好就是对自我教育的巧妙激发。因此，与教师进行信任的交谈会使人放松、感觉好转。分享快乐会使快乐增加一倍，分担痛苦会使痛苦减少一半。一个人敞开心扉、倾吐情感和想法时，就会确信，他自己能够改变自己的感受，能够教育自己。

一想到我们学校还有个别学生独自承受着痛苦，我就感到心痛。这种痛苦使心灵变得麻木，使灵魂变得空虚。当我看到郁郁寡欢、形单影只的少年时，我的心就会战栗。对他来说最可怕的痛苦常常是自卑感：别人学知识，而他什么也不会，他是个失败者，他的命运就是这样……这种痛苦日积月累，沉重地压在心头，无情地束缚着灵魂。少年想向别人诉说自己的痛苦，但是他羞于开口。在家里他沉默寡言，在学校也沉默寡言。年轻的朋友，请仔细观察这样的学生，帮助他们摆脱无法承受的重负。首先要带给他们快乐：要做到使他们看见自己在掌握知识方面的成就并从中体验到自豪感……

如果您和您的学生变成了朋友，如果你们能够相互信任，如果您从未对自己的学生做过不好的事，从未让他痛苦和难堪，您在道义上就有权教导他进行自我教育，而您的教导就会被看作生活经验的智慧。

但是，自我教育还有一个不可缺少的条件。形象地说，这个条件横在教师意志和学生意志之间，仿佛把教育和自我教育连为一体。这个条件就是学生意识到自己的成长：理解和感受到他今天比昨天好，人性之美正在进入他的心灵，而这种进入很大程度上取决于他自己，取决于他本人的意志。意识到自己成长的绝佳伴侣是自我尊重、体验到自尊感。只有学生尊重自己才可能有自我教育。学生对自己越尊重，他对您的道德教诲和您关于如何进行自我教育的教导就越听得进去，接受得就越快。如果学生不尊重自己，那么他对您的教诲和建议就会充耳不闻。

自我尊重取决于什么？如何培养？我年轻的朋友，请记住，这是非常脆弱的东西。对待它要极其小心，小心得像要摘掉一朵玫瑰花时不能抖掉在花瓣上颤动、闪耀着小太阳的透明露珠。要培养自我尊重，只能采取温柔细致的教育手段。自我尊重不能忍受粗鲁的、“强力的”“肆意的”手段。我想把自我尊重称为儿童的知识修养。这是心灵的柔软，思想、动机和意愿越纯洁，心灵就越柔软。在这里我们处理的是学校里最有趣的事情，这件事值得多加关注，但是很遗憾，对这件事的研究不足。这件事与儿童智力劳动有关，准确而言，这种劳动表现在情感领域，这件事与智力情感有关。自我尊重产生于幸福的智力情感，产生于认知的快乐。儿童知识修养的源头就存在于这幸福的智力情感。如果一个人的学习伴随着抑郁的情感，他就会对自己漠不关心、淡然处之，就不用谈什么自我教育了。教师作为**教育者**最重要的任务是，保护青少年心中幸福的智力情感的火苗，不要让它熄灭，因为重新点燃非常困难。

因此，您的学生尊重自己，珍视您说的每一句关于自己的话，这就意味着，用于播种自我教育种子的土壤翻耕好了，您就可以教学生如何教育自己，您的教导就不会成为空谈。

有几个不同的自我教育领域：道德领域、劳动领域、学习领域和体育领域。所有这些领域都相互关联，因为自我教育的整个过程是智慧和心灵复杂工作的统一，是情感和信念的统一。

# 84. 如何激发道德领域的自我教育

道德自我教育最重要的动力是引导学生认识到：我们所有个体都生活在群体之中。人们每时每刻都看到我们，即使在他们看不见我们的时候也能感受到我们的存在。我们在接触的物质世界的每件东西上，都留下了痕迹。但我们给我们与之交往的人留下的痕迹，是最显著的，有时是不可磨灭的。一个真正的人不会对于别人对他的想法和评价无动于衷。无论我们做什么，无论我们身在何处，请记住，总是有人看着我们。一个人生活中最卑鄙下流的东西是道德污点。请想象一下，一个漂亮的姑娘整整一个小时都在忙活自己的发型，她想变得漂亮，因为发型有目共睹。可同时，她的脚却没洗过，脏乎乎的。但是她却无所谓，因为脚上穿着袜子。道德污点也同样如此：一个人在人前有模有样，独处时却像猪一样邋遢。人们就是这样来评价这种卑鄙恶习的。

要教学生在道德问题上严格要求、一丝不苟。要教学生自我监督。从儿童入学第一天起我们就教他们：如果你单独做了什么，要知道，此时此刻世界上最亲爱的人——你的妈妈对你有什么想法。如果你做了不太好的事，觉得任何人都看不到，那你就错了。你的不良行为会引起母亲的心痛。即使母亲不在你身边，她也能看见你；即使她不在你身边，也是和你在一起的。你回到家，她会从你的眼神里看出你做了不道德的事。因此最好立刻向她讲述自己的不道德行为，而不做坏事则更好。请记住，母亲时刻看着你。

这里要再说一次，儿童能否听得进去这些教导，取决于他精神生活的整个结构。首先要做到使亲切、体贴和对母亲的动人关怀成为儿童精神世界的特点。内心细致敏感是儿童自我教育必不可少的条件，这样，他的良心才能对自己的行为保持警惕。我们从基本的道德修养开始进行道德领域的自我教育。您的学生惴惴不安地四处张望，从玫瑰枝上摘下一朵花，这就已经是不讲道德了。他从一个哭泣的孩子身旁经过，没有问问“小朋友，你需要帮助吗”，这就更糟了，这是道德冷漠。多年以来，我们教师集体制订了一份道德修养自我教育大纲。这份大纲是一系列要求，其任务是让学生与他人处于道德关系之中。这些要求如下：

（1）要记住，世上有些东西是无与伦比、无可比拟的。这首先就是我们的苏维埃祖国，是给予你生命和养育你的土地。

（2）要记住，你生活在群体之中。你并非自己所想的那样，而是他人所想的那样。如果你自以为了不起，而他人觉得你一无是处，那就说明你一无是处。要善于勇敢地承认这一点，要善于克服自身微小的缺点，能够成为一个真正的人。

（3）一个真正的人独处时不做下流无耻、丑恶卑贱之事。你自己独处时，要永远严于律己，让你的良心见证你的行为。让良心这个见证人公正不阿、大义凛然、恪守不渝。

（4）对人行善时，你会获得无价之宝。为人们谋福利的人是最富有、最幸福的人。要记住，世上唯一可以衡量财富、美德、伟大的只有人。你抬高别人时，也在抬高自己。要记住，人有生有死，如果他死后有什么留在世上，那就是他为人所行之善。

（5）人类美德的最高体现就是女性。姑娘不仅是你的朋友，她还是未来的母亲。保护她的美貌，顾惜她的健康，这就是关心整个人类的美和伟大。如果为了帮助女性甚至需要献出生命，那就去献身，但是不要偏离人类高尚品质的大道。

（6）一个人身上可能沾染多种恶习，其中最可怕的有二十个，分别是：对善恶置之不理、懒惰、口是心非、阿谀奉承、巴结逢迎、缺乏主见、默认谎言、坚持自己的错误、傲慢、自大、空谈、撒谎、独处时行为不端、背弃被大家孤立的朋友、怀疑人性本善、虚伪、幸灾乐祸、残忍对待弱小无助的人、暴饮暴食、吝啬。要记住，以上每一个恶习都是从小小的一颗种子长成的巨大怪物。要对人的恶习尤其是自身的恶习毫不妥协。学做他人使你赞赏之事，永远不要做你在他人身上看到的痛恨、鄙视之事。要热爱自己的美德和痛恨自己的弱点。要知道，脓疮永远是脓疮，哪怕是你的脓疮。只有自私自利的人才爱自己的小疮小疖。

（7）如果你发现自己身上有恶习的种子，要善于对自己毫不留情。要把弱点连根拔起：要劳动，不要懒惰；不要对善恶置之不理，而要有同情关切、充满人性的不安；不要口是心非，而要坚持原则；不要阿谀奉承，而要刚正不阿；不要巴结逢迎，而是哪怕全世界都反对你，你也准备好坚持真理；不能没有主见，而要思想独立；不要默认谎言，而要与谎言进行无畏的斗争；不要坚持自己的错误，而要勇于承认自己的错误，接受那些坚持真理、指出你的错误的人的意见；不要自大，而要保持谦虚，善于非必要对自己只字不提；不要傲慢，而要正直、有尊严，这是马克思在人们身上最看重的品质[1]；不要空谈，而要善于珍视语言；不要撒谎，而是不能容忍谎言，一切都要一丝不苟；独处时避免行为不端，要善于面对自己的良心就像面对最铁面无私的法官一样来自我审判；当所有人都孤立朋友时，不要背弃他，而是在别人瞄准朋友时，要准备好把自己的心作为众矢之的；不要怀疑人性本善，而是要无限信任人性之美的伟大和力量；不要虚伪，而要坦诚真实；不要对弱小无助的生物残忍，而要充满人道主义；不要暴饮暴食，而要节制适中；不要吝啬，而要慷慨。

（8）如果你看到丑恶，而你的意识深处搅动着一种想法：关我什么事？要知道，这是兽性本能发出的声音，叫你只顾自己。不要放任本能，

---

[1] 作者指的是卡尔·马克思对1865年4月1日调查问卷所提问题的回答，其中问及人们身上他最看重的是什么。

把它赶走，要无情地对待这种只顾自己的兽性召唤。

要记住，你是一个人。如果你有一次对邪恶置之不理，你就会不得不永远对其置之不理。你就会变成一个可怜虫。

（9）人类世界中有很多高尚的品质，但是有一种品质是人性的高峰，这就是自尊感。

当你在捍卫真理的斗争中成为胜利者时，当你必须要承认自己的错误时，你就昂起头来吧。

（10）世上有些东西是无与伦比、无可比拟的。这首先是我们的苏维埃祖国，是给予你生命、名字和人性尊严的土地。如果你正在经历进退维谷的困难时刻，如果你正经历不安，如果你不知道该怎么做，那就想一想：在这些情况下祖国需要你做什么。祖国要求怎样，那就怎样做。

道德自我教育的实质是什么呢？

除了做个好人的愿望，除了高度敏感细腻的心灵，还有一点特别重要，我称之为对人的认识。人在认识周围世界的同时应该认识人，认识他的思想、情感、最细腻复杂的内心变化、追求、热情。教育和自我教育的统一源于一个人认识人类世界时也在认识自己，学习从旁观者的角度看待自己。我们教育技巧中最复杂的一项内容是教师讲人的故事。我给每一批小学生讲一位英勇无畏的苏维埃战士的故事，他在伟大的卫国战争中，在敌占区用自己的胸膛掩护了一个小女孩，挽救了她的生命。我给他们讲述我们两个同乡——年轻的游击队员的英雄故事，他们落入法西斯分子之手，对游击队的秘密只字不提，没有出卖自己的朋友，遭受了残酷的折磨——敌人活埋了他们。我给他们讲述尼古拉·加斯捷洛、卓娅·科斯莫杰米扬斯卡娅和亚历山大·马特洛索夫的故事，讲在土地上劳动了50年、60年、70年的杰出劳动者的故事。

我坚信，用头脑和心灵认识道德，应该不仅包括对美的赞赏，还有对恶的愤慨。我从世界文学的传世之作中选取人物形象，艺术家在他们身上天才地刻画了人类的恶习。我讲拉戈和犹杜什卡·戈洛夫廖夫、高布赛克和普柳什金[1]时，在青少年的心灵中激起他们个人对邪恶绝不容忍、毫不妥协的情感。持续不断、日复一日地认识人，可以促进一个人在儿童时代就感受到日常生活中出现的各种情况和相互关系的道德意义。儿童在好好思考某个人的故事时，他就会追求行为端正，行为端正给他巨大的道德满足感、充实的快乐体验。这些情感反过来也会强化他对善与恶的敏感度，使他对一切损害人的事物不可容忍，使一个人小时候就表达自我，在与邪恶的斗争中表现出自己的原则性，感受到善良的胜利，懂得并体验到自己也参与了这种胜利，因而他自己会欢欣鼓舞。这对于教育和自我教育来说是非常重要的。

我的朋友，要知道，激发自我教育，需要教师的语言能够轻轻拨动学生最隐秘的心弦，即荣誉、尊严、高尚。要善于了解和感知儿童心灵需要这种拨动的时机。小孩子面前有两条路要走的时候，这一时机就会来临：走第一条路，需要对丑恶默默妥协，对丑恶漠然置之；走第二条路，需要与丑恶进行斗争。第二条路对儿童来说常常意味着精神高度紧张，付出巨大的道德力量，尽管从成年人的角度来看，实际情况并不太复杂。

[1] 分别为莎士比亚《赛奥罗》、萨尔蒂科夫·谢德林《戈洛夫廖夫老爷们》、巴尔扎克《高布赛克》、莫里哀《悭吝人》中的人物。——译注

## 85.如何在劳动和学习中激发自我教育

为此，首先需要在学校和家里为学生营造劳动氛围。如果学生无论在课堂上还是在家里都无所事事，就会把有关通过劳动进行自我教育的谆谆教导、金玉良言变成空谈。

有些一般性教导对任何年龄的人都是同样珍贵的。在我们教师集体中，这些教导体现在以下这些道理中。

（1）要记住，一个人离开劳动就会退化，会变成卑鄙无耻之徒。

（2）民谚说得好：种麦有收成，识人看麦穗。你通过劳动来表现自我。你亲手种植的树木就代表了你，代表了你的勤劳和本领。你的劳动簿也代表了你，代表了你的劳动，代表了你对父母应尽的义务。

（3）在课桌前学习时，你向前辈借用了生活必需的物质财富。父母供你吃穿，为你购买书本和直观教具，以让你学习，为将来劳动做好准备。你的义务是尽早开始生产劳动，帮助家庭，挣钱为自己购置衣物、鞋子和教科书。

（4）要知道，劳动不是件轻松的事。劳动（труд）和困难（трудно）这两个词是同根词，这不是偶然的。劳动没有流汗、疲劳、体力和脑力的紧张，是不可思议的。劳动不可能像游戏、娱乐、消遣那样有趣。劳动的乐趣是在另一个方面：一个人把自己的聪明才智、双手的力量投入劳动中，创造有用的、美好的东西，创造生活和美，并在其中确认和表现自我。一个人活七八十年，而他双手栽种培育的橡树可能要活七百年、上千年。在劳动中留下自己的痕迹，你会成为幸福的人。

（5）要从劳动之初就预见它的结果。不要害怕单调，不要害怕今天、明天甚至一个月要连续重复同一件事。劳动就像攀登高山：如果你没有经过难以行走、令人疲惫的乱石小路，你就无法到达光辉灿烂的顶峰。

（6）劳动使人变得成熟和勇敢。要从6岁就开始为期数年的劳动。要这样生活：10岁回首往事时，就能看到你亲手所做的事情——硕果累累的果树，曾经的不毛之地变成肥沃的土壤。只有你的双手进行劳动时，只有你懂得汗水、劳动的疲乏和老茧是什么时，你才能真正发现科学的智慧和知识的光芒。

（7）劳动融合了动手技巧和大脑智慧，只有你学会在这种劳动中克服困难时，对你而言，学习才能成为劳动，你也才能控制自我、掌握知识。只有善于边劳动边思考的人才能懂得思维劳动的秘诀。要记住，甚少有人生来就有牛顿或爱因斯坦那样的天才。要做最坏的打算：你缺少天赋，要通过劳动和创造来锻炼和发展自己。

（8）开始的事情永远不要半途而废，要坚持到底。如果你习惯于半途而废、换来换去，你就会成为一个游手好闲的人、一个不学无术的人。

（9）要知道学无止境。同一项工作可以重复做几十次，每一次都力争向完美迈进一个台阶。要把自己培养成能工巧匠，要学会不满足于你已经取得的成绩。有几百种专业，你不可能掌握所有专业。要掌握其中的一种，并且要成为这行的行家里手。

只有在一定的条件下，这些教导才能对学生的思想发生作用。如果学校里没有劳动的快乐氛围，这些教导会成为空谈，学生甚至听不懂，好像您在用一种陌生的语言和他们说话一样。学校应该洋溢着劳动的喜悦。这究竟是什么呢？劳动的喜悦就是劳动中的自我表达。这是一种复杂的精神劳动状态，这时一个人满怀惊讶和赞叹地看见自己双手的创造，在其中看见了自我，看见了自己的努力，看见了单调、毫不出奇的劳动时刻。为使劳动成为自我教育的领域（没有劳动中的自我教育，就根本不可能有自我教育），要使每个学生感受到劳动的乐趣，使劳动成为他的创造。在劳动中开始寻找自我，这种寻找持续若干年，最终形成志向。

劳动的乐趣、劳动的创造、寻找自我，这一切只有在劳动中个性得以展现的情况下才有可能实现。劳动中的自我教育并非单纯地下地收土豆、捡废铜烂铁，而是对自我的深刻认知，是智力和双手技巧的融合，是自觉地确立目标和克服困难。我再强调一次，没有紧张的思维活动，没有智力创造，没有阅读，没有突破基本的教学大纲的范围（超出这一范围，才开始形成志向），劳动中的自我教育是不可能的。如果没有兴趣盎然的课堂，学生在教师热烈的话语中听不到鼓舞他们去无边无际的知识海洋中遨游的号召，或者他们也不响应这种号召，那么，劳动中的自我教育就是不可能的。如果教师没有自己的学生，教师没有通过对科学的热爱对学生进行言传身教，劳动中的自我教育也是不可能的。

如果这一切都已具备，那就交给每个学生一项劳动任务，这项任务能够激发他浓厚的兴趣、高尚的情感、比今天了解更多知识的渴求。比如，您的一个学生对土壤学实验感兴趣。您发现在您讲解土壤中发生的复杂的生化过程时，他的眼睛里燃起好奇的火光。您学校里有生物实验室和温室，那就分给这个学生一个角落，让他对实验产生兴趣：如何把一块死气沉沉的泥土变成肥沃的土壤。您和他一起把有益微生物植入土壤，根据您的建议，您的学生为微生物生命活动创造了有利条件。就这样，自我教育就开始了：这个少年已经对这个角落恋恋不舍了。他长时间坐在盛着土壤的箱子旁，观察试管和显微镜，读书，直至半夜。现在不需要任何激发诱导，因为他已经热情高涨了。现在要做的是，别让您的学生做事的热情冷却下来。为此需要教师细致巧妙地拨动兴趣的火苗，使其继续燃烧。

## 86. 如何在脑力劳动中培养自律

我们给七年级以上的高年级学生提出这些建议。这些建议涉及学生精神生活中一个非常重要的领域——阅读、思考、解决智力上的任务。这些建议是否有效，取决于很多条件和前提，其中最重要的是，在学校里，首先是教师集体要有丰富的文化知识兴趣：要使课堂有多方面的智力生活为基础，教师的知识储备要远远超过课堂讲授的需要，要使每个学生有自己的智力兴趣。有了这一切，那就意味着学生会非常容易接受有关脑力劳动中自律的教导。我们认为最重要的是：

（1）如果你们想有足够的时间，那就每天读书。每天哪怕阅读两页与你们所喜爱的学科（即您的选修课）有关的学术著作。阅读的所有内容都是为你们的学习打下智力基础。这个基础越厚实，学习就越容易，你们的时间储备就越多。因为你们阅读的所有内容与课堂所学内容有成千上万个接触点。这些点就是我们所称的记忆之锚。它们把必要知识与围绕人类的知识海洋紧紧连接在一起。要努力让自己每天阅读，不要把这项工作推到明天。今天错过的东西，明天是永远都无法弥补的。

（2）要善于听教师讲课。九、十年级学生听课时，无论讲的是不是教科书中的材料，都要对最重要的主题做摘要笔记。摘要笔记能训练思维和用来做自我检查，检查自己的知识掌握情况。要学会在课堂上当场做思考摘要，每天哪怕拿出半个小时整理笔记。我建议把摘要分出两栏（即两纵行）：第一栏简要记录听课摘要。第二栏记录需要思考的内容，这一栏要加入关键性的主要问题。这好比是一门课程的知识大厦的框架。对于这些框架性问题需要每天思考，并把这种思考与每天阅读科学著作联系起来。如果每门课程都按照这个建议去做，你们就不需要搞“突击”日了。准备考试时不需要反复阅读和背诵整个笔记。课程框架会成为一种大纲，在此基础上可以想起所有内容。

（3）要在早上6点就开始学习。5点半起床，做早操，喝一杯牛奶，吃点面包，然后就开始学习。课前的一个半至两个小时是从事脑力劳动的黄金时间。要在早晨的几个钟头完成最复杂的创造性脑力劳动。要思考关键性理论问题，阅读，钻研最难的文章，写作论文摘要。如果你们需要进行含有研究成分的脑力劳动，那就只在早上进行，这样就不用坐到半夜。要这样制定作息制度，保证晚上10点就睡觉，这是最有益的睡眠。

（4）要善于安排自己的脑力劳动体系。这里说的是分清主次。要善于分配时间，不要让次要事情把主要事情挤到后面去，主要事情要每天都做。要确定能够决定你能力和素质形成的最重要的科学问题。这些问题应该在早上的脑力劳动中占据首位。要善于根据主要科学问题挑选书籍、科学文章，要长时间地研读这些书。

（5）要善于为自己创造内在动力。脑力劳动中有很多工作并非那么有趣，不能使人兴致勃勃地去做。唯一的动力常常只是需要。就从这种无聊的工作开始脑力劳动吧。要善于悉心研究这些问题的理论细节，使需要逐渐变成想要。把最有趣的留到工作收尾时做。

（6）你们面对着浩如烟海的书籍，要严格挑选自己阅读的图书和杂志。求知欲强和好奇心重的学生什么都想读，但什么都读是不可能实现的。要善于限定阅读范围，从中去掉可能打乱学习计划的东西。但是同时要记住，任何时候都可能会需要阅读一本不在计划之内的新书。为此需要有时间储备。时间储备是通过课堂善于听讲、善于做笔记和不搞“突击”日获得的。

（7）要善于对自己说不。你们有很多事要做。有业余文艺活动小组、体育小组和舞蹈晚会。要善于当机立断，因为很多此类活动有诱惑力，可能给你们带来很大的害处。既要娱乐，又要休息，但是不可忘记主要的事情：你是劳动者，国家在你身上投入大量金钱，排在首位的不应该是舞蹈和休息，而是劳动。我建议高年级学生选择下象棋、阅读文艺作品作为休息方式。下象棋需要鸦默雀静和聚精会神，这是强化神经系统和训练思维的绝佳方法。

（8）不要把时间花费在鸡毛蒜皮的小事上，不要胡扯闲聊，不要游手好闲地虚度时光。常有这样的情况：几个年轻人聚在一起，开始“闲扯”。一个钟头过去了，什么都没做，这场闲扯中没有产生任何高深的思想，而时间却一去不返。要善于把和同学们的谈话也变成丰富自己精神的源泉。

（9）要学会减轻自己将来的脑力劳动，即为将来创造时间。为此要习惯做笔记。我现在大约有四十本笔记。每一本都用来记录鲜活的、似乎是转瞬即逝的思想（这样的思想“习惯于”在头脑中一闪而过，再不复返）。我把阅读过的最有趣的内容也记到笔记本中。这一切将来都会需要，这一切都会减轻脑力劳动。建立自己的一套笔记。珍惜从书中吸取的内容。

（10）做每一种工作都寻找最合理的脑力劳动方法。避免旧框框和老一套。要不惜时间去深入理解你们所接触的事实、现象和规律的本质。你们思考越深入，记忆就越深刻。没有理解之前，不要试图去记忆，这会白白浪费时间。你们熟知的东西不要重读，只要浏览即可。切忌肤浅地浏览尚未理解的东西。任何肤浅都会导致你们不得不多次重复学习个别事实、现象和规律。

（11）如果你们受到打扰，脑力劳动就不可能有效。在集中精力进行脑力劳动的时刻，每个人都应该完全独立地工作。最好在阅览室（读书室）工作，这里大家都严格遵守制度。

（12）脑力劳动需要抽象思维和形象思维交替进行。阅读科学著作和小说，交替进行。

（13）要改掉不良习惯（比如，开始工作前要坐上15分钟，毫无必要地翻阅没打算读的书，睡醒之后还躺在床上，等等）。

（14）明天是勤劳最危险的敌人。永远不要把今天应该完成的一部分工作推到明天。要养成今天完成明天部分工作的习惯。这会成为你有效的内驱力，决定着整个未来的方向。

（15）永远不要停止脑力劳动。夏天也不要离开书本。每天都要用宝贵的文化知识丰富自己，这是未来脑力劳动所需的时间源泉之一。要记住，你们知道得越多，你们掌握新知识就越容易。

# 87. 如何激发体育方面的自我教育

体育、智育、情感教育、美育和劳动教育应该置于统一和相互依赖的关系中来研究。体育是保证精神生活充实和文化知识丰富的基本条件。同时，体育还能使人的其他方面变得高尚。

在我们教师集体工作中贯穿着体育教育和自我教育统一的思想。如果学生从小就不是我们的帮手，我们根本无法想象他们会身心健康。

我们坚信，体育方面的教育和自我教育的统一始于幼年，并与人民教育思想有关：让孩子一学会用手拿勺子并把它从盘子里送到嘴边，就开始劳动吧。我们努力让孩子边劳动边思考、边思考边劳动。只有这样，一个人才能懂得体育的意义，感受到自己全身的力量，认识到健康的精神取决于健康的身体，学会有意识地增强体力。如果我们的孩子从小就不劳动，他们的头脑和心灵就接受不到任何有关体育方面自我教育的教导。但是，由于我们的孩子参加劳动，他们就很容易兴趣盎然地接受我们的教导，并且按照我们的建议去做。以下是我们就体育方面的自我教育提出的建议：

（1）健康使精神生活充实、情绪愉快、头脑清晰。你的健康由你把握。

（2）健康最重要的源泉是我们周围的大自然：空气、太阳、水、夏天的炎热和冬天的严寒、阴凉的小树林和三叶草盛开的田野。要在大自然中生活和劳动。要在日出前就早早起床。夏天太阳出来得很早，但是你应该比太阳更早。去田野呼吸新鲜空气，用露水洗手洗脸，这种露水真正是童话中所说的生命之水。空气中充满的正在开花和正在成熟的谷物的芳香，对健康是有益的。

（3）给自己立一条规矩：每天从睡梦中醒来后就立刻做早操。夏天睡在院子里，睡在干草上或者新鲜的谷草上（刚刚脱粒的谷草上）。干草和新鲜谷草分泌出来的植物杀菌素据说能预防流感。

（4）坚持每天早上用冷水擦身。尽量坚持在池塘里洗澡，直至秋天上冻为止。冬天用雪擦腿脚（到膝盖），擦到从脚跟到膝盖感到发热为止。不要害怕赤脚到雪地里走几分钟，这对腿脚和全身都是很好的锻炼。

（5）一天都不要停止体力劳动。劳动使人身强体壮、心地正直。每天坚持劳动能使人延年益寿。从幼年直至暮年都坚持劳动的人直至生命最后几天都仍然是一个完好的人，保持着体力、清晰的头脑、丰富的思想和情感。

（6）每天要走3公里（幼小时）至10公里。养成去森林、草地和原野散步的习惯。如果你到学校要走2~3公里，这条路又穿过草地，这就是你的福气。夏天要养成在正在开花和正在成熟的谷物和野草中行走几公里的习惯（特别是在小麦田、大麦田、燕麦田和长三叶草的田野上）。

（7）让朴实、适中和节制成为你的座右铭。童年时期不要吃太多甜食。最好禁止食用纯碳水化合物。不要暴饮暴食。你离开餐桌时最好觉得还有点没吃饱。

## 88. 在什么条件下，集体能有效发挥教育个体的作用

这条基于一定理论概括的建议对于实际工作来说是非常有用的。首先，了解教育影响人的基本原则并理解其中复杂的相互依赖关系，这是很重要的。如果就建立集体和个体之间的和谐统一而言，这一点尤其重要。

那么，集体教育力量的源泉何在？在什么条件下集体才能卓有成效地发挥教育个体的作用？我们总结一下前面许多建议所说的内容，就可以得出结论，其中最重要的是以下几点：

（1）每个人要懂得这样一个道理：人是在一起生活和劳动的（我想把这个条件称为对人的感受），他有喜怒哀乐，要用人道主义态度对待他，理解和感受他的精神世界和当下的状态。如果每个人不能用智慧和心灵在人类海洋中定位，那就没有也不可能有集体，没有也不可能有对集体每个成员的尊重，没有也不可能有自我尊重。

（2）每个个体都要克制自己的欲望，善于和他人的欲望比较衡量，放弃自己的某些欲望。这种重要的心灵品质是通过前面讲过的体贴关怀课、人道主义课培养的，这些课的实质是一个人用心灵认识别人的精神世界，帮助别人，给予别人力量，给别人留下好印象。为了别人的利益而善于克制自己的欲望，具体表现为人们通常所称的谦让。如果一个人做不到这一点，生活就会变成一团糟。如果每个人都随心所欲，社会也会变得一团糟。

（3）要持续不断地发展人的道德素养、情感素养、智力水平、美感和创造力。集体只有在精神上持续不断发展时，才能成为集体，也会因此具有强大的教育力量。只有每个人今天比昨天更聪明、更成熟、心胸更开阔，才能做到这一点。这里说的是集体在精神上持续不断地自我丰富的过程，使集体像一个创造新人的雕塑家一样，总是持续不断地雕琢着自身的形象，雕琢自我，雕刻出越来越多精细的线条。

（4）要有高度发展的自尊感、个体的自我尊重感。我们发展、保护和珍惜每个人的自我尊重感，培养心灵对良言善语和美的敏感度，从而加大集体的教育力量。五六岁至十岁是人的精神生活的一个完整的阶段，我想将其称为参加集体生活的准备期。这几年对儿童不可粗暴无礼、漠不关心和冷酷无情，因为这会打击儿童细腻如丝的心灵，儿童心灵受到这种打击后会变得像水牛皮一样坚硬和麻木。这些年，教师要小心保护儿童细腻如丝的心灵。要懂得如果您使一个学生在幼年时期变得心肠冷漠，以后，到了少年时期，他就会嘲笑您那种严厉斥责、刺激痛处的教育花招。一个人在幼年时受到的惩罚越少，他对良言善语的反应就越敏锐，他良心的守卫者——心灵——就越忠诚，由这样的个体组成的集体也就越强大。

（5）要使儿童、学生有上进心，渴望别人对自己有好印象。这是集体教育力量最生机勃勃的源泉之一。这个源泉充满了丰富的道德关系和激励集体活动的思想。当一个人看到自己同伴的好，对美德有赞叹惊奇之感时，他就有了上进心。只有在充满高尚思想的集体劳动中才开始形成一个人的自我尊重感，这种自我尊重决定了他的整体精神面貌和他对别人的态度。教育的智慧和艺术在于，启发一个人认识人，用崇高的劳动目标鼓舞集体。

（6）不可在集体面前揭出一个儿童的个性弱点，不可“揭人心事”。一个人不应害怕集体，而应因为集体看到自己的优点、对自己有好印象而高兴。集体对个体的权威应该建立在非常细腻的人际关系基础之上。只有集体看到一个人的优点比缺点多时，这种权威才会发生作用。

（7）要使集体成员的兴趣、爱好、活动多样化。如果学生千人一面，那么就没有集体。只有每个人都有自己独一无二的特点，每个人都在某方面丰富着同学之间的相互关系，集体才能获得教育力量。

（8）要发挥集体的社会积极性。集体的教育力量及其对个体的权威取决于集体表现社会思想的鲜明程度。学校集体应该经常参与社会活动，参与建造和巩固共产主义的物质技术基础的事业，参与能够“托举”人的活动。

（9）集体内部要有经济关系。如果一个人凭自身经验认识不到自己对集体财富负有的责任，关于义务、责任、自觉服从、个人利益与公共利益相结合的正确道理就只是善良的意愿而已。多年的经验使我确信，对集体中领导和服从这种组织关系的道德感受正是始于对集体财富的责任感。

（10）不可在集体中划分积极分子和消极分子，这样有人会觉得自己注定是消极和无所作为的，他的命运只是服从他人。集体成员的积极性不仅取决于他是否善于提出要求和领导别人。积极性应该是多种多样的。要让集体每个成员都在能够最充分展现其天赋、能力和爱好的活动领域发挥自己的积极性。没有个人的全面发展，现代学校中个人的社会积极性是无法产生的。集体中不应有任何一个消极的、无个性的、凡事都无所作为的学生，也不应该有只会积极领导别人的人。领导别人的权力应来自积极性，这种积极性是由于在创造性劳动与活动中展现天赋、能力、才干和做出榜样而产生的。在学校集体中做领导，首先意味着要在劳动中做榜样。

（11）集体要有多样性。只有当一个人积极参与几个各有不同任务的协会时，集体的教育力量才能发挥出来。融合各种兴趣爱好和活动种类，寻找自我，自觉发展自己的天赋、才能和本领，只有在这种条件下，才可能有集体与个体的和谐。没有集体的多样性，就不可能调动所有学生的积极性。如果学生的生活局限于一个基层集体框架内，这个集体会“精疲力竭”，难免出现消极分子。

（12）儿童和青少年对他人的关心，特别是对比他们小的小孩子的关心。只有每个个体把自己内心的力量倾注于他人、关心他人时，集体才会成为有效的教育力量。观点、信念和生活理想形成时期的这种关心具有尤其重大的教育意义。

（13）集体的教育者——教师，要有智慧。毫无疑问，集体是教师创造的产物，集体不可能自己出现和自发存在。没有智慧的教师，就没有集体。因此，不要把那些关于不要班主任、集体完全独立自主的“创造性”建议当成是严肃的建议。这就像让病人给自己治病一样不可能。教育者的智慧在于使学生不觉得教师在对他们进行事无巨细的关心和形式主义的监管，让学生把教师的想法当作自己的想法提出和实行。真正的教育大师从不会让学生觉得他是发号施令的人。但是，学生年龄越大，他们对教师的要求就越高。青少年已经非常清楚，教师应该成为他们集体的榜样、理想和良心。因此，青少年的教育者要对生活和人有非常深入的了解。集体的教育者是一种力量，因为这种力量，集体的精神道德发展、智力发展、情感发展和审美发展从不会停止。为使这种发展成为现实，教师需要每天触及学生的头脑和心灵，需要不断为学生展现现实生活和人的精神世界中日新月异的方方面面。

## 89. 学校集体中哪些内容不宜讨论

多年教育工作的经验使我确信，远不是所有与学生举止行为有关的事情都需要在学校集体中进行讨论。不可作为集体讨论的对象如下：

（1）由于家庭中各种显性和隐性的不正常现象，尤其是父母的反社会行为，父母之间的争吵、打架和分歧造成的儿童、青少年的不良行为，不宜讨论。在这种情况下讨论青少年的不当举止尤为不可。他们很清楚自己的举止和家庭生活之间的相互关系，所以暴露这种生活的阴暗面会让他们难受。

（2）如果儿童的父亲或母亲不是他的生父或生母，因而给他造成精神创伤，使他做出不良行为或一些负面行为，不宜讨论。不管儿童看起来是一个多么不怀好意的纪律破坏者，但是如果他没有父亲或者母亲，在集体中是不能探讨其行为的。

（3）如果儿童的行为或一些举止在客观上是对父母或者包括教师在内的某个成人的粗暴和专横的抗议，不宜讨论。这一点之所以重要，与其说是为了维护成年人的威信，不如说是保护学生本身的利益。如果儿童通过不良行为表达自己的反抗，那么他会觉得探讨这种行为是不公平的。

（4）如果儿童和青少年的行为是教师犯错造成的，不宜讨论。审视学生的不良行为时，教师绝对不可说："这里说的是你，而不是教师，教师的事与你无关。"不可以在讨论学生的错误时，讨论教师的错误。

（5）由于教师没有客观评价学生的知识水平而引起的不良行为，不宜讨论。正像在其他很多情况下一样，这里我们碰到的是儿童的委屈。而这是非常娇气、不好对付的小伤口：你越关照它，越触碰受伤的地方，就越痛。这种委屈的小伤痛最好不要管它。一般来说，集体中有些东西不值得说，不是因为儿童不能判断好坏（有时他们对这一点的认识并不比成人差），而是因为不应再次刺激伤口。在很多情况下，关注不再出现新的委屈伤痛更为有益。

（6）如果学生智力发展异常，或者他很努力，但是学习某个教材对于他而言就是力不从心，因而他学习落后，不宜讨论。教师应时刻区分懒惰、懈怠和不懂、不会。如果教师不能做到这一点，那么他就不是一个教育者。在集体面前把完全是另一回事的东西作为懒惰和懈怠，只能带来伤害、痛苦和委屈。

（7）如果解释不良行为和不当行为时需要讲述学生与自己同龄伙伴或年长朋友或年幼朋友的私人友谊关系时，不宜讨论。在这种情况下要求学生坦率，会让他觉得是要他背叛、出卖朋友……学生的相互关系并非像乍看起来那样简单。学生对荣辱有自己的理解和信念，对此应该尊重。

（8）由于家庭中存在特殊关系导致的不良行为，不宜讨论。这种关系让儿童知道还为时尚早，也不能对其解释。这种行为应该妥善地、不露痕迹地平息中和。

还有很多其他不能公布于众、公开讨论、大肆声张的不良行为。这些行为很难归纳，很难找到可以统一衡量的共同尺子和包罗万象的标准。

有一天，在我写这些条条时，六年级发生了一件这样的事：一个叫尤尔科的学生无缘无故骂自己的同桌弗拉基米尔没良心。我们的少年非常清楚这个词的意思。如果尤尔科没有任何批评依据，弗拉基米尔就会感觉受了委屈。但是他却恰恰相反，感受到了良心的折磨，觉得自己犯了错。到底发生了什么事呢？尤尔科是个近视的小男孩，他的眼镜很糟：戴着它看东西，东西不在原位。在绘画课上弗拉基米尔开尤尔科的玩笑：他把颜料放在尤尔科前面，等尤尔科埋头专心画画时，他就把颜料盒挪移几厘米，尤尔科画画就用错了颜料。尤尔科发现这个不怀好意的玩笑就生气了，回家的路上他放声大哭起来。全班都听到了“没良心”这个词，但是弗拉基米尔的鬼把戏没人知道，两天后我才知道，不是从尤尔科那里知道的，而是弗拉基米尔承认了自己的错误。尤尔科则三天后来找我并请求我说：不要把弗拉基米尔的行为告诉任何人。

多年经验使我确信，在我们处理困难的甚至是艰难的事情时，要遵守一条非常重要的规则：如果学生自己能够理解自己所处的复杂关系并能搞清楚，那就不要在集体中处理。

读者可能会有一个疑问：那什么事可以在集体中处理呢？没有任何事。

我明确地补充一下：如果谈的是过错，那就根本不需要处理和讨论。首先，这是因为真正的共产主义教育在于使不正常的不良行为根本不存在或者尽量变少；其次，集体作为教育力量而存在并影响个体，并非通过处理各种过错来发挥作用；再次，集体对各种冲突的处理越少，集体获得的教育力量就越大。

还有一条极其重要的共产主义教育规则：要善于将冲突消灭在萌芽状态，不要助燃火苗，不要让它成为熊熊大火，而是应该在苗头刚出现时就将其熄灭。

可能会有人说：“您是提倡‘无冲突教育’吗？”是的，我提倡的儿童教育（正是儿童）没有那些波动、冲击，没有那些对其毫无益处的强力影响措施。不能把“成人”社会学的概念和规律带入儿童世界。震荡、冲突、发怒在儿童教育中都不是客观需要。最好不要任何冲击就能做好儿童教育。

# 90. 集体自主活动重在什么

不是丰富的精神生活取决于集体的自主活动，而是相反，集体的自主活动是充实而丰富的精神生活的产物。在集体中对别人的感受越强，每个人带给自己同学的精神财富就越多，一个人在他人面前展现出的内心之美就越鲜明，这种美在造福他人的共同劳动中被认识得就越充分，这个集体就越能真正关心每个成员的命运，影响人与人之间的相互关系，力求使这种关系成为人道主义的关系，使集体成员表现出高度的共产主义原则性、严格要求，并对“我想做什么就做什么”的肆无忌惮、独断专行毫不容忍。

我年轻的朋友，要尽力使集体自主活动基于这样的相互关系准则，即集体对每个人的每项要求是基于集体对个人的关怀和爱护。我想简要谈谈学校集体主义相互关系的准则，其中表现出的对人的严格要求与对人的关怀是协调一致的。

（1）班集体（从四年级开始）每个学季选举一名学生负责登记家庭作业完成情况和考勤。每个学生来到课堂后告诉这位教师助手是否完成了作业；如果没完成，原因是什么，到底是为什么完不成。教师助手对家庭作业检查情况进行总结并向教师汇报（例如，三名学生不懂习题的条件，一名学生不会算术运算）。教师在每个班级都有一名（也可能有若干名）他所教课程的辅导员。他们一般是最全面发展的学生，走在教学大纲的前面，掌握的知识比优秀成绩要求的还多得多。教师听完自己助手汇报家庭作业的完成情况后，立刻委托辅导员：请帮助这些同学学习，给他们讲解某些问题，完成某个实际工作。必要时，教师也亲自补课。补课和辅导只在上课前进行，课后不做任何补课。所有学生放学后立刻回家，任何人都不留下任何学生补课。谁想补课，谁就上课前来补。正是由于学校的所有工作都贯穿着相互信任的精神，由于学习建立在尊重人的基础上，所以每个人都首先做到严格要求自己。需要帮助的学生总是一大早来补课或听辅导。

（2）由集体选一名学生负责登记公益劳动情况。我们学校各班轮流在学校教学试验田或集体农庄劳动，每天一个班或两个班参加（视需要而定，但一定是整年不间断）。

组织公益劳动的学生负责登记每个人的劳动情况。如果有谁因正当理由今天不能来干活，他就请求公益劳动组织者安排他明天或后天与另一个班级一起干。如果生病，就在康复之后干。没有也不可能有任何正当理由可以使谁免除劳动。

（3）从二年级开始，每个班都有一名学生负责管理班级财物（图书、直观教具、作业本、画册、颜料、打扫教室的扫帚和抹布，在体育馆上体育课用的软底便鞋、粉笔），同时负责登记班级值日情况。每天安排两名值日生。他们佩戴着有字的臂章。值日生的职责范围很广。他们在上课前15分钟来到教室，用湿抹布擦干净黑板和课桌，在教室门口铺上潮湿的小地毯，；因为一点儿灰尘都不应带进教室，学生不可呼吸带灰尘的空气。放学以后，他们再用湿抹布擦一遍黑板和课桌。

（4）每个班集体每年选一名学生负责同学们的健康状况。他要登记同学们在家做早操的情况。每个星期六健康负责人查问谁没做早操，哪怕一天没做也要说清楚。随后班主任会和这些学生进行自我教育方面的谈话。健康负责人还要记录身体不适的学生名单并将其汇报给教师。教师让生病的学生去就医。

（5）从三年级开始，每个班集体选一名学生负责写日志的事情。教师记入成绩簿的分数要由学生本人记入自己的日志。在日志中签名的不是教师，而是日志负责人。我们赋予这项集体自主活动特别重大的意义，因为其中表现了集体中洋溢的信任精神。要补充说明一下：如果学生还不能完成作业，我们就不给他任何分数。分数只是积极的劳动成果的表现，没有分数就意味着还没有好好劳动。这样可以防止日志负责人与班级同学之间出现矛盾。学生从不会把同学的不及格成绩记入日志，如果学生日志中没有分数，比如说，语法没分数，这对于父母而言就是一个不安的信号：他们的孩子这门课学得不太好。

（6）从四年级开始，每个学季和学年结束前，班集体决定降低哪个学生的操行分数。这一至关重要问题的决定是在会议上通过的，教师（班主任）和任何一名学生一样拥有投票权利。学校还有这样一项规则：如果班集体就操行分数没有达成一致意见，问题就会转交给教师委员会，教师委员会的决定为最终决定。但是我们从未有过需要教师委员会做决定的情况。操行分数不用教师委员会通过。

（7）共青团委员会和少先队大队委员会掌管物质财富，即学校教学试验田、果园和养蜂场的进账收入。每年这笔收入不少于 2000 卢布。共青团员和少先队员决定钱财的用途。这笔资金中的一部分用于对贫困学生的物质帮助。如果学生家庭遇到什么不幸，可以找自己的同学，他们会给予帮助。这笔资金还用于游览活动，购置乐器，为兄弟共和国客人购买礼物。

这就是集体内部组织方面和物质生活方面自主活动的基本锻炼。这是在集体自主活动基础上建立社会政治和精神智力关系所必需的条件。我们力求使自主活动鲜明地体现在精神生活尤其是社会政治生活中。这一点关系着青少年在社会方面和道德方面的成熟。前面所谈的关于学科小组、为居民举办的自然科学知识晚会以及各年龄段集体的所有内容，都是生动活泼、富有创造性的自主活动。

# 91. 课堂思想教育重在什么

在教育教学工作实践中广泛流行这样一个观点：一个人掌握知识的同时就会因此受到道德教育，掌握知识本身就是道德发展的过程。这种道德教育观点深刻地扎根于很多教师的意识中，成为根深蒂固的观念，以至很难摆脱。他们认为，因为学生获取了知识，课堂教育就是自发的过程了。“教学以育人”“知识传道德”，这些以错误的道德教育观为基础的论调实际上造成了高枕无忧和盲目乐观的心理。

生活证实，获得知识，懂得自然科学和社会规律，很好地回答问题并获得好成绩，所有这些本身还不是道德教育。教育是从知识转化发展为信念开始的。只有对真理的认识触及学生灵魂、感动其心灵、激励其参与活动，通过实际行动捍卫他认为是神圣宝贵的真理时，才谈得上信念。知识要获得，而信念要珍视。一个人缺少某种具体知识并不说明他没有道德修养；而缺少信念，即便具备知识，也说明一个人道德上面目不清。

我建议年轻教师：如果您想成为一名真正的教育者，首先要善于看到知识和信念之间的差别。要善于奠定信念的基础，要善于激发那饱含道德热血——坚定信念的神经富有活力地工作。

请记住，有关自然和社会的实际知识是形成科学思想、社会思想、政治思想和道德思想的基础。思想是连接实际知识和信念的小桥。知识通过思想变成信念。思想已经不单单是知识，思想中已包含“一小块灵魂”，即一个人对其所知内容的个人态度。学生详尽地了解尤利乌斯·伏契克富有悲剧色彩和英雄主义的人生和斗争，不放过任何细节，但这只是对事实的了解，它还不能形成思想。只有读者发自内心地成为英雄的热切崇拜者时，思想才会产生。如果您的学生愿意与英雄并肩前行，愿意为共产主义英雄献出生命的事业而献出自己的生命，在这种情况下，您作为教育者所接触的就是思想。思想的特点是由于一个人对事件、现象和事实具有个人态度，基于理解客观事实的结论和总结就具有了鲜明的情感色彩。

在实际知识向思想转变的过程中产生了观念。教育者的任务是赋予这种转变鲜明的表现力，力求不让一个人变成冷漠无情的“知识需求者”，而是成为一个真正关切真理和正义胜利的个体。

任何科学知识都是思想教育的材料吗？不，并非都是。有些知识在思想上是中性的（当然，这并不是说在学习这些知识的课堂上就没有教育）。学习简单乘法公式时，科学真理和道德的关系无论在资本主义社会的学校还是在社会主义社会的学校都是一样的。但即便是自然科学的一些学科，很大一部分知识也包含激烈的思想斗争和思想冲突。很多科学真理是付出巨大的代价才获得的，很多杰出的思想家为此付出了生命的代价。我的朋友，我建议您特别注意研究这些真理。讲述太阳系时，要使自己的语言对那些反对因循守旧和愚昧无知、反对精神上奴役人民的思想家充满深深的崇敬之情。要使思想家斗士的形象在青少年的头脑中留下鲜明的印象，使他们产生一种想法：真理总是革命的。

您在物理、化学、生物、数学等科目的课堂上讲授材料时，不要毫无感情地阐明真理，而要引导青少年沿着科学的艰险道路进行充满求知精神和为真理而斗争的崇高动机的旅行。讲授自己的自然科学课程（物理、化学、生物、数学、天文学）时，要使对科学知识的认识、理解、领会成为青少年头脑和心灵的内在斗争，即反对读死书和不学无术、反对盲目相信教条、反对禁止人敢想敢做的宗教毒素。人的求知精神、追求真理和知识的火热激情无法抑制、不可熄灭，要让这一思想贯穿您的全部课堂教学。

善于思考的教师，特别注意研究自然科学教学大纲中可能有新发现和科学尚未考察或尚未充分解释的那些部分。他在讲解空间和时间的相互关系，物质和能量的实质，光、粒子和反粒子的特性，万有引力等概念时，善于把这些概念解释为智慧的胜利。在课堂上向学生展示宇宙的宏大画面和世界在时空中的无限性时，不可让学生感觉自己渺小如微尘。

在人文学科课堂上，没有也不可能有思想中性的材料。我的朋友，如果您教授历史，那么您的教育任务首先就是看到课堂上坐在您面前的不是什么抽象的学生（这种学生在自然中是不存在的）。您应该看到您面前是具体的、活生生的、独一无二的人——科利亚和尼娜、瓦丽娅和谢尔盖……这些人都有自己的独特的个性和感情、追求和干劲。这一点极其重要，因为只有存在活生生的个性，思想的热血才会沸腾起来。思想只能存在于人的具体精神世界里，在他的思想、行为和斗争中。不管您向学生讲什么——斯巴达克领导的奴隶起义、反对俄国皇帝保罗的宫廷阴谋、策划第二次世界大战的密谋或者英勇的斯大林格勒会战，总是直接面对具体的青少年精神世界。要时刻记住，您面对的是科利亚和尼娜、瓦丽娅和谢尔盖。思想只存在于他们的心灵和头脑里。我的朋友，请记住这一点。因此，您作为人文学科教师，要关注使科利亚和尼娜、瓦丽娅和谢尔盖不要成为冷漠无情的知识需求者，而是感受到自己好像是事件的真实参与者。人类社会的历史始终是斗争的历史。在剥削阶级社会是进步和反动的斗争，在无产阶级社会主义社会是人们为了掌握自然力量、为了建成共产主义而进行的斗争。历史教学的教育奥秘是要赋予正在掌握知识的人以战士的灵魂。

如何做到使青少年听您的讲解时成为战士呢？这取决于两个条件。而这两个条件取决于您这位作为教育者的教师，取决于教师集体，取决于学校的整体精神生活，取决于学校参与社会生活的积极性。

第一个条件是学校、集体生活、学习和社会公益活动中洋溢着现代精神。一个人只有理解和感受到我们时代的意义时，他才能在掌握知识的同时明确自己的立场，并始终站在进步和先进的一面。只有青少年的头脑和心灵理解和感受到我们的时代充满英雄主义，亲眼看到我们正在实现伟大的壮举时，课堂教育才有可能具有思想性。只有透过现代精神才能正确看到和理解任何一个历史事件的意义。使现代精神进入青少年的头脑和心灵，这是学校最不轻松的任务之一。

第二个条件是教师的思想和个性和谐统一。赋予事实以思想意义，把实际知识转化为信念，所有这些离开教师的个性都是不可思议的。思想存在于书籍的字里行间，有些书籍如同烧红的铁那样炽热，就像太阳那样明亮。学校是否洋溢着共产主义思想的精神，取决于您，我的朋友，您是否经常接触这些炽热的书籍，您怀着什么样的思想和想法接触这些书籍，这种接触激发您采取什么行动、参与什么活动。要使思想进入自己学生的头脑和心灵，教师仅仅掌握深刻的知识是不够的，还要思考知识。要思考您从人类财富宝库中吸取什么并将其灌输进自己学生的头脑之中。我确信，并不是每个熟知自己学科的教师都有思考知识的宝贵才能。思考知识，意味着了解、预见和估计，每个真理会触及一个人心灵的哪个角落，会产生什么思想、问题和疑惑。思考知识，意味着设身处地替青少年着想，善于采纳他们的观点。教师善于思考知识，他们的学生就会有一种稀有的宝贵品质：领会教材时，他们好像能从中抽象出来，从思考教材转向思考自身，思考自己的人生。

教学的思想性是激发求知欲最重要的因素之一。学生越鲜明地确定自己的思想立场，越深信人类对真理的追求坚不可摧，他就越想了解得更多。在那些课堂上有思想心灵碰撞的学校，书籍成为青少年形影不离的伙伴。读书、独立思考书本内容，所有这一切也是思想的不竭的源泉。思想和信念的本性是人相信并珍视通过自己的劳动和深思熟虑所获得的东西。如果您想使自己学生的知识转变为火热的共产主义信念，那就要像防火一样提防死记硬背、死啃书本、不假思索地“生吞”现成的大道理。请仔细思考谢·格·拉佐这段讲得非常好的话：“信念要历经磨难才能获得，要检验其生命力，要与别人的信念切磋……一个人应做到，与其背弃自己的信念，不如走向死亡。”[1] 领会知识恰恰应该与别人的信念“切磋”。不要把有关自然和社会的知识作为一揽子不容辩驳的道理教给学生，而是要作为不同意见斗争和冲突的结果传授给他们。要让这种斗争和冲突在课后阅读过程中继续。要为学生选择书籍，其中所讲的道理不是现成的、永远燃烧的火焰，而是由那些为真理而斗争并取得斗争胜利的人们用心灵之火点燃的熊熊火炬。

[1] 引自谢·格·拉佐1915年写给自己兄弟的一封信，信中说：“……当一个人出现自觉的信念时，书籍在这里占据显著位置，但并不是书籍创造信念。信念是一种比知识更为重要、更有意义的东西，我且不说是一种更难的东西。信念是作为阅读和周围生活相互作用的一种复杂成果出现的。信念要历经磨难才能获得，要检验其生命力，要与别人的信念切磋……一个人应做到，与其背弃自己的信念，不如走向死亡。”

## 92. 如何使现代精神进入青少年的头脑和心灵

现代精神最重要的思想是：世界的命运取决于我们国家的共产主义建设。世界上进行着尖锐的、不可调和的意识形态斗争和政治斗争。资本家豢养的成千上万的资产阶级思想家对我国进行污蔑，几百家电台时时刻刻散播无数谎言，所有这一切都是为了持续不断地从精神上腐蚀我们的青年一代，企图使其相信没有也不可能有任何思想是值得为之奋斗的。资产阶级“自由”生活方式的鼓吹者和卫道士暗地里指望使我们的青年相信有思想的生活是幻想，使其相信人的最高目标无论是在资本主义社会还是社会主义社会都是物质享受，而不是什么“昙花一现的思想”。使苏联青年脱离共产主义思想，这正是资产阶级宣传的主要目标。

我们应该用崇高的共产主义思想来对抗这种居心叵测的企图。我们的男女青年应该懂得和感受到，在我们国家，在他们周围，他们的父母、兄弟姐妹和他们自己正在用双手实现世界上最伟大的公平，即建立世界上最公平、最民主的新社会——共产主义社会。体会到共产主义的公平、伟大和美好，这也是现代精神的思想核心，围绕这一核心的应该是青年的思想、希望和追求。不积极参加上面已经谈及的社会主义劳动，就不可能产生这种体会。但是，这只是教育工作的一个方面。只有把劳动和思想结合在一起时，当一个人体验到思想斗争，自觉认识这种斗争，明确自己立场时，才可以使现代精神进入青少年的头脑和心灵，在男女青年心灵中坚定共产主义信念。

在高年级（九至十年级）做政治报告时，我们力求鲜明生动地讲述思想斗争。所有高年级学生每周集合一次听报告。校长简要讲述国内外时事。政治报告中占有很大篇幅的是资产阶级思想家关于我们的言论以及这种谎言如何被我们社会主义现实揭穿。资产阶级思想家的个别论断引起青年人的哄堂大笑：这些论断太笨拙了。随着一次次听报告，小伙子和姑娘们越来越坚信真理在共产主义思想的一边。

我们的时代是人类精神伟大和美好的时代。思想存在于我们人类的事业、命运和行为中。我每周召集自己的高年级学生进行一次座谈，给他们讲述那些普普通通、乍看起来毫不引人注目的事件，如果深入思考这些事件的意义，就会触动心灵，激发自豪感，因为那些在我们社会中虽然过着普通生活而的确是年轻人指路明星的人是我们的同胞和同时代人。

我讲述的事件之一，是一个俄罗斯妇女的故事，她叫叶皮斯吉尼娅·费德罗夫娜·斯捷潘诺娃。她养育了九个儿子，九个儿子为了我们伟大祖国的自由和独立全都在战争中牺牲了。她说："所有士兵都来到母亲身边，我问了每一个人，我的儿子们在哪里……就这样夜里盼，白天等。"听着这位母亲的话，所有青少年无不为之动容。我重复着这位母亲的话，给他们展示了这位集全人类所有美好、伟大和智慧于一身的女性的照片，力求使这一事件打动人心的悲剧意义进入年轻的头脑和心灵，使这位母亲的话如同为没从战场回来的战士所唱的安魂曲一样响在耳边，使我的每个学生都能自问谁能为母亲神圣的眼泪负责，使每个学生的人生初期都激荡着高尚的公民情感，使每个学生更加痛恨自己祖国的敌人。

在讲述两个英勇的拖拉机手为抢救几千公顷国营农场小麦于火灾而献出生命的故事时，我设定的教育目标是：在英雄被烧死的熊熊大火中，每个青少年都看到自己心灵深处最隐秘的角落。"我年轻的朋友，你们知道，在我们的社会中没有什么比人更宝贵。但是如果一个人听从自己心灵的声音而为了什么献出生命，这就意味着有些东西是我们每个人的生命所不能比拟和不能相提并论的，是崇高神圣的，这就是祖国。”

每天或每周，我们英雄时代的活生生历史都会揭开新篇章，就像这两件英雄事迹一样，都是光辉的一页。我的朋友，要善于为青少年打开这本书。打开这本火热的书，要使书中的每一页都被阅读。

## 93. 要善于使美德具有吸引力

如果十七岁的学生向往光明，那就说明需要使我们道德规范的最高原则变得光明。有些教师认为：我们的道德原则本身就非常完美，不需要什么特别规范，不需要"装饰"。其实远非如此。一项原则越是高尚，贯彻这一原则的行为就应该越鲜明生动。要做一个真诚老实、对伪善绝不容忍和毫不妥协的人，如果我们仅仅没完没了地重复这些话，这些话就会变成令学生腻烦的说教，他们觉得这些话就像非常有益但令人生厌的鱼油。真诚老实、对欺骗绝不容忍，应该成为激动人心和引人入胜的活动（活动和美德的融合一致是实际教育工作的主要问题之一）。我们做到了使青少年在完成自主作业时不抄袭、不偷看教材，他们自己将抄袭、偷看引以为耻。如果我们没完没了地重复：依靠自己的力量劳动——好，抄袭、利用别人的劳动——不好，我们的善意教导就会变成令人厌恶的说教。我们引导学生参与能够展示美好美德、有吸引力的活动。我们的学生从小每年暑假期间就在"蓝天下的学校"生活几天。我们把炎热的夏季野营住的草房子或者树枝搭的窝棚称作"蓝天下的学校"。在这里不仅全部事情都是自己处理，而且所有必需食品都是自备。在进入"蓝天下的学校"前，儿童把食品拿到自己的秘密藏所（一切都需要浪漫色彩），把食品装进纸袋和金属罐。这里没有任何登记，每个人都带来秘密藏所缺少的东西。而且从未有过谁搞欺骗的事情，这是不可想象的。在这里，儿童亲身感受到他们通过自己的劳动和关切为集体创造快乐。如果有谁萌生欺骗集体的想法，所有人都会把这件事看作企图偷窃集体的快乐。

学生在儿童时代和少年时代拥有自己的物质财富，即集体图书。班集体升级后，图书就转交给低年级同学。在个别情况下图书也会赠送给其中的一位低年级学生。这件事令小伙子们和姑娘们心潮澎湃，铭记一生。

我们的小伙子们和姑娘们力求给那些已经不能劳动、独自生活的人带来快乐。每年春天，高年级学生为孤寡老人开辟几个花园。这项劳动笼罩着浪漫主义的美德光环。在这些开辟花园的日子里，青少年体会到：我们都会变老，将来会有年轻一代关心我们。在青少年时代就感受到这种想法是多么有必要啊！这个想法使小伙子高尚起来，使其成为真正的男子汉；这个想法使姑娘担负起伟大的母亲的使命。充满浪漫主义的、引人入胜的劳动表达了对老人的关切，这是最为需要、最为高尚的活动。我的朋友，不要放弃任何一个机会去触摸儿童的内心深处，这里保存着对老年时期的思考和担忧。关心老年人，这是对他人的最动人的爱。对老人的漠不关心会严重损害社会，培养出铁石心肠之人。

## 94. 什么是教师的权威

这是最为细腻敏感和研究最少的教育问题之一，关于一个人对另一个人的权威问题，长辈对晚辈的权威问题。在教师拥有的教育工具库中，他对儿童的权威是最为需要、最为无所不包的，同时又是最尖锐和最危险的工具。这是可以进行精心细致、不留痕迹的手术使用的手术刀，但是可能触痛伤口。手术刀是危险的，但同时又是必要的。这是考验教师意志和耐力、确立勇气和智慧的工具，但同时也有可能伤害、腐化学生的心灵，一切都取决于教师如何使用这个工具，对待学生时心里有何动机。我一年比一年更坚信，对教师而言，建立对儿童的权威是最困难的考验之一，这是衡量教育修养的准则和标准。

我的朋友，当您跨进学校门槛，决心把自己的生命献给创造人的高尚事业时，请记住，您可能会面临被种种变化不定的矛盾情绪左右的危险。要成为一条汇聚火热心灵和冷静思考的河流，不可急于做出未经深思熟虑的决定，这是教育艺术永远的源泉之一。如果这个源泉干涸，书本上的教育学知识都会化为灰烬。

当一个人无限信任另外一个人时，他在某种程度上就变得无力自卫。我在从事教育工作的整个生涯中都在思考这个道理。一个儿童对一个好教师的信任恰好常常是无限的。当一个儿童跨过学校门槛成为您的学生时，他对您无限信任，您的每句话对他而言都是神圣的真理，您对于儿童而言就是智慧、理智和道德的最高典范。要珍视信任，也就是珍视儿童的无力自卫，让这种教育智慧成为您进行自我教育的标准。如果教师受自己所限，力求把儿童的无力自卫变成笼子，他把小鸟驱赶进去并为所欲为，这就会导致教育上的愚昧无知。不懂得儿童的无力自卫，是造成教师处于不利地位的最主要原因之一，教师最终会失去对儿童的权威，要知道，不可能把人像小鸟那样关在笼子里。

只有当您理解并用心感受到儿童的无限信任和由此必然产生的无力自卫时，您把自己的权威建立在这种信任和这种无力自卫的基础上，您才拥有成为一个教导员和教育者的资格。这里需要深入思考一下，用心感受和理解无限信任究竟是什么。或许是儿童有意识地不顾个人的一切而盲目信任您这位教师，也或许是他做一切都是为了放弃个人的自由、快乐和满足？

不，事情完全不是如此。儿童的信任，无论多么无限，这都是一个人的信任，他追求精神财富和丰富多彩的个人生活，追求丰富多彩的感受、想法、审美欣赏和人际交往。儿童想要一个充满智慧、具有人生经验的长者承担起关心他利益的责任。要像保护无价之宝一样保护这种愿望。只要儿童有这种愿望，通向儿童心灵的路对您就是敞开的。儿童上进心的源头可以说就在这里，要爱惜儿童这种希望您成为他的朋友和导师的愿望。

儿童无限信任教师时，他的心能感受到，在任何情况下，不管有多么困难，他这位忘年交都能找到出路。

珍视儿童的无限信任多么必要啊，要使教师和儿童之间总是能保持人与人之间真诚善意的和谐关系，教师要做多么睿智和热爱儿童的保护者啊，教师对学生的权威应该多么英明啊——一刻都不要忘记，儿童和您一样都是人。珍惜儿童的信任，因为这份信任就是儿童对教师的热爱，这正是教师对学生权威的核心所在。正是这种信任支持着儿童想要寻求教师保护的愿望。要像珍视无价之宝一样珍视儿童的这种愿望。只要儿童满怀希望地看着您、信任您，您就是一位真正的教育者、教导者，您就是生活的导师，您就是权威，是活生生的生活智慧的化身，您就是朋友和同志。请记住，这是一种非常脆弱的东西，很容易打碎。如果您把它打碎了，您作为教育者的身份也就完了。您就会成为监护人，而不是教育者。

# 95. 如何保护儿童的信任

在这一非常细腻的教育领域内，最主要的是深刻理解，更确切地说，就是用心灵感受儿童世界、感受童年。

童年时代，儿童世界，这是一个独特的世界。儿童对善恶好坏有自己的观念，他们对美丑有自己的标准，他们甚至对时间也有自己的衡量尺度：在童年时代一天像是一年，而一年像是永远。要进入这个名为童年的神奇世界，您应该摇身一变，在某种程度上成为一个儿童，只有这样，您才有可能在人——即儿童面前具有英明的权威。

我的朋友，不要觉得我是在美化童年世界。我自己非常清楚，童年是由我们成年人留传给自己孩子的东西所创造的。但是，恰恰是因为儿童是柔嫩的幼芽，会成长为茁壮的大树，童年才需要受到特别的尊重。教师权威的智慧首先在于有理解一切的无限能力。这里不能有任何限制。请记住，儿童没有故意做坏事的想法。教育中的愚昧无知正是因为教师凭空捏造儿童的意图，认为他故意行为不端。教师努力“挖出劣根”，却挖断了所有根系，结果生机勃勃的童年幼芽就枯萎了。责怪儿童故意做坏事、懒惰、马虎，而实际上并非如此，儿童就会强烈地感受到不公正，这就会让他远离教师，他会收回对教师的信任。如果您破坏了儿童对您的信任，就会导致儿童开始通过固执、故意不听话、蓄意事事违背您的要求来进行自我保护。请记住，出现这一切都是因为儿童对您的信任有了裂痕。

用特别的教育智慧来对待各种各样不够谨慎的儿童行为，这些行为中没有恶意，而常常是因为记性不好、无知，或者是无心犯错。在这种情况下不要去公开评判儿童的行为。只要您自己知道这件事就好。您有理解一切和了解一切的巨大的、睿智的权威。您应该懂得，为何一名一年级小学生借了同学装在鲜艳盒子里的彩色铅笔，摆弄一会儿就把铅笔悄悄放进了口袋。不要大惊小怪，这不是偷窃。您应该懂得，为何孩子们听到上课铃声却不跑进教室，而是想在青草地上再玩“一会儿又一会儿”；为何费佳不听习题的条件，而是屏住呼吸看着飞进教室的蜜蜂；为何奥克桑卡不和大家一样读书，而是在吸墨纸上画花朵；为何去森林游玩时米科尔卡、皮利普科和彼得利克这三个吵吵闹闹的学生故意落在全班后面、藏进灌木丛……

为何，为何，为何……成百上千个“为何”和成百上千个冲突，不胜枚举。教师和学生之间产生冲突是教师不懂教育的极端表现之一。如果教师缺少父母般的宽容和明智以及高度的教育权威，不懂得他处理的是儿童行为，不懂得他是与儿童的精神和思想世界打交道，就会出现这种现象。根本不能把儿童和成人相比，没有同时衡量成人和儿童的统一尺度。

我记得一个叫德米特里卡的小家伙。这是三年级时发生的事……想象一下，正在上语法课。您站在黑板前讲解规则，所有人都在听，记录例句。德米特里卡好像也在写，但是您却为这个小男孩担心。他的眼睛滴溜溜转，现在他正在桌子后面偷偷忙活着什么，有些顾不上语法课。您悄悄走近小男孩，于是看到：他面前是一个半打开的火柴盒，里面有什么东西在动，德米特里卡聚精会神，他的目光和想法全都集中在小盒子里。您仔细一看，原来盒子里有一只没怎么见过的、长着一只锯形角的甲虫，甲虫使劲儿啃咬着，却咬不断自己这所监狱的门。

当然，您可以大发雷霆，可以把小男孩训斥得痛哭流涕、悔恨不已，而您自己则气得发抖，但是这又能怎样呢？您唯一的收获是白白浪费时间，甲虫成为全班取乐的对象，大家都会羡慕德米特里卡，嘲笑您的愤怒。

此时您要思考：我的孩子，你心里在想些什么啊？为什么就不能忍住先把甲虫在一旁放上半个小时，理解一下语法规则呢？您拿起火柴盒，盖上盒子，放到口袋里，用手抚摸了一下德米特里卡的头，又给他讲了一遍规则，小男孩记录着。您看，他懂了。常有这样的孩子，一只眼看着单角甲虫，而另一只眼看着黑板，但是脑子里还是记住了些东西的。

课后，德米特里卡走近您的讲桌，低着头不说话。长长的睫毛下，一双乌溜溜的眼睛还在闪闪发亮。但是您一眼就能看出，他眼睛里还闪动着淘气的神情。您把甲虫还给德米特里卡，让他告诉您，他在哪里找到了这种神奇的小生物，他是如何做到让甲虫“锯”监狱的门的，接下来他又如何处理这只甲虫。德米特里卡很乐意讲述，他扯着您的袖子来到灌木丛，据他讲，这种甲虫三年才爬出来飞一次。

在这种故事中，通常能听出教育者的这种暗示：在这种情况下，他是迫使自己对儿童和善，是从自己教育智慧的顶峰走下来，是俯就儿童的兴趣世界。儿童不能忍受这种俯身屈就。真正的教育不是在于教师从高处降至地面，而是登上童年微妙的真理高峰。是自下而上，而不是自上而下。不要过分迁就儿童，不要迎合儿童“局限”的兴趣（如果我们自己不限制儿童的兴趣，就没有这种局限），而是要成为一个睿智的教育者。

人对人的权威中的智慧，特别是成人对儿童的权威，这是一种巨大的创造力，是深刻用心观察儿童思想和情感世界，这是善于理解儿童语言，保留一点童真而同时又不停留于儿童发展水平。一位教师，身为成人，又当了父亲，把一个五年级小男孩带进教师办公室，然后审问：“说说你为什么老是在课堂上笑？这样要到什么时候？难道少先队员有权这样做吗？”当我看到这个情形时，我觉得这位教师一下子参与了儿童的游戏，却不懂这是一种游戏。小男孩沉默不语。他也说不出什么。如果这个五年级学生突然也用教师提问的方式来回答问题，那倒是奇怪了。学生常常不知道自己为什么笑，教师则不可能不知道。他不应该不知道学生为何做出这种或那种举动。这样做的结果是互不理解：教师不理解学生，学生不理解教师。有时，你看着他们，就会心想：他们不会是说不同的语言吧？

请记住，儿童，特别是少年，总想要在某方面“表现自己”，在某方面展现自己的意志，自己的聪明、机智和灵敏。一个鲜活的生命在您的帮助下认识世界，渐渐长大成人。在这个艰难的成长过程中，教师使用权威应特别小心谨慎，因为长者的意志很容易变成专横，有时甚至变成对人的压制。对儿童内心的精神力量，不要压制和摧残，而是提升和支持，不要使儿童失去个性，而是要确立他个人的自尊感，只能这样来使用自己对儿童的权威，只有在这种条件下，您的权威才是充满智慧的。如果儿童做了什么“不对的”，不可对其采用“强力的”“强制的”影响手段。不可让拳头捶打桌子的声音和叫喊声冲入您复杂的人道主义实验室来。您不要幻想那种场景：看到一个活泼好动、令人发笑、吵闹不停的淘气鬼变得灰心丧气、昏昏欲睡、双目无神、满眼忧伤、弯腰驼背和可怜巴巴，这是很不好的场景。要像保护无上珍宝那样来保护儿童作为人的自豪感和不可侵犯的个人荣耀；请记住，对一切都有自己想法和观点的淘气鬼，对作为教育者的您来说，有他们是一种幸运；而像影子一样意志薄弱的学生，其头脑中的个人想法被您的“强力”手段打消，总是对您唯命是从，对您来说是不幸。要知道，管不住的淘气鬼和“吵吵鬼”在紧要关头会表现为一个善良真诚的人，而唯唯诺诺、唯命是从的学生常常不知不觉地变得麻木不仁，甚至冷酷无情，为了个人幸福而不顾亲人的不幸。“强力的”和“强制的”影响手段摧毁儿童的意志，使其变成冷酷无情的人。

## 96. 用书籍、智慧和信念征服儿童的心灵

我曾教过一个聪明但又任性的学生，名叫尤拉。如同纤细的芦苇敏感于一丝微风的吹拂，尤拉对真理和谎言、真诚和侮辱都很敏感。

我带了几本关于遥远国家和自然现象的小书到思想室。尤拉看到一本有关海洋深处的书，封面色彩鲜艳，他的眼睛亮起来。他请我借给他读一读，当我把书给他时，小男孩激动地问我："我读完之后，还给我读别的吗？"

"当然，"我回答，"哪怕每天读一本都行。"

我不小心说了大话，因为那时我有关遥远国家、海洋深处、热带森林、沉寂北极区、奇闻逸事的书根本不够他每天读一本的。尤拉正好隔一天还一本再借一本新的。几个星期不知不觉过去了。但是让尤拉感兴趣的书架太小了。于是有一天我被一个想法弄得惴惴不安：下一周该怎么办呢？要知道，这个五年级的小男孩尤拉不可能想到我的藏书会一下子就读完了。要是他知道我骗了他，会怎样呢？问题不仅在于我们的友谊会破裂，也不仅在于我在自己这个小小思想室再也看不到这个孩子那双充满信任的眼睛了，再也听不到他问我："您还有很多书吗？"（隔壁房间就是我的图书室，当时很小，我没有让尤拉看，怕他会一下子对我失望。）问题还在于我会失去对这个任性孩子心灵的权威，我确信他在世上具有独特的性格：仰慕在细枝末节上言行一致的人。

终于有一天，我从所在的偏远村庄出发，前往哈尔科夫、波尔塔瓦

和基辅等城市。我花了两个月的工资，但是很高兴地回了家。我很费劲地把一捆捆书带回来，我还担心撞到尤拉被他看见。

过了三年，尤拉七年级毕业了（当时是七年制学校），三年里我每天都在想，我要给他读什么有趣的书。我感觉，这个小男孩思考的不仅是所读书籍的内容，他好像还在根据书籍评判读这些书的人。那些年这个善于思考、严格要求自己的小男孩是我的评判人。他所读的书思想越深刻，我们的交谈就越有趣，他就越亲近我，交谈时光带给我的乐趣就越多。

这三年对我来说是一个真正的考验。从那时起，我每年都有几个像尤拉那样求知若渴、心灵敏感的学生。如果没有书，我是无法影响他们的意志的。书籍激发了儿童和青少年的兴趣，就像燃起了小火苗一样。我感觉自己受到学生们坚持不懈的监督。如果我在书籍世界中的积极生活哪怕停止一天，我就会失去对自己学生心灵的权威，他们就不需要我了，因为我再也不能给他们什么了。一个什么也给不出的教师就会变成让学生感到懊丧的监护人，他们会尽量忍受他但不尊敬他。

亲爱的朋友，我想建议您：要影响自己学生的头脑。没有什么比左右学生思想更有力的手段可以用来左右其意志的了。只有您在书籍世界拥有丰富多彩、生机勃勃的生活，才能影响学生的思想。借用巧妙的方法，最为敏感的、拥有独特个性的、任性的、“叛逆的”和桀骜不驯的学生都能成为爱书人。用书籍和智慧来征服他们吧。

## 97. 如何做教育工作计划

在这个方面不可能有任何公式和处方。一切使教师注意力脱离直接教育工作的东西，任何为了装饰门面的官样文章都是完全不必要的。但是做教育工作计划不属于这类活动。这是教育工作的一个组成部分。没有计划，我无法想象真正的教育，特别是教育工作中那些我称之为难以捕捉的组成部分。

做教育工作计划，首先是要明确教育目标。对运至其工作间的“大理石块”应雕出什么，教师应心中有数。这一点有多明确，决定着教师对教育工作实质和制订计划的必要性的理解。

您开始教一年级（有时您的教育工作始于学前）。您要教这些孩子到三年级，但是您应该考虑一条贯穿到底的教育工作之路，直到他们中学毕业，到迈出独立劳动的第一步，到学生完全长大成人，成为父母。制订一份为期 10~15 年（不仅包括学生在校期间，还包括学校毕业后）的活动计划，使您的学生成为头脑清晰、爱好求知、智力发达、心灵高尚、双手灵巧的人。首先要列出一份包含世界优秀文化宝库的书单，您的学生在校学习的 10 年间应该读完这些书。我们还列出“后备”书单，列入学生毕业后独立劳动期间应读的书籍。如何使学生在毕业后仍然是我们的学生，并阅读应读的书，关于这一点，写一整本书都不够，这是一个多么重大的问题啊。

接下来，要仔细思考并写下来，从入学第一天到进入成年期，您的学生应该用自己的双手为父母和他人做些什么，才能成为一个真正的人，知道什么是劳动、荣耀、尊严、友谊、关心他人。随后，列出一个您的学生应该参加的公益劳动大纲，作为公民教育的第一课。我建议，除了这一点，还要列一个有关杰出人物的书单，这些人物应该成为青少年的榜样。如果没有公益活动，阅读这些书籍不会有任何效果。

接着，大致弄清学校培养的人的目标后，要制订一个更为具体详细的计划来贯穿整个学生教育工作时期，比如，低年级教师要制订三年计划，九、十年级班主任要制订整个带班期的计划。这里我建议要特别关注童年时期和少年时期。9~10 岁的儿童和 13~14 岁的少年在回首往事时应该能看到他用自己的双手做出了什么。他应该知道，什么是劳动老茧和劳动所得，什么是劳累和休息，什么是困难。

覆盖学校教育全过程的较全面计划和一个教师带班阶段的较具体计划——这两种计划在某种程度上都是教师力求实现的目标。在目标的基础上，制订周期较短的具体教育工作计划。期限到底多长，您可根据自己需要制订：或一周，或一个月。有人制订整整一个学季的计划，也是不错的。只是要时刻记着，教育是一件生动活泼、时刻变化发展的事情，您的学生也一直处于成长状态。做短期教育工作计划，就可以不断检查和比对为了实现既定目标而每天所做的工作。

计划首先是由生活决定的。您的学生迈进学校门槛后，您还不知道他的个性如何发展。个性显现于活动、劳动和日常的相互关系中。生活本身会处处提示您做什么计划：集体要读哪本书，要引导学生参加什么劳动，要与瓦尼亚和科利亚谈什么，才能使他们读完那些必读书。

教育计划包括各种各样的学生活动，也包括家长工作。如果能够深入思考每一种活动的道德意义和目的，计划就会给教师带来切实的效果。继承和发展已有成果，是做计划和进行实际工作都必须具备的特点。可以说，教育的秘诀之一在于持续不断地做一件事，并使学生感觉不到他们在做一件事。例如，培养人性、敏锐、同情心和真诚，需要使学生持续不断地为他人做些什么，但是这项活动不应该是单一的。这里读者可能会想：如果作者演示一下如何具体制订周计划或月计划就好了。然而我有意避开这一点。传授经验就是传递思想，借鉴经验是基于思想的个性化创造。

# 98.如何与集体进行教育谈话

每次教育谈话都有自己的目的。有时目的是普遍性的，针对所有学生。有时谈话是为了教育整个集体，但对个别学生则具有特别的影响。

要对集体精神生活和个别学生思想情感及举止进行深入思考，拟定教育谈话的内容，您永远都不要忘记，您最有影响力的工具是语言，您可以用语言触及自己学生的理智和心灵。而语言可能是有力、尖锐、热情的，也可能是微弱无力的，一切都取决于您的谈话是否具有一个极其重要的特点，即能否鼓舞学生。在坚定青少年的信念和激发他们进行自我教育的过程中，善于鼓舞是教育中最崇高的部分。请记住，您通过自己的语言传递给学生的不仅仅是您所讲内容的意义，形象地说，还有您自己的一部分心思。

要使您的谈话能够鼓舞学生，首先要坚信您说的内容，坚信您用自己全部内心力量坚持的东西。在您有所坚持、有斗争目标时，您的语言才具有鼓舞性。

比如，您发现在自己的集体中有些对他人漠不关心的表现。根纳季病了，在家卧床两天，结果没有一个人去看他。每个人都以为别人已经看过了。维克多的奶奶住院，两周以来他只去看过奶奶一次，而医院根本不远。所有这些事件都令人忧虑。您准备进行教育谈话。教育和自我教育有这样一个极其重要的规律：道德审判的力量（对自己的行为进行道德评判，实质上就是道德审判）取决于谁是法官：是教师，还是有过失的学生本人。如果学生只是听宣判，教师语言的教育效果就会大大降低。人应该自己成为自己的法官。我认为谈话的教育技巧是使有不当行为的学生不需要我提醒就能思考并反思自己的行为。

为此，还需要遵守一条非常重要的教育谈话原则：要在生活中、在人与人的相互关系中找到鲜明的、体现您语言思想的事例。您教育谈话的力量将会表现为思想找到了通向维克多和那些距离根纳季不远的学生的心灵之路。这个事例是否鲜明，也从本质上决定了您的语言是否能够激励鼓舞学生：只有当您的语言以美好高尚的思想为源泉时，您才能把一部分心思传给别人。要选取令您震惊的事例进行教育工作。这里有一个事例。在我们州的一个村子里，战争爆发后不久有一个年轻的拖拉机手受了重伤。他作战四年未曾受伤，回家后刚成了一名拖拉机手，却被地雷炸伤了。年轻的拖拉机手一蹶不振。如果不是有他的妻子这样一个忠诚的女伴、勇敢的妇女和慈爱的母亲，他未必能再站起来。这个失去双腿和左臂的人再次站起来，学会了用假肢走路，重又坐到了拖拉机方向盘后面。您一听到这个鲜活的故事，就会被其中表现出来的勇敢坚忍、面对巨大的痛苦毫不动摇和忠诚的精神所感动，您就是要把自己所受的这种感动传达给学生。

教育意味着使人思考自身。您讲述这个令您惊叹的故事时，您直接面对着维克多和尼古拉、亚历山大和尤里，面对着那些不知为何心中播下了对人冷漠的种子并发了芽的学生。您面对的不是某个抽象的学生（自然界中没有这种学生），而是具体的维克多和尼古拉、亚历山大和尤里。您知道他们此时在想什么。您的话首先是说给他们听的。您力求使他们像您一样被人的忠诚精神所震撼，使他们抛开事实而思考其思想。只有思考的对象是思想时，人才开始思考自身。

与此同时，不要对学生说：要思考自己的生活，思考自己……号召应该在于思想逻辑本身。只有对自己的思考才能激发青少年心中的灵感，您的灵感才能传递给学生。灵感是指人在思考和创造过程中力量和才能的高涨。通过理智和心灵来认识人，这才是一种实实在在的创造。力量和才能高涨的特点是头脑清晰，思想、方法和追求源源不断。教师进行教育谈话，最终是要唤起学生对周围世界，特别是对自己产生源源不断的个人想法。学生可能会忘记您曾经讲过的事例，但是教育谈话留下的情感痕迹——只要是真正的教育谈话——永远不会忘记。您越是用高尚的思想（这里指的是人对人忠诚、同情和热忱）激励学生，您就越能激发学生进行自我教育和自我分析。您的目光在某个瞬间与维克多的目光相遇（您不要用眼睛寻找这种相遇，而应该如偶遇一般），您在这个少年熟悉得一目了然的双眼中看见了两种神情：渴望了解自己和慌张不安。这意味着，您的语言，如常言所说走心了。这样就开始了一种复杂的内心活动、复杂的头脑和心灵工作。就让这个少年慌里慌张地离开您吧，这是必要的。就让您讲述的故事影响他几天，就让大家在您燃起的明亮思想之光中看见，在他那别人看不到的心灵深处隐藏着什么。

谈话只是一个约定的说法。实际上这不是谈话，而是学生听教师讲话。任何情况下都不要催着他们说：来，讲一讲，你们觉得这个为了自己的亲人而奋斗十年的妇女怎么样？遗憾的是，个别教师有时是这么做的。如果这样结束谈话，就会前功尽弃。教育不是转述教师所读或者所讲的内容。教育的艺术首先在于使人上进，为此，人应该懂得和了解自己是什么样的人。

有时是这样：一个少年（或一个青年）淘气，闹了乱子，于是教师以此作为自己谈话的内容，以这个学生开场，表现出对他的厌恶。就像我认识的一位教师所言，这是“用好事例”。乍看起来，这好像很有吸引力，因为可以痛快地“严厉呵斥”学生，“镇住”他。但是，这可以打个什么比方呢？请想象一下，您的上衣落满灰尘，为了除去灰尘，就拿起棍子敲打后背。有用是有用，上衣的灰尘打掉了，但是未必有人会同意这样的“除尘”。最好还是脱下上衣好好掸掸灰……教育不应是惩罚，也不应变成惩罚，要尽可能讲究教育艺术。

如果您认为与集体进行教育谈话的意义仅仅在于批判不良行为，您就不会有任何教育。要知道，您是与集体交谈，而不良行为和毛病并非整个集体所固有。那些不懂得触及人的毛病需要小心翼翼、讲究策略的教师，常在这个问题上犯错误。更何况，我们是与少年儿童、青春初期的人打交道，而他们的心灵都是十分脆弱纤细的……不要奢求一下子就把毛病去掉，不要期望只要用火热的、愤怒的语言触碰就可将其烧掉。请记住，集体对待有缺点的人，要像对待处于贫困中的人一样，如果您觉得只要号召集体群起而攻之，对至今还未能克服缺点的人表示愤怒，您就能达到目的，那就错了。您获得的结果不是集体表示愤怒，而是集体对那个处于困境的人表示同情。这完全是符合规律的。因此，不要企图瞬间就将脓疮连根挖出，这会造成流血的伤口。教育像是一门十分精细的医学，要治疗并完全治愈脓疮，而不主张将其挖掉。在任何情况下都不应让学生带着流血的伤口离开您进行教育谈话的地方。那种做法会使集体震惊，但这种震惊完全不是您期望的那样。

与集体进行教育谈话时，恰恰是要指望集体对待道德问题就像对待痛苦和不幸一样（更确切地说，要考虑这一点）。不仅如此，还要加深对处于困境中的人的同情，要发展这种集体感情，使大家都希望看到自己的同学成为道德美好、摒弃缺点的人。

## 99. 如何战胜懒惰

这个问题放在倒数第二的位置不是偶然的。为了避免出现懒学生，要按前文 98 条建议所提及的一切好办法来做。治好懒惰并非易事。预防懒惰也不容易，但是把预防懒惰变成热爱劳动，要比治好懒惰后产生的热爱劳动珍贵上千倍。因此，我年轻的朋友，我们首先来弄清楚，如何预防懒惰。为此，需要先了解懒惰的源头 。

懒惰是游手好闲和虚度光阴的产物。懒人在婴幼儿时期由于长辈的关心而有求必应，他就只剩下发号施令和顽皮任性。在一切都唾手可得和人不知道什么是困难的地方，就会产生懒汉。在无忧无虑、富裕殷实的童年环境中，孩子会觉得童年将会永久存在下去，这种环境就是一个好端端的孩子变成懒汉的最适宜的土壤。在这种情况下，父母通常有一天幡然醒悟：这是怎么回事，我们都还没注意，我们的小男孩就长大成人了？昨天他还天黑后怕出门，而今天就已在追求姑娘，游逛到半夜……懒惰是无忧无虑的波浪泛起的泡沫。这是严重的精神现象，这种现象植根于无所用心，对什么都漠不关心的人才会变得懒惰。

懒惰常常伴随着缺乏自尊感：别人怎样看待他，他都不在乎。

一般来说，懒汉总是浪费别人创造的财富，但是，他们享受的东西多，形象地说，有条件当寄生虫，并不能说明他们有丰富的精神生活。懒汉是精神空虚贫乏的人。懒惰的主要根源之一是精神生活空虚和兴趣贫乏。懒汉首先会使人觉得他可怜，而根治懒惰的办法之一是使一个不幸沦为懒汉的人审视自己，看到自己的不幸，用心感受到这种不幸。我们也不要忘记，这里说的是儿童的懒惰。

预防懒惰的最重要条件是消除无所事事和虚度时间的现象。一个人的精神生活中不应该有这样一事无成的时期。成人专门创造游手好闲和无所事事的条件，美其名曰“儿童的夏季休息”，这完全是荒唐离奇的。休息只应是积极的，是活动性质的改变。城里闷热时，要把儿童送到乡村去，让他们在那里，在田野和草地上从事力所能及的活动，锻炼自己的力量。

预防懒惰的有力手段是节制欲望。要让一个人从童年时期就亲身体验并认识“不能”“应该”“可以”等概念的本质。要与家长一道做到使儿童从小就能自己照顾自己。

要让一个人从小就经受困难，使出一定的体力和精神力量来战胜困难。体力和意志力结合起来能培养出勤劳、积极和刚毅的人。

如果父母在孩子身上看到他将来长大的样子，想象他变成大人，心想：如果他把懒惰、马虎、害怕困难这些毛病带到青年和成年时期，那他该怎么在世上生活啊？这样的话，懒惰就不会深入孩子的心灵。孩子有成年人一样的操心事也是预防懒惰的有力手段。如果一个人在进入青春期之前，还未亲身体验到人生命中最重要的是用自己的双手赚取吃穿用度，那就谈不上真正培养出热爱劳动的品质。

懒惰，不仅是身体懒，还有思想懒。如果提供的思想是现成的，获取这些思想不费吹灰之力，思想懒惰就会占据人的心灵。正如不假思索消费别人双手创造的物质财富会使人身体懒惰一样，“囫囵吞枣”吃进现成的思想，也会使人产生思想懒惰。促使人获取知识，就是预防思想懒惰。

预防懒惰的途径是丰富精神需求。在童年时期，尤其是在少年时期，一个人就应在自己内心培养起乐于劳动、阅读、与人交往、创造、创新等方面的需求，只有在这种条件下，他才能获得抗击懒惰的妙药。把需求作为最重要的个人精神价值进行积极培养，是一个非常有趣的教育理论和教育实践问题。

您会问，如果一个人已经变成了懒汉，那该怎么办呢？例如，五年级学生斯乔帕的妈妈来到学校，双手一摊，说："我该拿他怎么办呢？回到家，他把书一放，吃完饭就玩，一玩就玩到晚上。"

在这种情况下该怎么办呢？

要救救这个孩子。我们向这位母亲建议说："如果您已经养成了一个小懒汉，那就要下定决心把他改造过来。强迫他坐下来做两个小时的功课。他会习惯的，因为他自己会感受到完成劳动带来的乐趣。这么做，不要呵斥，也不用惩罚，要知道，您这么做是为他好，没有恶意。完成功课后，让他干约莫两个小时的体力活儿。早上 5 点就叫他起床。告诉他：我给全家做早饭，我在劳动，你做功课也是劳动。说这些时，不要喊叫，不要暗示他说他是个懒汉。从他 5 点起床并学习到 7 点的那天起，他就不是懒汉了，要夸他爱劳动。"

我不是无缘无故提及家庭中对懒学生进行改造的问题。因为懒惰首先是在家庭中产生和被根除的。如果家庭里没有爱劳动的氛围，只靠学校的努力不可能取得良好效果。我们家长教育学校各分部研究这样一个问题：懒惰的起源何在？我们对老少两代人的行为、劳动、学习和相互关系做了心理教育学分析。预防懒惰是需要家校合力解决的最重要的课题之一。

## 100. 最后一条建议——要保密……

我在本书中建议的所有内容，只要作为教师的您知道即可，不一定让您的学生知道。学生了解教育、懂教育一般不会带来好处，而是带来坏处。事实上，教育影响高效的一个条件是这种影响并非有意为之。换言之，学生不需要在每一个当下都知道教师在教育他。教育意图应该隐藏于友好、从容的相互关系状态之下。

为何一个人不应该知道和感受到自己在被教育？因为真正的教育是自我教育。要在师生之间创造这样一种沟通交流，使面对青少年头脑和心灵的每句话都激发起内心的精神力量，引起头脑和心灵的内部活动，从而进行自我认识和自我完善。如果一个人处处都能感受到和明白自己在被教育，他自我教育和自我完善的能力就会变弱。他就会产生一个想法：我应该成为什么样的人，我应该做什么，对此大人会怎么想？

杰出的苏联教育家马卡连柯不止一次地说过，不向学生展示他们正在经受某种专门的教育程序[1]。这对于教师而言非常重要。我一生都在

[1] 此处指的是马卡连柯在《教育过程的组织方法》一文中的观点，文中说："教师应该总是清楚地懂得这样一点：尽管所有学生都明白，在儿童教育机构里人们对他们进行教育和教学，但他们不太喜欢经受专门的教育程序，尤其不喜欢没完没了地跟他们说教育的好处，每句话都包含道德说教。因此，教师教育立场的实质应该在学生面前隐藏起来，不要置于首位。用明显是专门想好的教育谈话没完没了烦扰学生的那种教师，会使学生腻烦，并几乎总是引起某种反作用。"

向自己的老师学习这一点，并且确信，使自己的教育意图不易察觉，这是一个重要的教育技巧。

我年轻的朋友，要使教育儿童、对儿童的爱和尊重，对他们的要求以及与他们之间的友谊这一切成为您精神生活最本质的内容。